荆楚文化丛书

（胜迹系列）

丛书主编／丁凤英

本系列主编／徐士杰

荆楚名水

Jingchu Mingshui

王　峰　吴艳荣／编著

WUHAN
PUBLISHING HOUSE
武汉出版社

(鄂)新登字 08 号

图书在版编目(CIP)数据

荆楚名水/王峰、吴艳荣编著. —武汉:武汉出版社,2012.8
(荆楚文化丛书/丁凤英主编.胜迹系列)
ISBN 978—7—5430—6983—1

Ⅰ.①荆… Ⅱ.①王…②吴… Ⅲ.①水(地理)—介绍—湖北省
Ⅳ.①K928.4

中国版本图书馆 CIP 数据核字(2012)第 098007 号

编　　著:王　峰　吴艳荣
责任编辑:李艳芬
装帧设计:刘福珊
出　版:武汉出版社
社　址:武汉市江汉区新华下路 103 号　　邮　编:430015
电　话:(027)85606403　85600625
http://www.whcbs.com　　E-mail:zbs@whcbs.com
印　刷:武汉精一印刷有限公司　　经　销:新华书店
开　本:720mm×1000mm　1/16
印　张:16.5　　字　数:325 千字　　插　页:4
版　次:2012 年 8 月第 1 版　　2012 年 8 月第 1 次印刷
定　价:33.80 元

荆楚文化丛书

编纂委员会

荣誉主任／尹汉宁　张　通　章开沅　冯天瑜　熊召政
顾问／石　川　王　杰　王峻峰
主任／丁凤英
副主任／刘玉堂　徐士杰　杜建国　王正强

编纂委员会委员

(以姓氏笔划为序)

丁凤英　马建中　王正强　刘玉堂　杜建国　李子林
何晓明　罗福惠　徐士杰　彭小华　黄　钊　邹德清

编辑部

主编／丁凤英
执行主编／王正强　刘玉堂　徐士杰
分系主编／刘玉堂　徐士杰
办公室／张叶青　田少国　张执均　王平权
　　　　许建华　黄朝霞　高兰琴　王文英

序

尹汉宁

荆楚文化源远流长、博大精深，在中国文化的版图上拥有重要位置。湖北是荆楚文化的发祥地，具有历史文化、红色文化、旅游文化、少数民族文化等多方面深厚的文化积淀，文化名人、文物古迹、文化遗产数不胜数，悠远厚重的历史底蕴为湖北文化建设乃至经济社会发展留下了独特而宝贵的文化资源和精神财富。

省委书记李鸿忠同志指出，深入贯彻落实党的十七届六中全会精神、推进湖北由文化大省向文化强省跨越，关键是要将湖北丰富的文化资源转化为文化力量、转化为文化产品、转化为文化事业和文化产业。这就需要我们深入挖掘、系统研究荆楚优秀传统文化，在文化认同中提升文化自信，在文化传承中增强文化自觉，为文化资源优势向文化软实力和文化生产力转化奠定坚实基础。

《荆楚文化丛书》由湖北省炎黄文化研究会组织省内五十余位专家学者，历时三年编撰而成。丛书分胜迹、史传、学术、艺文四个系列，每个系列由十卷组成，凡四十卷，约一千二百万字，首次对荆楚文化进行了全方位研究，堪称湖北历史文化研究与普及的鸿篇巨著。期望全省干部群众特别是广大文化工作者，通过阅读和学习《荆楚文化丛书》，从湖北丰富的文化资源中汲取智慧和力量，以更加强烈的文化自信和文化自觉，奋力投身建设文化强省的伟大实践！

是为序。

（作者为湖北省委常委、宣传部部长）

目 录

前　言

湖北地处长江中游，境内水系发达，水域广阔，河流纵横，湖泊棋布，有“千湖之省”的美誉，也有“洪水走廊”的戏称。

水，是自然的元素、生命的根源。《管子·水地篇》说：“水者何也？万物之本原，诸生之宗室也。”

水孕育了人类文明。在探索文明的源流时，谁也不能无视河流的作用，这种作用在人类文明之初，往往是决定性的、无可替代的。尼罗河、幼发拉底河、底格里斯河、恒河、长江、黄河，都孕育过伟大的文明，都是今天世界文明的重要源头。文明因河流孕育，受河流滋养，随河流流淌，与河流共存。

自古以来，人们对水的亲近与敬畏之情，衍生了内涵丰富的水文化。无论是一条大河，一渊深潭，还是飞流直下的瀑布，蜿蜒叮咚的溪流，都会让看到它的人们心有所感，都会在人们心中激起生命感应的波澜。千百年来，人们在态势各样的水边驻足流连，水的通透、灵动、恬静或湍急，无不撩拨着人们丰富的情感与精神。

水能成为人们的精神寄托。古人往往以水的恒动不息，来暗喻人生的精神追求。孔子说：“智者乐水，仁者乐山。”意即智者乐于治世，如流水一样不知穷尽，仁者喜欢像山一样安固而万物滋生。生生不息的流水正是孔子积极追求人生理想的写照。老子说：“天下莫柔弱于水。”又说：“天下之至柔，驰骋天下之至坚。”水的宽厚能容，以柔克刚也是人们的一种精神向往。

水能触动人自我激励。在奔涌向前、一泻千里的大河、大川面前，人们往往会油然而生珍爱时光、珍爱生命，不能枉费时日、虚度此生的自我激励的心态。如孔子站在大河岸边感慨“逝者如斯夫！不舍昼夜”；李白高歌“君不见黄河之水天上来，奔流到海不复回！……人生得意须尽欢，莫使金樽空对月”；苏轼吟诵

“大江东去浪淘尽，千古风流人物”；近代散文家朱自清叹息：“在逃去如飞的日子里，在千门万户的世界里的我能做些什么呢？”如此种种都充满着对流水般飞逝而去的时光的不舍之情。

水能带给人心灵慰藉。明净的水可以洗去尘世俗物对于人们心灵的污染，让人的心境保持一种清明透彻的状态。自古以来为俗世所累的人们总想着从“樊笼”中脱身而出，超越人世的功利，回到大自然的怀抱，纵情于山水。正如唐代诗人司空曙《江村即事》所写：“钓罢归来不系船，江村月落正堪眠。纵然一夜风吹去，只在芦花浅水边。”

水是人们思乡之情、离别之情的载体。俗话说：“甜不甜，家乡水；亲不亲，故乡人。”从古至今，水与乡情、水与故乡都是自然地交融在一起，充满柔情的水承载着人们浓浓的乡愁。东晋的文学家张翰，在异地做官，思恋家乡吴江，特赋诗曰：“秋风起兮佳景时，吴江水兮鲈正肥。三千里兮家未归，恨难得兮仰天悲。”最后竟弃官回乡，为后人留下了“莼鲈之思”这样一个水与故乡的著名典故。水是河，是江，也就是行船的航道，是送别的地方。自古以来，水与离情与友情也是紧紧相依。

湖北水资源丰富，名水不胜枚举。世界第三大河——长江穿省而过，长江第一大支流汉水从秦岭走来，八百里清江美如画廊。

湖北号称“千湖之省”，全省现有万亩以上的湖泊 843 个，古云梦泽的残留湖——洪湖面积 344.4 平方公里，居全国天然淡水湖泊第 7 位。东湖为全国最大的城中湖，水域面积 33.2 平方公里，相当于 6 个杭州西湖。湖北依水而兴的名城有武汉、宜昌、襄阳、十堰、荆州、荆门、黄石、黄冈、咸宁、孝感、随州、恩施等市州，都有着极其丰富的水文化传承。这些城市在发展中，充分利用水资源优势，建立了优美、和谐、可持续发展的城市周围环境，其亲水、乐水、用水，依水而生、伴水而兴的理念，令世人瞩目。近年来，湖北致力于以南水北调中线水源区、三峡源区、东湖流域和武汉东湖为主的荆楚水生态环境建设的战略举措，更彰显了湖北人民发展水文化的魄力和智慧。一方水土孕育一方文化，相信荆楚名水在带给你视觉惊艳的同时，它向你叙说的一个又一个或真实或虚幻的人间故事，会更让你回味久长。

第一章　江

一、长　江

(一)长江之歌

“我们赞美长江，你是无穷的源泉；我们依恋长江，你有母亲的情怀……”这是新时代里我们对长江的深情礼赞。从古至今，壮美的长江激起无数人的满腔情怀，优美的《长江之歌》在全国各地不断地唱响。长江从湖北穿境而过，在这片流淌着长江乳汁的热土上，同样久久传唱着动人的长江之歌，从李白江上放歌，到苏轼赤壁咏怀，再到高亢激昂、搏击长江的现代渡江之歌……伟大的长江将历史的珠玉串起，一路欢歌奔流，迈向未来……

李白江上放歌

李白一生遍游祖国的大好河山，四处放歌。其中，李白在湖北放歌长江的诗篇，影响深远，广为后人传唱。

开元十二年(724年)，李白“仗剑去国，辞亲远游”，出三峡到荆门，从此开始了在神州大地仗剑走天涯的漫游生活，直到病逝当涂。38年间，李白踏遍大江南北，相比之下，他在湖北居游的时间最长。李白初出三峡到宜都荆门，第一次见到荆楚大地的秀美河山，情不自禁，挥毫写下了：

《渡荆门送别》

渡远荆门外，来从楚国游。

山随平野尽，江入大荒流。

月下飞天镜，云生结海楼。

仍怜故乡水，万里送行舟。

这时候的青年诗人，兴致勃勃，坐在船上沿途纵情观赏巫山两岸高耸云霄的峻岭，一路看来，眼前景色逐渐变化，船过荆门一带，已是平原旷野，视野顿然开阔，别是一番景色。“山随平野尽，江入大荒流。”山逐渐消失了，眼前是一望无际的低平的原野。它好比用电影镜头摄下的一组活动画面，给人以流动感与空间感，将静止的山岭摹状出活动的趋向来。“江入大荒流”，写出江水奔腾直泻的气势，从荆门往远处望去，仿佛流入荒漠辽远的原野，显得天空寥廓，境界高远。一个“入”字，力透纸背，用语贴切。景中蕴藏着诗人喜悦开朗的心情和青春的蓬勃朝气。写完山势与流水，诗人又仰望天空，“月下飞天镜，云生结海楼。”只见万里长空，一轮明月犹如天上飞下的明镜，皎洁澄澈，普照大地；空中云彩兴起，变幻无穷，结成了海市蜃楼般的奇景。这正是从荆门一带广阔平原的高空中和平静的江面上所观赏到的奇妙美景。诗人又俯视载舟而行的滔滔江水，不禁起了思乡之情：“仍怜故乡水，万里送行舟。”眼前的江水是从故乡蜀地奔流而来，好像一直依依不舍地在为诗人送别。诗人浓重的思乡之情与惜别之情以江水为载体，言有尽而意无穷。

唐玄宗开元十三年(725年)，李白乘船从四川沿长江东下，一路游览了不少地方。在襄阳，他听说前辈诗人孟浩然隐居在城东南的鹿门山中，特地去拜访他。孟浩然看了李白的诗，大加称赞，两人很快成了挚友。孟浩然热情地款待李白，并留他住了10多天。

公元730年阳春三月，李白得知孟浩然要去广陵(今江苏扬州)，便托人带信，约孟浩然在江夏(今武汉市武昌)相会。这天，他们在江夏的黄鹤楼愉快地重逢，各诉思念之情。几天后，孟浩然乘船东下，李白亲自送到江边。船开走了，李白伫立江岸，望着那孤帆渐渐远去，惆怅之情油然而生，便挥就了这首《黄鹤楼送孟浩然之广陵》。

《黄鹤楼送孟浩然之广陵》

故人西辞黄鹤楼，烟花三月下扬州。

孤帆远影碧空尽，唯见长江天际流。

首句点明送别之地是黄鹤楼,次句点明送别的时间是花开似锦的暮春三月,也暗示了这烟花美景将伴随友人一路直到扬州。所谓"扬一益二"(即唐代最繁华的地区,是扬州第一,益州第二),扬州当时是繁华之都,这时节肯定也是花团锦簇,春光烂漫。

楼头话别之后,孟浩然就登舟启程了。只见孤舟扬帆,破浪前进。行人渐远,而送行的人依然伫立江边。孤帆渐渐地消失于白云碧水之间了,这时只有一江汹涌的波浪,奔向碧空尽处,仿佛是去追赶行人。李白很巧妙地表达了这种送别后的感情,像用电影的特写镜头照住帆影,逐渐前移。到水天交接处,帆影没有了,于是长江浩浩荡荡流向天外。这时候,读者和送行者会一样把感情寄托在流水之中,而整个画幅的苍茫空阔的感觉,自然又要袭上心头。后两句传情达意,诗人将离别之情寄托在碧空与江水之间,言虽尽而意未尽,令人回味无穷。

《与史郎中饮听黄鹤楼上吹笛》

一为迁客去长沙,西望长安不见家。

黄鹤楼中吹玉笛,江城五月落梅花。

这是李白乾元元年(758)流放夜郎经过武昌时游黄鹤楼所作。本诗写游黄鹤楼听笛,抒发了诗人的迁谪之感。西汉的贾谊,因针砭时政,受到权臣的谗毁,贬官长沙。而李白也因永王李璘事件受到牵连,被加之以"附逆"的罪名流放夜郎。"一为迁客去长沙",就是诗人用贾谊的不幸来比喻自身的遭遇,流露了无辜受害的愤懑,也含有自我辩白之意。但政治上的打击,并没使诗人忘怀国事。在流放途中,他不禁"西望长安",这里有对往事的回忆,有对国运的关切和对朝廷的眷恋。然而,长安万里迢迢,对迁谪之人是多么遥远,多么隔膜啊!望而不见,不免感到惆怅。听到黄鹤楼上吹奏《梅花落》的笛声,感到格外凄凉,仿佛五月的江城落满了梅花。"江城五月落梅花"赋予了武汉一个别名"江城"。

诗人巧借笛声来渲染愁情。王琦注引郭茂倩《乐府诗集》此调题解云:"《梅花落》本笛中曲也。"江城五月,正当初夏,当然是没有梅花的,但由于《梅花落》笛曲吹得非常动听,便仿佛看到了梅花满天飘落的景象。梅花是寒冬开放的,景象虽美,却不免给人以凛然生寒的感觉,这正是诗人冷落心情的写照。诗人由笛声想到梅花,由听觉诉诸视觉,通感交织,描绘出与冷落的心境相吻合的苍凉景色,从而有力地烘托了诗人的悲愁情绪,所以《唐诗直解》评此诗"无限羁情笛里吹来”。清代的沈德潜说:“七言绝句以语近情遥、含吐不露为贵,只眼前景,口头语,而有弦外音,使人神远,太白有焉。”(《唐诗别裁》卷二十)这首七言绝句,正是以“语近情遥、含吐不露”见长,使人从“吹玉笛”、“落梅花”这些眼前景、口头语,听到了诗人的弦外之音。

唐肃宗乾元二年(759年)春天,李白因永王璘案,流放夜郎,取道四川赴贬地。行至白帝城,忽闻赦书,惊喜交加,旋即放舟东下江陵,激情中赋诗《朝发白帝城》,诗题一作“下江陵”。

《早发白帝城》

朝辞白帝彩云间,千里江陵一日还。
两岸猿声啼不住,轻舟已过万重山。

此诗抒写了当时喜悦畅快的心情。这首有名的七绝,不无夸张和奇想,写得流丽飘逸,惊世骇俗,美轮美奂,但又不假雕琢,随心所欲,自然天成。一般读者不必知道作者写诗时的心境,只单纯地体会诗中所传达出来的三峡顺水行舟的快感就会觉得很美了。其实诗人是把遇赦回江陵时愉快的心情和江山之壮丽多姿、顺水行舟之流畅轻快融为一体来表达的。明白了这些情境内涵,美感就更为丰富。前人对此诗好评如潮,如《唐宋诗醇》卷七:“顺风扬帆,瞬息千里,但道得眼前景色,便疑笔墨间亦有神助。三四设色托起,殊觉自在中流。”

《江上吟》

木兰之枻沙棠舟,玉箫金管坐两头。
美酒尊中置千斛,载妓随波任去留。
仙人有待乘黄鹤,海客无心随白鸥。
屈平词赋悬日月,楚王台榭空山丘。
兴酣落笔摇五岳,诗成笑傲凌沧洲。
功名富贵若长在,汉水亦应西北流。

诗题一作“江上游”,大约是李白三四十岁客游江夏时所作。诗人因有感于“仕途迫隘”的现实而吟出这诗。读着《江上吟》,很容易使人联想到《楚辞》的《远游》:“悲时俗之迫厄兮,愿轻举而远游。”

这首诗以江上的遨游起兴,表现了诗人对庸俗、局促的现实的蔑弃,和对自由、美好的生活理想的追求。

开头四句，虽是江上之游的即景，但并非如实的记叙，而是经过夸饰的、理想化的具体描写，展现出华丽的色彩，有一种超世绝尘的气氛。"木兰之枻沙棠舟"，是珍贵而神奇的木料制成的；"玉箫金管坐两头"，乐器的精美可以想象吹奏的不同凡响；"美酒尊中置千斛"，足见酒量之丰，酒兴之豪；"载妓随波任去留"，极写游乐的酣畅恣肆。总之，这江上之舟是足以尽诗酒之兴，极声色之娱的，是一个超越了纷浊现实的自由而美好的世界。

中间四句两联，两两对比。"仙人"一联承上，对江上泛舟行乐，加以肯定赞扬；"屈平"一联启下，揭示出理想生活的历史意义。"仙人有待乘黄鹤"，即使修成神仙，仍然还有所待，黄鹤不来，也上不了天；而我之泛舟江上，"海客无心随白鸥"，乃已忘却机巧之心，物我为一，不知何者为物，何者为我，岂不是比那眼巴巴望着黄鹤的神仙还要神仙吗？到了这种境界，人世间的功名富贵，荣辱穷通，就更不在话下了。因此，俯仰宇宙，纵观古今，便得出了与"滔滔者天下皆是也"的庸夫俗子相反的认识："屈平词赋悬日月，楚王台榭空山丘"！泛舟江汉之间，想到屈原与楚王，原是很自然的，而这一联的精辟，乃在于把屈原和楚王作为两种人生的典型，鲜明地对立起来。屈原尽忠爱国，反被放逐，终于自沉汨罗，但他的词赋，可与日月争光，永垂不朽；楚王荒淫无道，穷奢极欲，卒招亡国之祸，当年奴役人民建造的宫观台榭，早已荡然无存，只见满目荒凉的山丘。

结尾四句，紧接"屈平"一联尽情发挥。"兴酣"二句承屈平辞赋说，同时也回应开头的江上泛舟，极其豪壮，活画出诗人自己兴会飚举，摇笔赋诗时藐视一切，傲岸不羁的神态。"摇五岳"，是笔力的雄健无敌；"凌沧洲"是胸襟的高旷不群。最末"功名富贵若长在，汉水亦应西北流"，不正面说功名富贵不会长在，而是从反面说，把根本不可能的事情来一个假设，便加强了否定的力量，显出不可抗拒的气势，并带着尖锐的嘲弄的意味。

《鹦鹉洲》

鹦鹉来过吴江水，江上洲传鹦鹉名。
鹦鹉西飞陇山去，芳洲之树何青青。
烟开兰叶香风暖，岸夹桃花锦浪生。
迁客此时徒极目，长洲孤月向谁明。

这首诗是上元元年(760 年)春天李白在江夏所作。诗人借描写鹦鹉洲的艳丽春景,反衬自己饱经颠沛流离之苦的孤寂心情。

鹦鹉洲原在武汉市武昌城外江中。相传由东汉末年,祢衡在黄祖的长子黄射大会宾客时,即席挥笔写就一篇“锵锵戛金玉,句句欲飞鸣”的《鹦鹉赋》而得名。后祢衡被黄祖杀害,亦葬于洲上。历代不少名人,“藏船鹦鹉之洲”,纵观大江景色,留下了很多诗篇,唐崔颢“晴川历历汉阳树,芳草萋萋鹦鹉洲”、李白“烟开兰叶香风暖,岸夹桃花锦浪生”、孟浩然“昔登江上黄鹤楼,遥爱江中鹦鹉洲”,更是传颂一时的佳句。但此洲在明末逐渐沉没。

现在汉阳拦江堤外的鹦鹉洲,系清乾隆年间(1736—1795 年)新淤的一洲,曾名“补课洲”,嘉庆间(1796—1820 年)将补课洲改名鹦鹉洲,并于光绪二十六年(1900 年)重修了祢衡墓。墓为石建,方形,额题“汉处士祢衡墓”,甚为古朴别致。另外,李白还有一首《望鹦鹉洲悲祢衡》:“魏帝营八极,蚁观一祢衡。黄祖斗筲人,杀之受恶名。吴江赋《鹦鹉》,落笔超群英。锵锵振金玉,句句欲飞鸣。鸷鹗啄孤凤,千春伤我情。五岳起方寸,隐然讵可平？才高竟何施,寡识冒天刑。至今芳洲上,兰蕙不忍生。”

东坡赤壁抒怀

大江东去,浪淘尽,千古风流人物。故垒西边,人道是,三国周郎赤壁。乱石穿空,惊涛拍岸,卷起千堆雪。江山如画,一时多少豪杰!

遥想公瑾当年,小乔初嫁了,雄姿英发,羽扇纶巾,谈笑间,樯橹灰飞烟灭。故国神游,多情应笑我,早生华发。人生如梦,一樽还酹江月。

——《念奴娇·赤壁怀古》

长江朝东流去,千百年来,所有才华横溢的英雄豪杰,都被(历史)长江滚滚的波浪冲洗掉了。那西边的旧营垒,人们说:那是三国时周郎大破曹兵的赤壁。陡峭不平的石壁插入天空,惊人的巨浪拍打着江岸,卷起千堆雪似的层层浪花。祖国的江山啊,那一时期该有多少英雄豪杰!

遥想当年周公瑾,小乔刚刚嫁了过来,周公瑾姿态雄峻。手里拿着羽毛扇,头上戴着青丝帛的头巾,谈笑之间,曹操的无数战船在浓烟烈火中烧成灰烬。神游于故国(三国)战场,该笑我太多愁伤感了,以致过早地生出白发。人的一生就像做了一场大梦，还是把一杯酒献给江上的明月，和我同饮共醉吧！

东坡赤壁

这首词是元丰五年（1082 年）七月苏轼谪居黄州时作。上片咏赤壁，下片怀周瑜，最后以自身感慨作结。起笔高唱入云，气势足与“黄河之水天上来”相侔，而且词境壮阔，在空间上与时间上都得到极度拓展。江山、历史、人物一齐涌出，以万古心胸引出怀古思绪。接着借“人道是”疑似之言，把江边故垒和周郎赤壁挂上了钩。“乱石崩云”三句正面写赤壁景色，惊心骇目。词中把眼前的乱山大江写得雄奇险峻，渲染出古战场的气氛和声势。对于周瑜，苏轼特别激赏他少年功名，英气勃勃。“小乔初嫁”看似闲笔，而且小乔初嫁周瑜在建安三年，远在赤壁之战前十年。特意插入这一句，更显得周瑜少年英俊，春风得意。词也因此豪放而不失风情，刚中有柔，与篇首“风流人物”相应。“羽扇纶巾”三句写周瑜的战功，也很特别。周瑜身为主将却并非兵戎相见，而是羽扇便服，谈笑风生。写战争一点不渲染铁马金戈的战争气氛，只着笔于周瑜的从容潇洒，指挥若定，这样写法更能突出他的风采和才能。苏轼这一年四十七岁了，不但功业未成，反而待罪黄州，同三十左右就功成名就的周瑜相比，不禁深自感愧。壮丽江山，英雄业绩，激起苏轼豪迈奋发的感情，也加深了他的内心苦闷和思想矛盾。故从怀古归到伤己，自叹“人生如梦”，举杯同江上清风、山间明月一醉销愁了。这首怀古词兼有感奋和感伤两重色彩，但篇末的感伤色彩掩盖不了全词的豪迈气派。

《前赤壁赋》

壬戌之秋，七月既望，苏子与客泛舟游于赤壁之下。清风徐来，水波不兴。举酒属客，诵明月之诗，歌窈窕之章。少焉，月出于东山之上，徘徊于斗牛之间。白露横江，水光接天。纵一苇之所如，凌万顷之茫然。浩浩乎如冯虚御风，而不知其所止；飘飘乎如遗世独立，羽化而登仙。

于是饮酒乐甚，扣舷而歌之。歌曰："桂棹兮兰桨，击空明兮溯流光。渺渺兮于怀，望美人兮天一方。"客有吹洞箫者，倚歌而和之，其声呜呜然：如怨如慕，如泣如诉；余音袅袅，不绝如缕；舞幽壑之潜蛟，泣孤舟之嫠妇。

苏子愀然，正襟危坐，而问客曰："何为其然也？"客曰："月明星稀，乌鹊南飞，此非曹孟德之诗乎？西望夏口，东望武昌。山川相缪，郁乎苍苍，此非孟德之困于周郎者乎？方其破荆州，下江陵，顺流而东也，舳舻千里，旌旗蔽空，酾酒临江，横槊赋诗，固一世之雄也，而今安在哉？况吾与子，渔樵于江渚之上，侣鱼虾而友麋鹿，驾一叶之扁舟，举匏樽以相属；寄蜉蝣与天地，渺沧海之一粟。哀吾生之须臾，羡长江之无穷；挟飞仙以遨游，抱明月而长终；知不可乎骤得，托遗响于悲风。"

苏子曰："客亦知夫水与月乎？逝者如斯，而未尝往也；盈虚者如彼，而卒莫消长也。盖将自其变者而观之，而天地曾不能一瞬；自其不变者而观之，则物于我皆无尽也。而又何羡乎？且夫天地之间，物各有主。苟非吾之所有，虽一毫而莫取。惟江上之清风，与山间之明月，耳得之而为声，目遇之而成色。取之无尽，用之不竭。是造物者之无尽藏也，而吾与子之所共适。"

客喜而笑，洗盏更酌，肴核既尽，杯盘狼藉。相与枕藉乎舟中，不知东方之既白。

《前赤壁赋》写于苏轼一生最为困难的时期之一——贬谪黄州期间。元丰二年（1079年），苏轼因"乌台诗案"被扣上诽谤朝廷的罪名，被捕入狱。"几经重辟"，惨遭折磨。后经多方营救，于当年十二月释放，贬为黄州团练副使，但"不得签署公事，不得擅去安置所。"这无疑是一种"半犯人"式的管制生活。

1082年壬戌，苏轼作《前赤壁赋》。他在黄州作的诗中，曾经痛苦地描写过此时的忧郁苦闷的心情。“我谪黄冈四五年，孤舟出没烟波里。故人不复通问讯，疾病饥寒疑死矣”。无端受屈、含冤入狱的苏轼，在“乌台诗案”结案后不久，就被贬谪为黄州团练副使，所幸的是黄州地方官吏钦慕他的为人与俊才，非但不加管束，还常常任他在管区内纵情游山观水，而情豪兴逸的苏东坡则每游一地必有诗文纪盛，《前赤壁赋》与《后赤壁赋》就是这一时期留下的不朽名篇。

前人的游记散文，大多以记游写景或于记游中借景抒情为主，而东坡的不少散文，却开创了一种新的写法。在这些文章中，作者并不着意写景，而是以阐明哲理，发表议论为主。借题发挥，借景立论的独特风貌贯串于字里行间。《前赤壁赋》就是这种新型游记的一篇代表作。

宋神宗元丰五年（1082 年），也就是苏轼谪居黄州的第三年初秋，他与朋友驾一叶小舟，来到黄冈赤壁下的长江中赏月游玩，明月一轮映于波平浪静的江面，送爽的清风徐徐吹来，茫茫白露布满大江，水光山色与中天夜月相辉映，主客对酌于舟中，酒酣耳热后和着凄怆的洞箫声扣舷而歌，然后又从如怨如慕、如泣如诉的箫声中引出客人思古之幽伤和对人生如寄的慨叹，文章也就此由情入理，由感情的抒发到哲理的阐释，进而以苏子的对答把全文的主旨表露出来，“变”与“不变”的理论和“物各有主”的观点好似一剂灵丹妙药，使客人终于“喜而笑”。

《前赤壁赋》通篇以景来贯串，“风”和“月”是主景，“山”和“水”辅之，全文紧扣风、月来展开描写与议论。以风、月之景开卷，又于文中反复再现风、月形象。歌中的“击空明兮溯流光”则是由景入论的转折。客的伤感起于曹操的“月明星稀”，终于“抱明月而长终”、“托遗响于悲风”的悲哀，仍然不离“风”、“月”二字。苏子的对答，亦从清风、明月入论：“惟江上之清风，与山间之明月，耳得之而为声，目遇之而成色，取之无禁，用之不竭，是造物者之无尽藏也，而吾与子之所共适。”

景物的连贯，不仅在结构上使全文俨然一体，精湛缜密，而且还沟通了全篇的感情脉络，起伏变化。起始时写景，是作者旷达、乐观情状的外观；“扣舷而歌之”则是因“空明”、“流光”之景而生，由“乐甚”向“愀然”的过渡；客人寄悲哀于风月，情绪转入低沉消极；最后仍是从眼前的明月、清风引出对万物变异、人生哲理的议论，从而消释了心中的感伤。景物的反复穿插，在表现人物悲与喜的消长的同时再现了作者矛盾心理的变化过程，最终达到了全文诗情画意与议论理趣的完美统一。《前赤壁赋》充分体现了苏文的风格乃是一种自由豪放，恣肆雄健的阳刚之美，以及苏轼散文自然本色、平易明畅的特色。

《后赤壁赋》

是岁十月之望，步自雪堂，将归于临皋。二客从予过黄泥之坂。霜露既降，木叶尽脱，人影在地，仰见明月，顾而乐之，行歌相答。已而叹曰："有客无酒，有酒无肴，月白风清，如此良夜何！"客曰："今者薄暮，举网得鱼，巨口细鳞，状如松江之鲈。顾安所得酒乎？"归而谋诸妇。妇曰："我有斗酒，藏之久矣，以待子不时之需。"于是携酒与鱼，复游于赤壁之下。江流有声，断岸千尺；山高月小，水落石出。曾日月之几何，而江山不可复识矣。予乃摄衣而上，履巉岩，披蒙茸，踞虎豹，登虬龙，攀栖鹘之危巢，俯冯夷之幽宫。盖二客不能从焉。划然长啸，草木震动，山鸣谷应，风起水涌。予亦悄然而悲，肃然而恐，凛乎其不可留也。反而登舟，放乎中流，听其所止而休焉。时夜将半，四顾寂寥。适有孤鹤，横江东来。翅如车轮，玄裳缟衣，戛然长鸣，掠予舟而西也。

须臾客去，予亦就睡。梦一道士，羽衣蹁跹，过临皋之下，揖予而言曰："赤壁之游乐乎？"问其姓名，俯而不答。"呜呼！噫嘻！我知之矣。畴昔之夜，飞鸣而过我者，非子也邪？"道士顾笑，予亦惊寤。开户视之，不见其处。

《后赤壁赋》同样作于苏轼因"乌台诗案"而被贬至黄州之时。贬谪生涯使苏轼更深刻地理解了社会和人生，也使他的创作更深刻地表现出内心的情感波澜。《后赤壁赋》沿用了赋体主客问答、抑客伸主的传统格局，抒发了自己的人生哲学，同时也描写了长江月夜的优美景色。全文骈散并用，情景兼备，堪称优美的散文诗。不仅让我们感到了作者高超的表达能力和语言技巧，文中的孤鹤形象更能够让我们感到超然物外的人生哲理。孤独、寂寞、高贵、幽雅、超凡脱俗的孤鹤历来便是道家的神物，乘鹤是道化升仙的标志，苏轼不仅借孤鹤以表达自己那种高贵幽雅、超凡脱俗、自由自在的心境，更表现了那种能超越现实痛苦的希冀。

前后赤壁赋虽都以秋江夜月为景，以客为陪衬。本文第一段，作者在月明风清之夜，与客行歌相答。先有"有客无酒"、"有酒无肴"之憾，后有"携酒与鱼"而游之乐。行文在平缓舒展中有曲折起伏。第二段，从"江流有声，断岸千尺"的江岸夜景，写到"履巉岩，披蒙茸……"的山崖险情；从"曾日月之几何而江水不可复识”的感叹,到“悄然而悲,肃然而恐”的心情变化,极腾挪跌宕之姿。第三段,借孤鹤道士的梦幻之境,表现旷然豁达的胸怀和慕仙出世的思想。

《后赤壁赋》是《前赤壁赋》的续篇,也可以说是姐妹篇。前赋主要是谈玄说理,后赋却是以叙事写景为主;前赋描写的是初秋的江上夜景,后赋则主要写江岸上的活动,时间也移至孟冬;两篇文章均以“赋”这种文体写记游散文,一样的赤壁景色,境界却不相同,然而又都具诗情画意。前赋是“清风徐来,水波不兴”、“白露横江,水光接天”,后赋则是“江流有声,断岸千尺,山高月小,水落石出”。不同季节的山水特征,在苏轼笔下都得到了生动、逼真的反映,都给人以壮阔而自然的美的享受。

全文分为两个层次,第一层次写泛游之前的活动,包括交代泛游时间、行程、同行者以及为泛游所作的准备。第二层次乃是全文重心,写出赤壁的崖峭山高而空清月小、水溅流缓而石出有声的初冬独特夜景,从而诱发了主客弃舟登岸攀崖游山的雅兴,这里,作者不吝笔墨地写出了赤壁夜游的意境,安谧清幽、山川寒寂、“履巉岩,披蒙茸,踞虎豹,登虬龙;攀栖鹘之危巢,俯冯夷之幽宫”,奇异惊险的景物更令人心胸开阔、境界高远。可是,当苏轼独自一人临绝顶时,那“划然长啸,草木震动,山鸣谷应,风起水涌”的场景又不能不使他产生凄清之情、忧惧之心,不得不返回舟中。文章写到这里,又突起神来之笔,写了一只孤鹤的“横江东来”、“戛然长鸣”后擦舟西去,于是,已经孤寂的作者更添悲悯,文章再起跌宕生姿的波澜,还为下文写梦埋下了伏笔。

最后,在结束全文的第三层,写了游后入睡的苏子在梦乡中见到了曾经化作孤鹤的道士,在“揖予”、“不答”、“顾笑”的神秘幻觉中,表露了作者本人出世入世思想矛盾所带来的内心苦闷。政治上屡屡失意的苏轼很想从山水之乐中寻求超脱,结果非但无济于事,反而给他心灵深处的创伤又添上新的哀痛。南柯一梦后又回到了令人压抑的现实。结尾八个字“开户视之,不见其处”相当迷茫,有双关的含义,表面上像是梦中的道士倏然不见了,更深的内涵却是自己的前途、理想、追求、抱负又在哪里呢?

渡江之歌

才饮长沙水,又食武昌鱼。万里长江横渡,极目楚天舒。不管风吹浪打,胜似闲庭信步，今日得宽馀。子在川上曰：逝者如斯夫！

风樯动，龟蛇静，起宏图。一桥飞架南北，天堑变通途。更立西江石壁，截断巫山云雨，高峡出平湖。神女应无恙，当惊世界殊。

——毛泽东《水调歌头·游泳》

这首词是毛泽东1956年在武汉畅游长江时的感兴之作。毛泽东对长江有着特殊的感情，他把浩瀚的长江比作天然的最好的游泳池，多次畅游长江。

1956年6月1日，毛泽东从武昌游过长江到达汉口。6月3日，第二次游过长江，从汉阳穿过长江大桥桥洞到武昌。4日，第三次游过长江，也是从汉阳到武昌。毛泽东一生酷爱游泳，这是世人皆知的。1925年所作《沁园春·长沙》中的"到中流击水，浪遏飞舟"，则是诗人青年时代奋勇进取、劈波斩浪的艺术写照。

首句"才饮长沙水，又食武昌鱼"，翻旧时民谣，组成流水对，娓娓叙来，写巡视的行踪和心情。这里，"才"、"又"两个副词一气连贯，不仅是时间的连贯和空间的转换，也传达出一种风尘仆仆巡视各地的兴奋而又轻快的心情。"饮"、"食"两个生活细节相映成趣，显得兴致勃勃。"水"、"鱼"两种富有特色的湘湖风物，写来则亲切如见，情意拳拳。

"万里长江横渡，极目楚天舒"，这既是对游泳的特定环境、空前壮举和豪迈意志的描写，更是一种心灵的呈现。两句词，万里江天，上下映衬，横渡纵目，情景交融。越是写出长江之大，就越是显示出词人藐视天堑的恢宏气度。

再三句，直抒游泳时的强烈感受："不管风吹浪打，胜似闲庭信步，今日得宽馀。"这里补写一笔大江景象，引出一个新奇的比喻，在动静两种环境的强烈对比中，用三层递进式的议论，酣畅地表达了在中流击浪前进的壮志豪情。前两句写游泳时的镇定和从容，后一句则写获得"自由"后的欣喜。这是解脱束缚的畅快，是长久渴望的满足，是俯仰自得的轻松，是驾驭风浪的喜悦。陈毅《冬夜杂咏·长江》曰："有人雄古今，游泳渡长江。云此得宽馀，宇宙莽苍苍。"正是为此词作了脚注。毛泽东游泳之际见长江逝水，联想而及孔子之语，乃一字不易地截取了《论语·子罕》篇中的成句，赋予崭新的意义，直接把中流搏击风浪同社会发展的普遍规律联系起来。这里既有对时光流逝的慨叹，又有对峥嵘岁月的怀念；既有对历史的追溯，又有对自然规律的探究；既有对生命的感悟，又有对世事人生的思索；既有感情的憧憬，又是只争朝夕、催人奋进的号角。总之，孔夫子这两句话的妙用，如此妥帖自然，不着斧凿痕迹，不仅加深了词的意境，而且意味更加隽永。

词的下片又回到了眼前的实景，自然展开了长江建设的"宏图"。"风樯动，龟蛇静，起宏图。"以"风"字起，紧接着前片意脉，瞩目两岸景色：江上是风吹千帆齐飞动，两岸是龟蛇二山静相望，进而转写中国人民在风浪滚滚的大江上，开始了实施全面改造长江的宏伟计划。一"动"一"静"，相映成趣。一"起"则高耸挺拔，发起新意，充分表现了今天中国人民建设祖国，改变山河的豪迈气概。以下又由眼前景象引起了对未来景象的展望："一桥飞架南北，天堑变通途。更立西江石壁，截断巫山云雨，高峡出平湖。"前两句，先就眼前最突出的大桥建设展开，写正在付诸实施的部分宏图。"飞"和"变"是写实，也是预期。寥寥两笔，不仅写出了大桥兴建的飞快速度，和即将见到的大桥凌空的雄伟形象，而且写出了一桥贯通大江南北的历史意义。"更立"三句，思绪遥远，神游三峡，一幅壮丽神奇的理想图景在词中展现出这首著名的诗词《水调歌头·游泳》，使武汉的横渡长江活动开始闻名于世。

长江汉水在这里相逢，龟山蛇山在这里相通，白云黄鹤在这里起舞，江潮人潮在这里奔涌。

不管风吹浪打，胜似闲庭信步，代代接力闯滩，人人争先奋勇，万里长江横渡，健儿击水天堑飞彩虹。

——2009 武汉渡江节会歌

武汉横渡长江活动历史悠久，最早的大型横渡长江活动始于 20 世纪 30 年代。1934 年 9 月 9 日，酷爱体育运动的武汉警备旅官兵与体育界人士联手，在武汉举办第一次横渡长江游泳竞赛活动，起点设在武昌汉阳门码头，终点设在汉口三北码头，全程 5000 米，有 44 人参加横渡，40 人到达终点，张学良将军闻讯赶到，向冠军鞠华强赠送一面刻有"力挽狂澜"的银盾。此次横渡长江，两岸参观者众，颇极一时之盛，被当时报刊称为"横渡壮举"。

1956 年，毛泽东主席在武汉畅游长江后写下著名诗词《水调歌头·游泳》，横渡长江因之闻名于世。1966 年 7 月 16 日，毛泽东主席以 73 岁高龄再次畅游长江，"7 · 16"也被确定为毛泽东畅游长江纪念日。从 1956 年至 1966 年，毛泽东主席先后 10 多次畅游长江，对武汉市这一传统群体活动起到了巨大的推动作用。

渡江节

上世纪 50 年代以来，渡江作为大众体育运动，意在锻炼斗志。60—70 年代，这项活动一度政治色彩浓厚。80 年代，恢复体育运动本性因故中断 8 年后，1992 年第 26 届渡江方队出现了第一批企业条幅，有报道称，从“精神”渡江到“经济”渡江——“图的是吸引国内外客商，念的是经济这个‘经’”。1993 年，武汉首次举办国际渡江节，10 多个国家和地区的运动员来汉组成渡江历史上第一支“国际方队”，“外交渡江”又成为一特色。此后的 3 届渡江，继续对外开放，服务于经济发展。从 1996 年后，因长江防汛等原因一度中断 4 年。2001 年以“抢渡长江挑战赛”重现江城。2001 年举办第 31 届渡江（即首届长江天险抢渡赛）后，从国家游泳管理部门传来信息，目前国际上这类在“公开水域”进行的比赛发展方兴未艾，具广泛的群众性和潜力，可以为城市的经济、文化、旅游发展服务，于是“长江抢渡”又划归于“公开水域”系列的竞技活动与国际接轨了，从此进入了一个更广阔的发展市场。

横渡长江活动

2005 年横渡长江活动在传统渡江活动的基础上，充分体现文体联手、围绕长江做足“水文章”，吸引了更多市民的参与。一是 6 月 17 日晚，“亲近长江 · 迎宾音乐会”在汉口江滩三峡石广场举行，由武汉民间五大乐队进行表演；二是 6 月 18 日上午，在武昌江滩迎宾广场两侧举行“欢乐长江 · 体育嘉年华活动”，安排 8 个体育游戏，市民可自由参加；三是 6 月 18 日下午，渡江活动的重头戏——“跨越长江 · 抢渡赛和群众漂流活动”正式开始，抢渡赛共有 3 组约 100 余名运动员参加，路线为汉阳桥头堡至武昌江滩迎宾广场，群众漂流路线为武昌汉阳门至武昌江滩迎宾广场，有 15 个方队 1500 名群众参加。这三方面内容使渡江活动凸现出三大特色：推出了“欢腾长江、激荡武汉”理念，有助于把渡江活动打造成具有国际影响的传统赛事；时间首次由一天增加到两天，内容更丰富，形式更新颖，增强了渡江活动的观赏性和文化魅力；作为国际性公开水域赛事，赛事规格和开放程度更高，直接发挥旅游产业功能。这标志着武汉渡江节又迈上了一个新台阶。

2010年武汉渡江节吉祥物“江江”

从1956年至2009年，武汉已成功举办了36届横渡长江游泳活动。搏击长江，征服大江风浪，领略人生真谛，武汉人以这种方式，回报大自然的厚爱。

(二)两坝一峡

当高峡平湖初步形成之时，新三峡的标志性旅游产品“两坝一峡”应运而生。2003年6月14日，“两坝一峡”旅游线路新闻发布会在湖北宜昌隆重举行。它由世界第一坝——三峡大坝、长江第一坝——葛洲坝、国家首批4A景区坛子岭、“三峡人家”石牌景区、西陵画廊风景区和绵延38公里的西陵峡谷风光组成。

世界最大的水利枢纽工程——三峡大坝

在2008年的《中国工业发展报告——中国工业改革开放30年》中，中国社会科学院工业经济研究所专家和学者评选出了“中国工业改革开放30年最具影响力的30件大事”，三峡工程名列其中。

2006年5月20日14时，中国长江西陵峡三斗坪，一个跨越时代的水利奇迹展现在世人面前：随着最后一方混凝土的浇筑完毕，一座全长2309米、举世无双、横锁长江的三峡大坝在这里全线建成，长江三峡为之巨变。

三峡大坝

三峡工程是当今世界最大的水利枢纽工程。它的许多指标都突破了世界水利工程的记录：

——世界防洪效益最为显著的水利工程。三峡水库总库容393亿立方米，防洪库容221.5亿立方米，水库调洪可消减洪峰流量达2.7万立方米每秒至3.3万立方米每秒，能有效控制长江上游洪水，增强长江中下游抗洪能力。

——世界最大的电站。三峡水电站总装机1820万千瓦，年发电量846.8亿千瓦时。

——世界建筑规模最大的水利工程。三峡大坝坝轴线全长2309.47米，泄流坝段长483米，水电站机组70万千瓦的有26台，双线5级船闸和升船机，无论单项、总体都是世界建筑规模最大的水利工程。

——世界工程量最大的水利工程。三峡工程主体建筑土石方挖填量约1.34亿立方米，混凝土浇筑量2794万立方米，钢筋46.30万吨。

——世界施工难度最大的水利工程。三峡工程2000年混凝土浇筑量为548.17万立方米，月浇筑量最高达55万立方米，创造了混凝土浇筑的世界纪录。

——施工期流量最大的水利工程。三峡工程截流流量为9010立方米每秒，施工导流最大洪峰流量79000立方米每秒。

——世界泄洪能力最大的泄洪闸。三峡工程泄洪闸最大泄洪能力为10.25万立方米每秒。

——世界级数最多、总水头最高的内河船闸。三峡工程的双线五级船闸，总水头113米。

——世界规模最大、难度最大的升船机。三峡工程升船机有效尺寸为120×18×3.5米，最大升程113米，船箱带水重量达11800吨，过船吨位3000吨。

——世界水库移民最多、工作最为艰巨的移民建设工程。三峡工程水库动态移民达到一百多万人。

滚滚长江东逝水。作为中华民族文明发展的见证，无数奇迹曾在长江诞生。

三峡工程设想从开始提出，到三峡大坝全线建成，前后历时近百年。

"三峡水力之富，甲于全世界。""四川平原之水，以宜昌峡为唯一出路。"缘于长江三峡丰富的水力资源和天然地形，早在20世纪初，中国就萌生了建设长江三峡工程的设想。民族伟人孙中山先生，早在1919年制定的《建国方略》提出："当以水闸堰其水，使舟得以逆流而行，而又可资其水力。"这是中国人首次提出三峡水力开发的设想。不仅是国人，美国知名水坝专家萨凡奇也曾对三峡工程情有独钟。20世纪40年代，他数次到三峡考察认为："长江三峡的自然条件，中国是唯一的，在世界上也不会有第二个。"但那时战火纷乱、国力羸弱，修建三峡工程，终究还只归于梦想。

新中国成立后，三峡工程纳入国家战略。1953年2月，毛泽东主席在讨论长江防洪时说，费了那么大的力量修支流水库，还达不到控制洪水的目的，为什么不集中在三峡卡住它呢？1956年6月，毛泽东畅游长江写下"更立西江石壁，截断巫山云雨，高峡出平湖"的雄奇诗篇，传递出截江驯水的壮志豪情。

长江三峡

党的十一届三中全会以后，随着经济发展和国力增强，建设三峡工程日渐可行。但因工程关系重大，涉及巨额投资、环境保护、水利安全、移民安置等诸多问题，三峡工程一直在进行周密论证。1986 年至 1988 年，国务院重新组织 400 多位专家进行三峡工程论证工作，大多数专家认为，建设三峡工程技术上是可行的，经济上是合理的。1992 年是具有决定性意义的一年。4 月 3 日，七届全国人大五次会议通过了关于兴建三峡工程的决议。经过两年前期准备，这项举世瞩目的工程于 1994 年 12 月 14 日正式开工。经过无数建设者的奋战，前后历时 10 多个春秋，三峡工程的最核心建筑物——三峡大坝如今全线建成。

“建设三峡工程是几代中国人的梦想。三峡大坝的建成是三峡工程建设的重要里程碑，一个较有决定性意义的时刻。”国务院三峡枢纽工程验收专家组组长潘家铮如是说。

三 峡

世纪三峡梦，今日始辉煌。长达2309米、海拔高程185米，气势恢弘的三峡大坝如同巨臂，紧紧锁揽住奔腾不息的长江水。“非常惊叹中国人能建成这样的宏大工程。”一位意大利安莎社记者在三峡大坝现场采访时说：“三峡大坝，如同长城和天坛一样，是外国人到中国必须要看的地方。”

兴建长江三峡工程，是造福中华民族的世纪之梦。由长江河网编织成的长江流域，国内生产总值占全国的三分之一以上，流域人口达4亿之众。早在20世纪初提出三峡水库设想时，就有这一工程“范围之广，利益之宏，无与伦比”的说法。三峡大坝今天的建成，为三峡工程全面竣工奠定了坚实基础，使得三峡工程步入收获季节，将会带来巨大的社会效益和经济效益。

长江洪灾历来是中华民族的心腹之患，防洪是建设三峡工程的首要任务。三峡大坝的全线建成，意味着三峡工程开始全面发挥防洪能力。蓄水至175米后，三峡水库的防洪库容将达到221.5亿立方米，相当于4个荆江分洪区的可蓄洪水量。三峡工程建成，将使长江荆江河段的防洪标准由目前的10年一遇提高到100年一遇，能有效保护长江中下游平原地区1500万人口和150万公顷耕地免受洪水威胁。

三峡水库蓄水

三峡工程发电效益可观，是缓解中国能源瓶颈的一枚重要棋子。三峡水库蓄水，将使昔日险滩密布的峡江航道变成高峡平湖，“黄金水道”的作用得到更为充分的显现和发挥。

三峡水库

万里长江奔腾不息，三峡大坝巍然屹立。三峡大坝这座世纪丰碑，必将载入中国和世界发展的史册，并激励着我们继续奋勇向前，为中华民族的富强再立新功！

葛洲坝

葛洲坝水利枢纽工程位于长江三峡出口、湖北宜昌市境内，距南津关3公里，是长江干流上第一座大坝。1970年12月30日破土动工，1981年1月4日胜利截流，开始通航发电。葛洲坝水利枢纽工程是目前我国自行设计、施工的最大水利枢纽之一，工程量之大，技术水平之高，在我国已建的水电工程中首屈一指。

葛洲坝鸟瞰

长江出南津关后，江面骤然由300来米展宽到约2000米，被江中两个天然小岛——葛洲坝和西坝，分割成三股水流，即大江、二江和三江。大江是主洪道，终年通航，二江和三江汛期过水，枯季断流。葛洲坝水利枢纽工程就是利用这里的有利地形，把长江拦腰截断，在上游形成了一座15.8亿立方米库容的水库。整个工程开挖土石约5500万立方米，金属结构安装6.5万吨，浇筑混凝土约1000万立方米，相当于我国刘家峡、三门峡、丹江口、龚嘴、新安江五个水利枢纽工程混凝土浇筑量的总和，如果用它修筑一条10米宽、50厘米厚的混凝土路面，可以从广州一直铺到北京。

葛洲坝工程主要由船闸、发电站、泄水闸、冲沙闸及挡水建筑物(如大坝)组成。大坝全长2606米，最大坝高53.8米。参观者来到大坝跟前，不能不为这个历时10年的巨大宏伟的工程而赞叹。这座工程共需开挖回填土石方1.13亿立方米，这等于是把一座高山搬走。浇灌混凝土共达1113万立方米。如果说一辆卡车可运5立方米混凝土的话，那么这么多混凝土就需要200多万辆卡车才能运完。所需金属共7.75万吨，这些金属用来造船的话，可造万吨轮七八艘。

葛洲坝

葛洲坝的功能之一是防洪。大坝上游的总库容达15.8亿立方米，控制坝上流域面积100万平方公里。大坝刚建成，1981年7月经受了百年来最大洪水7.2万立方米/秒的考验，安然无恙。葛洲坝另一功能是发电。整个工程有两座发电厂设在二江和大江上，共装机21台，总装机容量为271.5万千瓦，年平均发电量为141亿千瓦时，是世界大型水电站之一。

葛洲坝有两座单级船闸和两条航道，可通过万吨级的轮船，为当今世界最大的船闸之一。工程全部建成后，左坝头和右坝头是花果满坡的公园；三江、大江和大江的岸边，是郁郁葱葱的林阴大道。丽日当空，登坝远眺只见南津关口，白云缭绕；水库之上，碧波粼粼；船闸上下，航轮如梭；泄水闸滚滚江流，势如巨瀑，声震四野。入夜，坝区整个建筑，宛如用宝石镶嵌的水晶宫殿，矗立在大江之上。

坛子岭

坛子岭景区是三峡工地的制高点，是观赏三峡工程全景的最佳位置，海拔262.48米，登上坛子岭的顶部观景台，可俯瞰三峡坝区的全貌，饱览西陵峡黄牛岩的秀丽风光和秭归新县城的远景。坛子岭因外形像一个倒扣的坛子而得名。景区总面积约10万平方米。整个景区包括观景台、浮雕群、钢铁大书、亿年江石模型室和绿化带等，综合展现了源远流长的三峡文化，表达了人水合一、化水为利、人定胜天的鲜明主题。

相传当年大禹治水三过家门而不入，在神牛帮助下打通夔门，推开了400里水道，川江的百姓感恩不尽，用巨舟载24头肥猪和一大坛美酒前来犒劳。行至三斗坪时，却见那神牛腾云而去，只在那高山上留下了个影像，后被百姓称为黄牛岩。那大禹也追踪神牛远行，遗留下了一尊巨石作为纪念。人们深受感动久久不肯离去，巨舟在江中守候，结果巨舟化成一座小岛——中堡岛。船上的肥猪则投入江中，变做24座礁石，而那坛美酒则放在了左岸，幻化成流传至今的坛子岭。据说，每逢晴朗天气，微风佛过，峰间江中，酒香醺醺，还真的令人心醉。

环绕坛子岭的一群浮雕名叫《润生源》——滋润生命的源头。它的正面是凸出的大型铜版浮雕，形同水轮机外壳，三个伟壮的男性携手在水流中旋转，力士金刚般地与水交融在一起，表现了万物以水为生的强大精神力量。铜浮雕两侧，上为虎，下为凤，表达出三峡工程的地理位置和文化背景。因为古有楚人崇凤、巴人尚虎的说法，而三峡坝区正在巴楚之间，虎虎生风，凤歌锵锵，托现出几亿人的三峡梦。

上右侧的浮雕显出一个现代男人和大禹的形象，重叠成一个“大”字或“夫”字，那男人手持三峡基石岩芯，象征现代水能利用的科学观念，大禹手持铁铲，则显示中华民族治水的悠久传统，他俩的背景是大坝建设的场面。从左起还出现了家庭及库区移民搬迁的场景，有勤劳的妇女、乖巧的儿童、有责任感的丈夫，还有一些渔业、畜牧业、航运业的活动画面。天空有3个仙女从天而降，和整幅浮雕中的其他仙女总共12位，代表着巫山十二峰。下面的浮雕，中心人物是一个青年女性和一位仙女的叠影，姿态优美，手中有花朵、果实。背景有植物、动物、鱼类，反映了三峡的生态，远处透出的东方明珠、上海码头、外滩大楼等，象征着长江三峡工程赋予长江中下游的效能。此外，浮雕上还有仙女奏楚乐，四人跳巴舞，以及长江上游四川大足的千手观音等形象。

与坛体正面浮雕相对应，坛子体北面一块浮雕中心部位是传说中黄牛助大禹治水合力开峡的景象。向两侧展开的是峡石和流水。峡石上刻有远古画，下部有纤夫、船夫、埋葬水难者的白骨塔，漂在水患中的孩童、房屋等，气氛压抑、悲壮，是三峡地区千百年来生存条件的写照。两侧有太阳、月亮连同坛体背面的北极星、北斗星，形成了一个小天体，再看那飞溅草坪的流水，将坛体上下连成一片，体现了天、地、人合一的文化内涵。

石牌风景区

轮船过三峡大坝五级船闸后顺流而下，过了南沱，驶出一片开阔的庙南宽谷，便进入了西陵峡东段的灯影峡。灯影峡出口处，长江急转90度大弯，弯的南岸有一天然巨石，形如古代的令牌，故人们取名为石牌。

石牌“三峡人家”风景区位于三峡大坝与葛洲坝之间，居“两坝一峡”旅游线中心地段，由三峡人家景区、杨家溪漂流景区、西陵画廊景区三大部分组成。

三峡人家景点依山傍水，风景如画，传统的三峡吊脚楼点缀于山水之间，久违的古帆船和乌篷船静静地停泊在三峡人家的门前，千百年来经久不衰的民俗风情，体现着峡江人民的质朴好客，走进峡江吊脚楼，清秀美丽的三峡少女为您捧上一杯峡州清茶，献上一段土家族民俗歌舞，游客定会觉得如梦似幻，亲切怡然。

石牌杨家溪漂流景区充满了浓厚的军事色彩，分为动水漂流和静水漂流。在这里漂流，既可领略搏浪闯滩的刺激，又可感受平湖荡舟的悠闲。在蜿蜒曲流的河水中，一路搏激流，过险滩，两岸风光在身旁飞掠而过，不尽浪花在眼前飞珠溅玉，艇在浪中漂，人在画中游，有惊而无险。

西陵峡　长江三峡东起湖北宜昌市南津关，西至重庆市奉节县白帝城，由西陵峡、巫峡、瞿塘峡组成，全长193公里。它是长江风光的精华，神州山水中的瑰宝,古往今来,闪耀着迷人的光彩,无数中外游客为之倾倒。

“三峡天下壮,请君乘船游。西陵甲三峡,忘返兴犹稠。”这是陈毅元帅的豪迈诗篇。风光旖旎的西陵峡,西起秭归县香溪河口,东至宜昌市南津关,全长76公里,是长江三峡中最长的峡谷。因位于“楚之西塞”和夷陵(宜昌古称)的西边,故叫西陵峡。西陵峡以“险”出名,以“奇”著称,“奇”、“险”化为西陵峡的壮美。

西陵峡中有“三滩”——泄滩、青滩、崆岭滩;“四峡”——灯影峡、黄牛峡、牛肝马肺峡和兵书宝剑峡。虽然现在由于大坝的修建有的景观已经不复存在,但三峡秀丽的风光仍不改色。

西陵峡峡中有峡、滩中有滩,大滩含小滩,滩多水急,自古三峡船夫世世代代在此与险滩激流相搏。“西陵峡中行节稠,滩滩都是鬼见愁。”以前船只要经过这一带,便常发生“触礁船破碎,满江尸浮沉”的惨剧。青滩上就有一座“白骨塔”,是专门用来堆积死难船工尸骨的地方。新中国成立以后,政府对这里进行了治理,如今已是有惊无险了。

南津关位于西陵峡东口,“三峡至此穷”,它和瞿塘峡入口处的夔门,是三峡首尾两端的天然门户。长江出南津关,便摆脱了高峡深谷的束缚,开始进入辽阔的长江中、下游平原。南津关北岸的下牢溪,又名下牢津,传说因刘备曾据守于此津之南而得名。关两岸绝壁耸天,峰奇谷异,江面狭窄,犹如一只细颈瓶口,锁住了滔滔大江,成为长江上、中游的天然分界线。这里地势险要,“雄当蜀道,巍锁荆门”,历来为兵家必争之地。白居易在《初入峡有感》一诗中,对它的描绘是十分生动、形象:“上有万仞山,下有千丈水。苍苍两崖间,阔狭容一苇”。三国时期,蜀将刘封曾在北岸山顶修筑城垒,称刘封城。山顶上还有一块大石台,传说是蜀将张飞守卫夷陵时督兵擂鼓之处,名擂鼓台。长江一出南津关,两岸山势坦荡,江面骤然展宽。真是“送尽奇峰双眼豁,江天空阔而夷陵”。关口内外迥然不同的景色,往往使游人有“入峡喜峭岩,出峡爱平旷”之感。

灯影峡 灯影峡又名明月峡,峡虽不长,但景致不凡,可谓“无峰非峭壁,有水尽飞泉”。峡壁明净可人,纯无杂色,如天工细心打磨而出。当这明净的峡壁被明净的天宇映衬着时,酷似一幅水墨国画,崖壁映人江水中,静影澄碧;江水瑟瑟,更添明丽之趣。若晚间过此,月悬西山,月光之下的水光山色形成的那种“净界”,难以言喻,所谓“明月峡”,由此得名。灯影峡是以形取景,因岸边的马牙山上有四块奇石酷似《西游记》唐僧师徒四人西天取经高兴归来的生动形象：手搭凉棚、前行探路的孙悟空；捧着肚皮、一步三晃的猪八戒；肩落重担、紧步相随的沙和尚；安然坐骑、合掌缓行的唐僧。形象栩栩如生，妙不可言。每当夕霞晚照，从峡中远望，极似皮影戏（当地人叫“灯影戏”）中人物，故名灯影峡。灯影峡融汇了三峡的雄伟、奇幻、险峭、秀逸。历代文人骚客留下了许多优美的诗文，如李白的“春水月峡来”，欧阳修的“江上挂帆明月峡”，还有现代大诗人郭沫若的“唐僧师弟立山头，灯影联翩猪与猴”。读着这些诗篇，令人恍若身临其境。

黄牛峡 在峡中乘船继续西上不久，翘首南望，便可于彩云间见一排陡峭的石壁，绝壁下九条蜿蜒下垂的绿色山脊，宛如九龙奔江，气势十分雄伟壮观。那横空出世的石壁便是黄牛岩。三峡极顶黄牛岩，是坝区的最高峰，海拔 1048 米，为俯瞰三峡大坝和观赏“高峡平湖”的最佳视点。北魏地理学家郦道元在《水经注》中描述道：“南岸重岭叠起，最外高崖间有古色，如人负刀牵牛，人黑牛黄，成就分明。”黄牛岩是著名地质突起地带黄陵背斜的南部端点，是一块方圆数百公里的向上凸起的地层，与向下凹进的秭归盆地形成鲜明对照，早在 16 亿至 10 亿年前地下岩浆冲起加上板块挤压，不仅将黄陵背斜抬起，而且在长江河床下造就了整体的岩浆火成岩，成为今日三峡大坝的基础。

黄牛岩下的河谷便是黄牛峡。这里乱石星罗棋布，犬牙交错。其间，河道似九曲回肠，旋涡如沸水翻滚，水急礁险，号称黄牛滩。黄牛峡江面上水急礁多，船行至此，必须小心翼翼。若是逆水，则更是进展缓慢。往往舟行数日，还可望见黄牛岩。李白过此，曾赋诗“三朝上黄牛，三暮行太迟。三朝又三暮，不觉鬓成丝。”

“黄牛”一名的由来，贯穿着大禹开江治水的神话故事。相传玉帝降派大禹到人世间来治理洪水，同时又派遣天神下界来协助他。当他率民开凿到现在的黄牛峡时，天神化为神牛前来相助。一日，天刚蒙蒙亮，有一民妇送茶饭给治水的民夫。她来到江边，猛然看到一头巨大、雄壮的黄牛，身绕霞光，扬蹄腾跃，愤怒地以角触山，顿时山崩石裂，响声如雷鸣。民妇吓得瞠目结舌，大声呼喊起来。喊声惊动了神牛。便一下跳下山岩，从此把影像留在石壁间。

黄陵庙 黄陵庙位于西陵峡的黄牛峡黄牛山麓，是长江三峡中最大且年代最久远的古建筑群。原称黄牛庙，又称黄牛灵应庙。相传，此庙是春秋时为了纪念神牛助大禹开峡的功绩而修建的，后毁，唐宣宗大中元年（847 年）复建，名黄牛祠，北宋景祐三年(1036年)祀禹王，改今名。现存庙宇有山门、禹王殿、武侯祠等，依次建造在逐级升高的台地之上。

郁郁葱葱的黄牛峡两岸山势高耸，岩形粗犷多变。这里是有代表性的震旦纪地质断层。至今在黄牛峡中仍可找到鱼类化石、三叶虫化石及其他海洋生物化石，它记录了三峡数亿年来的沧海桑田的变化。三国时，诸葛亮入蜀，路过黄牛峡，见庙宇残破，便出资重修一新，还为此书《黄牛庙记》。宋代，大文学家欧阳修任夷陵县令时，只认大禹开山之功.不信黄牛拱岩之说，于是就将"黄牛庙"改为"黄陵庙"。现存建筑重修于明万历四十六年(1618年)，近年又几经修缮，并续建了一些辅助设施。

黄陵庙的主体建筑是古人为纪念夏禹而建的禹王殿，面阔进深均为五间，高约15米，重檐九脊，青瓦丹墙，色调和谐，古朴庄重，檐下悬"玄功万古"匾额一方，传为明藩惠王朱常润所题，边框浮雕游龙，飞金走彩，颇为富丽。大殿内，立有36根两人合抱的巨柱，蔚为壮观。立柱上雕着九条蟠龙，形态各异，栩栩如生。其中有一根"水女柱"立在殿之左侧，其离地约4米的柱面，留有历经120多年的陈旧水迹。柱上挂着一木牌，上书"庚午年(1870年)洪水至此"。这是珍贵的水文资料，记录了有史以来长江最大的一次洪水。庙内还存有许多记载洪水水位的碑刻。禹王殿的右侧是武侯祠，祠内后院长有一株铁树，据说是诸葛亮当年亲手所种。武侯祠、山门，均为晚清建筑，殿内存有圭形石碑，刊《黄牛庙记》，相传乃诸葛亮所撰。庙后有泉，极清冽，清乾隆四十九年(1784年)秋凿石为池，至今聚泉仍丰。

黄陵庙红墙黄瓦、金碧辉煌，前临汹涌大江，后倚高岩如屏，四周橘林掩映，气势宏伟，风光绮丽。在橙黄橘红季节，黄陵庙周围十里橙香，硕果累累。这里是三峡柑橘集中产区之一，著名的宜红橙就产于此地。

香溪宽谷 由于大坝蓄水，著名的香溪河、九畹溪水面比蓄水前要宽3至4倍，兵书宝剑峡、牛肝马肺峡已被江水淹没，永沉江底。随着长江水位的不断上涨，峡江两岸前来观赏"高峡出平湖"的游客络绎不绝。

在香溪宽谷，丘陵连绵、沟壑纵横、梯田层层、橘树成林。在宽谷的东端、长江的北岸，有一条小溪，当地人把它叫做"香溪"。在这里，历史上曾出现过两位著名人物：一位是伟大爱国诗人屈原，一位是汉代的王昭君。传说有一天，昭君在溪边洗脸，无意中把项链上的珍珠散落溪中，从此溪水清澈见底，芳香四溢，所以人们就把这里叫做香溪。听当地人说溪水不仅香甜可口，而且还有美容和养颜的功能呢!王昭君的雕像就在香溪旁边，她的故乡在香溪河上游的兴山县宝坪村，村里有修复后的王昭君故宅，宅门外耸立着由内蒙古送来的汉白玉昭君雕像，寄寓“昭君自有千秋在，胡汉和亲识见高”之意。

西陵峡口　西陵峡口风景区位于灯影峡与三峡大坝之间，横跨西陵峡两岸，交通便捷，从宜昌市或三峡大坝出发，陆路经宜莲公路，水路经长江黄金水道均可到达，同时，乘轮渡过江，还可到达南岸的石牌和三峡极顶风景区。西陵画廊由“永远的西陵峡”峡谷风光、江南三把刀、江北的仙人桥和地质公园西陵峡沿江栈道组成。

西陵画廊是整个三峡中最为神奇壮丽的峡谷，因而北宋欧阳修留下了“西陵山水天下佳”的千古绝唱。西陵画廊北岸莲沱一带的寒武纪、震旦纪地质剖面，是20世纪20年代地质学家李四光发现并命名的，是全国三大典型地质剖面之一，揭示着地球远古的奥秘。

仙人桥是西陵峡风光的最佳观景点，其附近的峡谷段是三峡最窄处，两岸峡谷壁立千仞，幽深谷底惊涛拍岸，是体味三峡雄奇风光的极佳地段。仙人桥原名天生桥，位于江北岸悬崖上，它三面绝壁，一面临江，在两山之间，凌空飞架，险峻奇特之至，传说是天上的仙女与凡间樵哥一同升天时，仙女裙带化成的彩桥。宋代诗人田钧当年途经桥下，因山水凶险和不见仙女倩影而深为遗憾，写下诗句：“仙人桥上白云封，仙人桥下水汹汹。行舟过此停桡问，不见仙人空碧峰”。而今，这里开发成为旅游区，一个雕刻精美的仙女塑像鹤立于升天台上，似在飘然升天，栩栩如生。站立桥上，上下百里西陵画廊尽收眼底，但见云卷细浪，雾散轻纱，偌大长江，飘忽如带，千轮万舟，形如柳叶。放眼四周，美景如画，东有石门天险，西有三把刀名峰，北有“山势嵯峨半插天”的天柱山，南有明丽生辉的明月峡，令人目不暇接，心驰神往。

嫘祖庙　船出西陵峡，遥望西陵山，在望娘坡前绿树丛中，那一座黄瓦白墙的仿古建筑就是嫘祖庙。嫘祖庙又名西陵山庙，占地1000平方米，高108米，为纪念黄帝正妃嫘祖而建。

西陵地域辽阔，在黄帝时代西陵即见诸史籍，至今已有4000多年的历史。

远古西陵,即今以宜昌为中心含川东、鄂西、襄北、荆湘部分区域。西陵山地处长江中上游的结合部,是峡州(今宜昌)千古名山,在宋代王存等人所著《元丰九域志》中,西陵山被列为峡州六处古迹之首。

据古书记载:黄帝居轩辕之丘,而娶于西陵之女,是为嫘祖。嫘祖为黄帝正妃,生二子,其后皆有天下。相传黄帝在与蚩尤的争斗中南下西陵后与当地的村女嫘祖结为夫妇。嫘祖秀丽聪慧,发明了养蚕、缫丝和纺织,与黄帝一起组织部落里的男女老少,男耕女织,共同创造了华夏古代文明,为开创中华基业,尽心尽力。她在伴随黄帝南巡时,由于积劳成疾,病逝途中,死于南岳衡山嫘祖峰前。黄帝敕封她为"祖神"、"道神",人们又尊称她为"先蚕"和纺织行业的保护神。每年农历3月15日,是嫘祖的生日,嫘祖庙举行"先蚕节",盛况空前。

嫘祖圣地西陵山,早在宋代就已列为峡州古迹。明代西陵山已是古木参天,当时西陵山庙已形成相当规模。

1940年6月日本侵略军无情的炮火,摧毁了嫘祖庙。现在人们看到的嫘祖庙,是1993年开始重建的。

嫘祖庙的一楼,是瞻仰嫘祖的殿堂。大殿顶端,有精工彩绘、富丽堂皇的龙凤呈祥图案,其下有8组16个斗拱、28只丹凤,代表炎黄子孙遍布五湖四海,四面八方。跨进大门槛,仰头即可看见象征富丽的牡丹花,表示中华民族繁荣昌盛;彩绘荷藕溢出清香,代表华夏儿女的人品高尚。殿堂正中,供奉着嫘祖塑像,这尊塑像高6.3米,是根据明代以前绘制的嫘祖图像创作而成的。嫘祖手拿蚕茧正在抽丝,两个侍女,一个手捧金梭,另一个献出的是绢绸。嫘祖慈祥端庄,宛如正在向民传授养蚕技术。

今日嫘祖纪念馆,已成为弘扬优秀传统文化、宣传科学文明的教育阵地。当人们走近馆前广场,嫘祖纪念馆和黄帝、嫘祖塑像映入眼帘。拾级而上,双亭榭式碑廊,向您敞开胸襟,铭石碑文向您叙述千古历史;走出碑廊,庙前左边竖立着雷洁琼女士在1994年以国家领导人的身份题写的《中华民族之母嫘祖》手迹。右边立着的是一方庙宇碑,以《说文解字》引文,注释了嫘祖乃民俗庙、祭祖之庙。

再拾级而上,在"人文初祖"横额下,写着西陵山人的七字集联:

轩辕宏恩比宇宙;

嫘祖浩绩贯乾坤。

这副楹联,以宏恩比宇宙,浩绩贯乾坤,肯定了嫘祖与黄帝齐名的始祖地位。

步入瞻仰亭,一副长联跃入眼帘:

桑绿四野衣被万民伟哉斯功煌煌嫘祖华夏圣母;

丝连九州迹耀千载荣兮兹土灿灿元妃楚峡蚕娘。

赞颂了嫘祖的历史功绩,讴歌嫘祖发明养蚕缫丝为人类文明所作出的重大贡献!

在后殿照壁,藏一幅精工制作的黄帝嫘祖桑蚕图,这是一幅仿铜壁画,古朴典雅,画面人物,栩栩如生。

二楼为嫘祖业绩展。在“人文嫘祖”、“先蚕嫘祖”、“西陵蚕丝源远流长”、“西陵圣迹”四个板块中,是宜昌学者、专家、专业工作者,在嫘祖课题、西陵考证的研究工作中,十多年来持之以恒、团结奋进所取得的丰硕成果。

三楼歌舞厅,播放着激情澎湃的《嫘祖颂》,采桑、织帛、相逢、复见四个片断的歌舞表演,将人引向远古,人们在欢快、动情的乐曲声中,会情不自禁地走向嫘祖,敬献鲜花,表达炎黄子孙对先祖的一片虔诚祭拜之心。

走上四楼,首先入眼的是“僭僭览胜”的标牌。在僭楼,人们不仅可以领略“举目看三峡,俯首眺葛洲,四十佳景首尾占,西陵山水天下佳”的奇观美景,还能看到宜昌从远古西陵走向现代文明的脚印。

桃花村 过嫘祖庙,前行不远,便到了桃花村。桃花村原名桃树坪,占地123亩,植被覆盖率98%以上,以桃花为景观树种。这里植有桃花47个品种,共4000余株,其中包括国内外珍稀品种红碧桃、白碧桃、撒金碧桃等,生产期前后错落,以野生桃开花最早,依此是自生桃、果桃、观花桃,呈此起彼伏之势。阳春三四月,满园桃花盛开之时,游览桃花村,观赏桃花胜景,眺望西陵峡和葛洲大坝;乘龙凤船畅游长江,别有一番情趣。园内建有昭君园,有龙凤船、昭君池、泉水音、寿字碑、昭君渡、思乡桥等景点23处。相传,公元前1世纪中叶西汉元帝时,南郡秭归(今兴山县)村女昭君应选入宫,乘龙凤船途经夷陵,曾流连于此,故又名昭君园。

下牢溪 下牢溪全长26.7公里,溪两岸峰峦横峙,上合下开,溪水清澈碧透,曲折奔流,水石相击,如琴鸣磬奏,葛洲坝竣工以后,回水使下牢溪水位提高20米,是消夏避暑、游泳健身的好去处。

或许很多人觉得下牢溪这个名字很奇怪，为什么要叫这么个名字呢？相传远在上古时代，大禹的父亲治水时曾将一条兴风作浪屡酿水患的孽龙用铁链牢牢地关锁在这里，所以人们就称这条溪为下牢溪。

三游洞 三游洞位于宜昌市区西北10公里处西陵山北峰的峭壁间，背靠长江，面临下牢溪，三面环水，一面连山，洞景奇绝，山水秀丽，宛如一颗灿烂的明珠镶嵌在西陵峡口。

三游洞命名的由来，可追溯到唐元和十四年(819年)。这一年，大文学家白居易、白行简(白居易之弟)和元稹在彝陵(今宜昌市)不期而遇，结伴至此洞寻幽探秘，赋诗遣兴，并由白居易作《三游洞序》以记其事，此即“前三游”。北宋嘉祐元年(1056年)，大文学家苏洵和苏轼、苏辙父子进京赴考，途经彝陵，也慕名至此洞一游，并赋诗遣兴以记其事，此即“后三游”。除苏氏父子外，北宋另两位大文学家欧阳修、黄庭坚及南宋大文学家陆游，都曾来此洞畅游，并留有墨迹。从此，三游洞声名大振，成为文人骚客向往的胜地。

仙人溪 仙人溪是西峡口的一条幽谷，溪长6.8公里，传说曾有仙女在溪涧沐浴梳妆，故称仙人溪。仙人溪有峰险、石怪、洞异、瀑碧、雾多、猴趣六绝，溪内满目翠绿，有各种树木100多种，各种动物30余种。森林覆盖率几乎100%，空气中的负离子特别丰富，具有灭菌作用，对治疗疾病有良好的效用，是进行“森林浴”生态旅游的好去处。仙女索道全长888米，高低落差123.8米，吊有64把双人坐椅，一次可带128人，1994年9月16正式对外开放，是宜昌市第一条旅游索道。乘坐索道下探溪谷，沿溪一路下行，可见三瀑(银河瀑布、三叠瀑布、仙女瀑布)、四潭(玉女潭、舍身潭、碧影潭、纤夫潭)，一滩(蚌壳滩)，一洞(仙鹤洞)，最后抵达长江之滨。于此，可乘船回宜昌市，亦可乘船溯江而上，参观游览西陵峡沿岸景点。

西陵长江大桥 西陵长江大桥，于1996年8月10日建成通车，是连接两岸工地的主要通道。大桥全长1118.66米，单跨900米，桥面为四车道，两侧各设宽1.5米的人行道，桥面净宽18米，桥梁样式属于第四代桥梁——悬索桥，它的特点是没有桥墩，桥身承重由两根钢缆与桥两端的两个塔柱承担，桥身可载重290吨。桥上的两根主悬钢索直径57厘米，每根造价1亿元人民币，每一根钢缆由10010根英国进口的镀锌钢丝所组成。桥两端白色主塔塔顶高程187.5米，仅比三峡大坝高出 2.5 米。这座桥的颜色为橘红色,其原因是多方面的:第一,橘红色鲜艳醒目,有利于导航;第二,橘红色代表了富贵吉祥;第三,宜昌市是全国有名的柑橘之乡。

(三)江边的城市风情

巴东县

长江走出十二峰,到了鳊鱼溪(一称边域溪)就进入了以前四川与湖北的交界处,今天是重庆巫山与湖北巴东的交界处。从此再下到旧万流驿之地,有清代所刻"楚蜀鸿沟"四字在江岸。从此向东经过楠木园,上有一个王爷庙,为保佑过往舟船而修,已是残破不堪。以前王爷庙西北山上有太平观,如今已经荡然无存。再下为官渡口,巫峡到此结束,西壤水从北注入长江。西壤水又称官渡河、神农溪,现在开发成一条旅游路线。再下是旧县坪,为宋代巴东县城遗址。古代峡中县城往往较为狭小,据说寇准最早修的秋风亭就是在此地。今天的巴东秋风亭在巴东老城内。

寇准为陕西渭南人,北宋时期著名的政治家,19 岁便中进士,年仅 20 岁便任巴东县令。巴东小城,交通闭塞,经济落后,官员多不愿赴任,有时二三年都没有新官到任。年轻的寇准到任后,改变当时舍田方式,设立"劝农亭",推广新技术,同时轻徭薄赋,办事公正,使境内安然,后人尊称他为"寇巴东"、"寇青天"。寇准在巴东为官 6 年,年轻气盛而流落天涯穷谷为官,怅然秋风,曾在县城内建秋风亭,种有一株柏树,以会邀天下朋友。南宋乾道时,这座秋风亭仍在,后县城迁移,逐渐毁坏。明代为纪念寇准,在新县城中仿建秋风亭,经康熙、嘉庆、同治三次修造,即今天在巴东老城内的秋风亭。现存的秋风亭为石木结构,飞檐两层,赤柱彩瓦,四角攒尖顶,高 12 米,四周树木葱郁,俯瞰长江东下。亭周原有古碑,历代过客文人咏诗作赋刻于上,但在史无前例的"文化大革命"中,古碑多被砌为石坎,现已荡然无存,唯古代的诗文至今仍在流传。苏辙《秋风亭》:"人知公惠在巴东,不识三朝社稷功。平日孤舟在何处,江亭依旧傍东风。"陆游《秋风亭》:"江水秋风宋玉悲,长官手自葺茅茨。人生穷达谁能料,蜡泪成堆又一时。"

三峡古代穷僻之地,而巴东城在三峡更是以狭小无城墙著称,古代的巴东城除庙宇官府外,不过是一片茅茨小聚落,宋代才只有 100 多户人家。中原人在此为官，不免有伤感惆怅之情，但寇准仍尽心为官，政绩可观，这为他以后两次出任宰相奠定了基础。不过，寇准生性刚直，也难免得罪权贵奸佞，屡受贬谪，终于雷州，此所谓“人生穷达谁能料”。岁月如梭，三峡人民永远没能忘记寇准，那秋风亭、寿宁寺、铁权、劝农亭永远留在了三峡。

从巴东东下经过著名的险滩泄滩，历史上有“有泄无新”之说，言泄滩之险。在泄滩附近的沙溪镇口上有号称“佛屿孤灯”的流来观。

秭归县

顺江不久就到秭归县城。城下为九龙奔江，又名九龙滩、叱滩。秭归县建县已经有2000多年的历史了，对岸有楚王城，据说是远古夏启册封的丹阳城，宋代在城东有周平驿。要说钟灵毓秀，秭归县是十分突出的了，在这个深僻的县境内，古代养育出屈原和王昭君两位名人，以至范成大感叹：“东邻男儿得湘累，西舍女儿生汉妃。城郭如村莫相笑，人家阀阅似渠稀。”

大凡古今中外有突出才华而流芳百世者，少有人生一帆风顺的。在三峡深僻处的秭归县，因是中国历史上屈原、王昭君的故乡而闻名天下。在老秭归县城里街口上有一座新修古牌坊，上题“屈原故里”，这便是中国古代著名爱国诗人屈原的老家。从香溪出发，经过七里峡峡谷，便到了乐平里，在乐平里的香炉坪就是大诗人呱呱落地的圣地，坪的中央有一块石碑，上书“楚三闾大夫屈原诞生地”。据记载，早在汉代就修有屈原宅，宋初有“屈大夫宅”，还有纪念屈原姐姐的龙须庙。现三闾屈原庙经过修复，并重刻有“重修三闾屈原庙”碑。在香炉坪对面的伏虎山上有一口井，据传是屈原开凿的，屈原与他姐姐每天都要到此井前梳妆打扮，故留有“照面井”的名称。在附近还有屈原读书咏诗的读书洞、吟诗台，连屈原被流放所耕的田也被留了下来成为“玉米三丘”，称屈原忧国事而落泪处所产白米如玉，这个传说在唐代就见诸记载了。

三峡人民没有忘记屈原这位为中国文化作出贡献的大诗人，在老秭归县的东面，早在唐代就修有屈原祠，宋代改建成为“清烈公祠”，以后历代不断修建，明代嘉靖年间将其与宋玉祠合修在一起，称为“清公烈庙”，每年五月五日百姓都前往祭祀。后因修建葛洲坝工程在向家坪改建了屈原纪念馆，纪念馆前修建了仿清烈公祠而建的山门。

兴山县本为秭归县的属地，在三国时才从秭归县分置出来，故秭归县也是昭君故里。王昭君的故乡兴山县宝坪村与屈原故里三闾乡东平里相距并不太远，也许是同得香溪的风水浸染熏陶，作为中国古代四大美女的王昭君出塞和亲，播下了各族人民之间的友谊种子，成为后人千古传咏的绝响。

王嫱，字昭君，出生在今天的兴山县（汉属秭归县）宝坪乡。也许从大山走出再进入深宫，在古代对一个百姓人家来说是莫大的荣幸，也是改变女子一生命运的美好的转折点。但对于身处深宫无人问的众多宫女而言，后宫并不一定是情感的最好归宿。王昭君本来的面容是“丰容靓饰”，不过在宫女如云的后宫，长期并不为汉元帝知晓，空守楼阁。王昭君自愿出嫁匈奴，本有寻求自然爱恋的意图。当然，远走匈奴，异乡远嫁，其离愁别绪中，更增对乡土的依恋。在传统时代，交通通讯梗阻，古代的离别之情应该远甚于今天，走出三峡，远去大漠，也许就是与亲人的终别！诚所谓“泪湿春风鬓角垂，低徊顾影无颜色”。杜甫诗云：“群山万壑赴荆门，生长明妃尚有村。一去紫台连朔漠，独留青冢向黄昏”。三峡的故土让昭君魂牵梦绕，而三峡人也同样没有忘记王昭君。2000多年过去了，三峡留有众多的王昭君的遗迹供后人踏访。

从秭归县香溪镇北沿香溪河北上，两岸山势高耸，青翠中点缀着白墙青瓦。香溪之名据说得名于一次王昭君在溪中浣洗，不慎颈链上的珍珠落入溪中，溪水变得香气四溢，故名香溪。宋代陆游就认为这条河流“水味美”。今天，香溪仍然清澈见底，还有桃花鱼。到了兴山县城后沿溪而上到宝坪村，村子附近的一个妃台山，早在宋代山上就有刻有“昭君故里”的石碑。宝坪村，原名烟墩坪，后又名昭君村。到了宝坪村后，先过琵琶桥，传说旧时王昭君曾在桥上弹琴歌舞，只是旧的石拱桥已无存，现为一座新修的钢索桥。过桥后沿阶而上，就到达了昭君宅。历史记载早在唐代便有昭君村，宋代记载有王昭君宅，明代也有昭君村、昭君乡。但是昭君宅早已不见踪影。到1982年兴山才在昭君村仿明清建筑修建成了昭君宅，占地2000多平方米，宅内有昭君陈列室、昭君纪念馆、文物管理所等。宅前有梳妆台，传为王昭君整容施粉之处。在昭君宅右方，有著名的楠木井，传说是王昭君经常汲水之处，昭君曾用楠木压住了兴风作浪的黄龙，至今井中仍有一株楠木，故称楠木井。旧时当地人称井水甘甜可口，有“饮其水，生美女”的说法。历史上兴山一带关于王昭君的遗迹还十分多，如绣鞋洞、望乡滩、珍珠潭、小礼溪、大礼溪、思乡溪等。

从香溪河口进入西陵峡，不久就到了著名的新滩镇，宋代置有新安驿。今新滩及对面为链子岩，均为著名的古滑坡体。新滩，俗名青滩，早在汉代就有明确的山崩记载，以后历代山崩不断，崩石坠入江中，形成险滩，历史上有所谓“大水畏泄，小水畏新”，以新滩为枯水季节三峡第一险滩。古代这个地方是滩师集中地，每次过往船均需在此搬滩，即将货物搬下空船过滩，不仅需在此雇纤夫和挑夫，而且也多在此重金聘用滩师，故新滩镇成为三峡内一个繁华的小镇。民国时期新滩镇有百余户人口，大多以搬滩负重为生，据说男女都能负重百斤以上。1985年新滩滑坡已经将古新滩镇完全淹没，至今在附近重修的新滩镇也因三峡水库的淹库而再次迁移了！

从新滩而下到崆岭滩，有所谓“新滩不算滩，崆岭是个鬼门关”的说法。再下到了三斗坪，中有中堡岛，即三峡工程地址。随着三峡大坝的建立，三斗坪一带的自然与人文环境已经发生了明显的变化。长江南岸附近茅坪的秭归新城新房林立，使这个以前十分荒凉的山谷成为世界关注而人气渐旺的名城。

再下为黄牛峡、黄牛滩，历史上有民谣“朝发黄牛，暮宿黄牛，三朝三暮，黄牛如故”，建有黄陵庙。这个地方历来为三峡的一个重要交通码头，元代就曾在此设立黄牛庙水驿。

在黄牛峡内的九龙山麓的黄陵庙，原称黄牛祠、黄牛庙。相传是春秋时期为纪念神牛助大禹开峡成功而修建的，也有说是诸葛武侯修建的，这些都不是很可靠。直到宋代才有黄陵庙的确切记载，如北宋夷陵县县令欧阳修将黄牛庙改为黄陵庙，后写有《黄牛峡祠》。黄陵庙后来在历代屡经战乱、洪水、大火，损坏较大，特别是明代黄陵庙在战火中完全毁坏，到明代万历年间重新修建而成。现主殿禹王殿高约22米，立柱36根，重檐歇山式屋顶。据说过去大殿供奉木质禹王像，约4米高，和尚在后暗中操作，有人跪拜时便站立回敬。原来的大柱上有木雕黄龙，但这些都已不复存在了。禹王殿侧有武侯祠。禹王殿前有戏楼和山门，为清代所建。禹王殿的立柱上有洪水浸泡刻记，乃咸丰十年（1860年）和同治九年（1870年）洪水两次浸泡留下的印记。湖广一带多水患，故对治水功德无量的大禹存有无限的崇敬，连湖广移民进入四川建立的会馆也称禹王宫，供奉大禹。不难看出，黄陵庙的修建，总是与水有关系的。一个区域居民的信仰与由此产生的人文景观往往是一个地区环境的产物。

从黄陵庙东下，不久就到平善坝，从长江三峡东下，至此险滩过尽，峡谷远去故名。早在宋代出峡船都在此相庆平安出峡，故称平善坪，明清时多称平善坝，曾为过往查验出入的关口，当时俗称江卡。

宜昌市

过平善坝不久就到了宜昌三游洞。三游洞本是南津关一带一个不大的溶洞，深仅30余米，宽20余米，高10米左右。唐元和十四年(819年)，大诗人白居易赴任忠州刺史途中在夷陵和好友诗人元稹相遇，两人和与白居易同行的白居易弟白行简同引舟游西陵峡口，发现了位于峡口的这个无名小洞。在洞中，三位"通夕不眠"，各赋诗20首，白居易由此作《三游洞序》称："以吾三人始游，故曰三游洞。"如此小洞经名人的踏访，一时声名鹊起。后来宋代文学家苏洵、苏轼、苏辙父子三人由眉州赴京城开封应试，也同游此洞，被称为"后三游"。从此以后大凡途经三峡的文化人都要到此洞访古，寻求先人的文风神气，一时洞内诗文满壁，碑刻无数。至今洞内留有欧阳修的题刻和明代重刻的白居易《三游洞序》。从三游洞拾级而上，有一个小亭，亭内有一泉，据说南宋乾道年间陆游经此取泉水煎茶，题诗于石壁，故今名陆游泉，但石壁上的诗却不见踪影。

在三游洞下的小溪名下牢溪，那是长江三峡东出口南津关的一景。长江三峡一出南津关便进入江汉平原，江面突然开阔起来，"送尽奇峰双眼豁，江天空阔而夷陵"，几百里山地深谷与广阔的大平原间突然骤变，使历代无数久居盆地的出川人感叹不已。而军事上出入四川南津关也是要关一道，历代征战出入不断，可以说南津关见证了几千年来三峡征战的风风雨雨。南津关至今还有今人修的古军垒和张飞擂鼓台可窥见昔日的硝烟！今天我们站在南津关上，似乎还可听见吴蜀征战"火烧连营七百里"的喊杀声。从交通意义上来看，长江三峡一出南津关河道便平坦，远离大山深谷，对久居四川的人来说，大有远离故乡的伤感，故有"出了南津关，两眼泪不干"的感叹。对于今人而言，一出南津关，就接受葛洲坝这个现代文明的洗礼，"极目楚天舒"，仿佛是从一个承传深厚的自然与文化的千古时间深谷走出，一下进入现代文明的广阔天地。

处于江汉平原与三峡地区交汇处的宜昌，汉置夷陵县，梁置宜州，北周设立峡州，以后多以峡州相称，明为荆州府夷陵州，清代雍正年间改宜昌府，为治所。由于其特殊的地理位置，自古有“巴蜀咽喉”的称呼，商业贸易发达，宜昌的米、面、鱼、椒、漆、纸成为重要的流通商品。清代末年宜昌的人口已经达一万多人，民国时发展到了四万多人。特别是清咸丰年以后，川盐济楚，宜昌设有榷运局，商务更是繁忙，有“日有千人拱手，夜有万盏明灯”之说。光绪二年（1876年）开为商埠后，西方列强纷纷设立领事馆、开辟商埠，成为长江上一个重要的开放城市。所以清末日本人山川早水在《巴蜀》一书中称宜昌的繁荣“非沙市、荆门之所能及”，西洋杂货店众多，书店里外国书较多。至今我们在宜昌博物馆内看到“宜昌关”的横匾，再看看清末宜昌码头的照片，不禁让人回忆起昔日宜昌码头的繁荣。

宜昌的发展与水利发展密不可分，宜昌古代是因为水路交通地位的重要而发展起来。20世纪70年代以来，由于现代葛洲坝水利工程的修建，使宜昌这座古老的城市有了新的经济支柱，城市范围不断扩大，以前荒凉的西坝由于葛洲坝的修建成为城区的一部分。特别是三峡工程兴建和三峡旅游的发展，宜昌城市面貌更是日新月异。

宜昌城长江北岸有黄柏河流入，黄柏河流域有小峰悬棺群，据说历史上曾有100多具巴人悬棺，但今天确切地说北面的大棺材崖曾有20多副，南面的小棺材崖有9副。现在当地将小棺材崖的4副开发出来的一部分供旅游访古之用。据介绍，这些悬棺为秦汉时期悬棺，至今已经2000多年的历史。

从宜昌沿江而下，河道相对狭窄，南为荆门山、北为虎牙山，号称楚之西塞，古来征战记载很多，但实际上这山与三峡内的山相比已经小巫见大巫，不过是小丘而已。沿江再下不久就到了著名的猇亭之战遗址，至今还留有马鞍山、云池、红溪港、擂鼓台等传说的遗迹。从猇亭以下的猇亭镇对岸有古代文化遗址红花套遗址，时段涉及新石器时代到南朝时期。再下吴家岗则有著名的新石器文化遗址城背溪遗址，为长江上游较早的文化遗址，已经有7500多年的历史了。

荆州市

提起荆州，人们通常会联想到《三国演义》中“大意失荆州”、“刘备借荆州”的典故。荆州历史悠久，《禹贡》中的九州就有荆州，但那只是江汉地区一个泛指而已。在春秋战国时,楚国定都于此,称“郢”,即今天荆州小北门外的纪南城。以后秦灭楚后将郢改称江陵,后又改称荆州等,唐代的江陵府曾为荆南节度使驻地。唐宋时沙头,即沙市的影响远在荆州城之上,沙头本是楚都郢城的外港,唐宋时期人们过往都要停靠沙市,早在陆游《入蜀记》中就称沙市一带居民多为蜀地人或与蜀通婚者。在唐宋的州府城中,荆州城并没有特殊之处,范成大《吴船录》和陆游《入蜀记》中对荆州也仅是轻描淡写一笔带过。

不过,今天荆州古城城墙成为我国明清州府一级城市城墙保存最完好的,特别是保存完好的瓮城,成为访古探幽的好去处。作为春秋战国时期大国楚国的都城,纪南城的影响可想而知,这座城池以前东西长4500多米,南北宽3500多米,夯土筑城,高4至7.5米,但现在只能看到一些残存的土垣。倒是在荆州博物馆内能看一些重要的历史文物,如凤凰山汉墓文物、古代漆器、丝绸品,都是十分珍贵的。特别是一些2000多年的丝绸品能够保存到今天,让我们感叹我国古代的科学技术的先进。在沙市的万寿宝塔,为明朝嘉靖皇帝为毛太后60寿辰而建,至今已经有400多年的历史。万寿宝塔高七层,但下面几层已经深藏在荆江大堤下,显现了近几百年荆江河道淤升的历史,真可谓千百年的历史紧缩在如此短的时间内,令人感慨良多!

在荆州城西有沮漳河入长江,溯沮漳河而上,可达当阳市。当阳市位于沮水上,早在汉代就设有当阳县。对外界而言,当阳市的名气得益于三国,得益于关公的败迹,长坂坡、麦城、当阳桥等都在境内,故留有全国最大的关帝庙之一的关陵庙。境内的玉泉寺为我国最早佛寺之一。

赤壁市

赤壁市位于湖北省南部,北倚省会武汉,南临湘北重镇岳阳,素有“湖北南大门”之称。赤壁古称蒲圻,缘起于三国东吴黄武二年设置蒲圻县。东汉建安十三年(208年),孙权、刘备联手抗曹,在今天的赤壁镇筹划了震古灼今、驰名中外的“赤壁大战”,一举开创了鼎足三分的局面,对中国历史产生了重大影响。岁月悠久,世事嬗变。1986年5月经国务院批准,有着1700多年沿革的蒲圻撤县设市。1998年6月更名为赤壁市。

“二龙争战决雌雄,赤壁楼船扫地空。烈火张天照云海,周瑜于此破曹公。”

这是唐朝伟大诗人李白咏叹的一首《赤壁》。毛泽东在《论持久战》中说：三国时期的赤壁大战是我国历史上“以少击众，以劣势对优势而获胜”的著名战例。

往事越千年，青山壁立，日月依旧，赤壁如今是我国唯一尚存原貌的古战场遗址，赤壁名胜风景区位于赤壁市西北。如今赤壁可供游人凭吊怀古的景点有：赤壁山、南屏山、金鸾山、赤壁大战陈列馆等多处历史人文景观。赤壁矶头位于长江南岸，环顾四周，在长江以南的滨江平原之内只有这座赤壁山，它如一柄利剑斜插江心，大有欲断长江水之势。抬眼对岸，那就是当年曹操屯兵的乌林古寨，在那里，现已发现深达1米厚的人马骨，以及标有当年年号的铜马镫。乌林在以前是个窄长的走道，分上、中、下三部分，上乌林是曹操步兵，下乌林是骑兵，中乌林是曹操指挥部也是连环水城所在之处。极目西南，一泓清水，传说是当年黄盖操练水军的地方，赤壁大战后，孙权论功行赏，以此湖赐名黄盖，据《蒲圻县志》记载：此湖原名太平湖，地形险要，背靠蒲圻，左连洞庭八百里，对面长江是个隐蔽的港湖。翘首东望，流经于古城蒲圻的陆水河边，陆溪古镇依稀可见，那就是当年陆逊驻兵的地方……

晚唐诗人杜牧曾临三国古战场赤壁，写下了著名的赤壁古诗：“折戟沉沙铁未销，自将磨洗认前朝。东风不与周郎便，铜雀春深锁二乔。”诗中的前两句并非诗人虚拟，而是借物抒怀，自古以来，三国古战场赤壁出土大量的文物，箭镞是赤壁之战的主要兵器。箭镞也是迄今在赤壁发现的最多的古代兵器之一。在赤壁山坳，有一个古朴典雅的箭台，相传为当年周瑜的练箭之处，在赤壁山坳及沿江一带，已发现东汉末、三国时的箭镞数百枚之多。

赤壁市自然景观与人文景观荟萃，除了被列入国家级重点文物保护单位的三国赤壁古战场以外，还有山清水秀、岛屿棋布的陆水湖风景区，中央电视台在此建成了《水浒传》的第二个外景拍摄基地“水浒城”；有莽莽苍苍、绵绵不绝，号称亚洲第一的陆水水库黏土坝；有美轮美奂、鬼斧神工的“地下龙宫”玄素洞、神龙洞；有山高水长、夏日风凉的雪峰山避暑胜地；还有万亩竹海、万亩茶园、万亩猕猴桃园等自然风光，如诗如画、交相辉映。

赤壁市境内盛产楠竹、茶叶、苎麻、水果、水产，素称“茶麻之乡”、“猕猴桃之乡”。羊楼洞茶场是全国三大茶场之一，所产“松峰”茶被列入全国十大名茶。誉称果王的中华猕猴桃种植面积39000亩，是全国最大的猕猴桃基地县（市）之一，全国猕猴桃良种繁育中心。现已开发猕猴桃饮料、果汁、果酒等系列产品，其中猕猴桃易拉罐饮料被定为航空饮品，畅销海内外。

武汉市

早在新石器时代人们就开始在今武汉一带繁衍生存，战国时期今武汉一带为楚国控制区域，秦汉先后为南郡和江夏郡管辖。东汉正式筑月城，设沙羡县，三国于今武昌设夏口城，刘宋改设郢州，并为江夏郡治。唐在长江南岸武昌设江夏县，为鄂州治，在长江北设汉阳县，为沔州治。明万历年间汉江改道，形成武昌、汉阳、汉口三镇分离局面，到北伐战争结束后，才形成统一的武汉市政府。

唐宋以前，今武汉不论是作为城市或是交通位置，在长江上并不十分引人注目，唐宋时期武汉的地位开始显现出来，商业贸易也开始繁荣发展起来。由于九省通衡的地理位置，武汉在近代中国城市史上有十分重要的地位。

作为一个有全国性影响的江城，武汉是在明清时期随着汉口的兴起而形成的。明清时汉口发展成为全国的四大商业都市，称为“天下四聚”，同时又是全国四大名镇之一，与广东佛山、江西景德镇、河南朱仙镇齐名。特别是在近代，武汉汉口在1861年开埠通商为口岸，商业贸易发达程度可以说紧随上海之后。近代史上汉阳钢铁厂、汉阳兵工厂等对中国历史影响深远，而武昌起义对中国民主革命史更是意义重大。

今天，昔日的烽烟已经散去，武汉这座城市留给我们太多的回忆。对于武汉来说，黄鹤楼可称得上武汉的文化标志之一。与中国所有的著名建筑一样，黄鹤楼建于公元223年，历史悠久，可历代屡经破坏，现在的黄鹤楼早已不是昔日的楼阁，是1985年才建成开放的新楼。唐代崔颢的千古名句“昔人已乘黄鹤去，此地空余黄鹤楼”，使黄鹤楼声名远扬。

“一勺舀起两江水，半杯清茶三镇香”。

万里长江与其最大的支流汉水相交于武汉市区中心。在这里浑浊的长江水与碧绿的汉江水流汇为一体，汹涌东去，朝向大海。龙王庙位于汉水与长江交汇之处汉口岸，全长1080米，据史书记载：龙王庙码头始建于清乾隆四年（1739年），此前已筑有“龙王庙”。明洪武年间，汉水改道由沌口改为龙王庙出口，龙王庙地段，河面狭窄，岸陡脚虚，迎流顶冲，水急浪高，船多倾覆，素以险要著称。故有人修筑龙王庙祈求龙王爷保佑平安。

南岸咀位于汉水与长江交汇之处的汉阳岸，与龙王庙隔江相对，全长1280米，被认为是最能体现江城武汉特征的地方。据史料记载，早在唐宋时期，这里就是古汉阳最繁华的地方，商贾云集，商市满街。南岸咀地段，地势险要，水流湍急，漩涡甚多，是经常发生船覆人亡的事故地带。昔日一到汛期，更是险象环生，多次发生被淹情形。

建国后，党和政府高度重视堤防安全，对此处尤为关注。每至汛期，从中央到地方各级领导均亲临现场指导。1998年长江流域发生特大洪水，江泽民、朱镕基等党和国家领导人先后到湖北指挥防汛，就在龙王庙慰问防汛大军，关注武汉人民生命财产的安危，并指示要抓紧整治龙王庙、南岸咀险段，从而拉开了龙王庙、南岸咀险段综合整治工程的序幕。该工程按照"扩展口门、改善河势、除险加固、综合整治"的原则，设计南岸咀汉阳岸退岸削坡平均宽60米，并护底、护脚、护坡；龙王庙汉口岸抛石、铰链沉排护底、护坡防冲、桩基加L型墙固岸；采取土工膜铺盖防渗等措施，达到改善河势，加固龙王庙、南岸咀整治效果。工程自1998年11月20日开工，主体工程于1999年6月28日完成，并于当年汛期经受了武汉有水文记录以来的第三高水位(28.89米)的严峻考验。

该工程把整治与营造旅游景点结合起来，晴川桥飞架南北，天堑变通途。长江与汉水融为一体，倚巍巍之青山，瞰浩瀚之大江，气势磅礴，雄浑壮丽，成为武汉一个标志性景观区。在龙王庙——南岸咀景观台这一花园绿地的"风水宝地"，雕塑、文史墙、历史文化展示长廊，"水上世界"游船各展风采。造型典雅别致的柱灯沿堤而立，五彩地砖铺设的人行道与鹅卵石曲径小道纵横交错。在龙王庙堤防内墙上，有两条精雕细琢的巨龙，腾空而起，威风凛凛。镶嵌"98抗洪大型花岗石浮雕"，高3.35米，总长约102米。8幅图讲述8个故事，"党员生死牌"记录其中。站在观景台，眺望远处，四周风景美不胜收：晴川历历汉阳树，芳草萋萋鹦鹉洲；擎天柱塔龟山头，蛇山白云黄鹤楼；汉口览胜风日佳，滔滔江汉百舸争流。

桥，是武汉的一大特点。雄伟壮观"万里长江第一桥"——武汉长江大桥，于1955年动工兴建，1957年10月15日建成通车，全长1670米，高80米，是一座公路铁路两用桥。武汉长江大桥的建成，使京汉、粤汉铁路连为一体，成为贯穿中国南北的铁路大动脉——京广铁路线。1956年毛主席在武汉畅游长江时，看到正在长江中崛起的大桥，一时兴起，留下了“一桥飞架南北，天堑变通途”的名句。“两江隔三镇”的历史，随着“一桥飞架南北”而结束，武汉人不再抱怨“过江难”。武汉长江二桥是在大桥通车38年后修建的，位于大桥下游6.8公里处，全桥长4678米，是一座现代化的钢筋混凝土双塔双索斜拉桥。它是武汉市现代桥梁史上的一座里程碑，标志着斜拉桥技术在大型桥梁中开始占据主导地位。它与长江一桥、江汉桥及众多立交桥、高架桥一道，在市中心形成28公里的交通内环线。它的建成，结束了武汉“三镇交通一线牵”的历史，在万里长江上形成了第一条城市跨江环线。目前在长江武汉段，已建成了六座大桥。除一桥和二桥外，还有目前武汉最长的桥——白沙洲长江大桥；目前我国最宽的大型桥梁——军山长江大桥；武汉长江大桥中唯一一座悬索桥——阳逻长江大桥，以及堪称当今世界公铁两用斜拉桥中跨度第一、主跨达504米的天兴洲长江大桥。加上在汉江上已建成的五座桥梁，武汉不仅是全国闻名的江城，还是一座名副其实的桥城。武汉因水而富有灵气，因桥而充满活力。桥，成就了江城，腾飞了武汉；桥，是武汉人梦想的开端，是武汉人希望之所在。武汉人的生活，每天都在桥上演绎着精彩，同时也构成了武汉独特的桥文化。

襄阳市

从丹江口市沿汉水南下，经老河口市、谷城县不久就到了襄阳市。建国初，襄阳县改名襄樊市，整整一个甲子后，2010年，又更名为襄阳市。襄阳城在古代为南北的屏障，汉末在此设立襄阳郡，是一个南北交汇的中枢城市，有七省通衢之称。由于汉江分隔，历史上形成襄镇和樊镇之分，江南为襄阳，江北为樊城。

古代襄樊的地理位置重要，历来征战不已，由于襄阳的城墙高大，加上护城河的作用，自古有“铁打的襄阳，纸糊的樊城”之说。历史留给襄樊太多回忆。城内长达7400多米的古城墙，据说始修于汉代，但汉代我国绝大多数城市可能都是夯土筑城，今天的诸多城墙大多数是明清所筑的砖石城而已。作为一个位置如此偏中的城市，能将古城墙如此完好地保存下来，确实十分不易。

襄樊最有名的还是古隆中，是诸葛亮早年出山前学习修炼的胜地，有三顾堂、隆中山、大旗山、小旗山等胜迹。不过，南阳人则认为诸葛武侯学习之地在南阳,也有不少胜迹留下。孰是孰非,两地纷争不断。襄樊还有著名的米公祠,是纪念宋代书法家米芾而修建的。

襄樊北有唐河、白河注入,两河发源于今河南省境内,翼带邓州、内乡、泌阳、唐河、新野、南阳等市县。如果从地理流域来看,南阳实为长江流域地区,但从文化上讲南阳的文化已经是北方文化占据了主体。

二、汉 江

(一)投吊悲昭王

周昭王南征殒命汉水,这件突发的偶然事件,应该是先秦时期汉水流域发生的能够让南北方的人们共同为之震撼的大事。这起影响巨大的政治事件,不仅给汉水流域内大大小小的姬姓诸侯贵族及其同盟者以强烈的心灵震撼,令汉阳诸姬及其子民心神不宁,而且对西周王权的神圣性构成了前所未有的冲击与挑战,令西周王室讳莫如深。

周昭王时期,今湖北境内的荆楚开始与周人分庭抗礼起来,周王室对此很是恼火。为了镇服荆楚,同时也为了攫取长江中游地区丰富的有色金属,志大才疏的周昭王决定御驾南征,狠狠地教训一下这些“不守礼法”的荆楚。周昭王所征的“荆楚”,是以地名代族名,泛指长江中游江汉之间桀骜不驯的诸多方国和部落,其中的土著被周人称为“荆”或者“楚荆”、“荆楚”、“荆蛮”、“楚蛮”,此外还有些是商朝的遗民。

据史籍记载,周昭王对荆楚先后进行了两次征伐。第一次南征,出奇的顺利,不仅来去顺顺当当,没有遇到任何风险,而且在渡过汉水时还看到了北方难得一见的“大兕”。兕,古代犀牛一类动物。首次南征,不费吹灰之力就大获全胜,周昭王不禁飘飘然了。于是,荆楚在他的眼里,成为一块鱼脔,想欺就欺,想吃就吃。很快,周昭王组织了声势更为浩大、军威更为雄壮第二次南征。主力部队周之“六师”居中当先,过伯、唯叔等诸侯率领的多国联军紧随左右。大军在周昭王的指挥下,趾高气扬地直扑汉水而来。

骄兵必败。这一次周人没能续写上次的辉煌,如此庞大的军队遭到了空前的惨败。主力部队周之六师在汉水边几乎是全军覆没,更为惨烈的是,作为最高统帅的周昭王居然在撤退的混乱中落入汉水,溺水而死。周人为自己的骄横和轻敌付出了沉重的代价。

这样的结果让周人羞愤难当,无地自容,因此,他们对这次战争讳莫如深,只是模糊地记了一笔,说昭王“南巡不返”。也正由于缺乏明确的记载,围绕着昭王溺水而亡的具体原因,产生了多种说法。有的说是,周人在汉水上架设浮桥,以便通行。当昭王乘车正行走在浮桥上时,浮桥突然断裂,昭王连人带车一下子栽进了汉水里。随车的卫士辛余靡虽身强力壮,善于游泳,但仍无济于事,等到他在一片慌乱中找到昭王时,昭王早已一命呜呼了,辛余靡所能做的,就是含泪托起昭王的尸首游到北岸。有的说是,周人驱使汉水沿岸的土著赶造一艘大船,供昭王渡汉水用。土著怨恨昭王,故意用胶水粘住船体。昭王上了船,行驶到中流,胶水忽然全部化开,整条船眨眼间就散了架,不会游泳的昭王顿时被滚滚的江水吞噬了。

更有甚者,说周昭王是专门去征讨楚国的,是楚人打败和害死他。对于这一很不友善的猜忌和别有用心的指责,楚人是坚决否认的。公元前656年,齐桓公伐楚,为了寻找政治借口和虚张声势,曾拿此事大做文章。齐桓公派管仲作为代表,厉声责问楚成王的使者:“昭王南征,没有活着回去,寡人要问个明白。”管仲万万没有料到,他的责问反而给了楚人一个绝佳的辟谣机会。楚成王的使者双手一拱,回答道:“这事呀,我们也很想弄个明白,就麻烦你到汉水边上去打听打听吧!有什么结果,还请你们通告一声,我在这里代表我家大王谢谢你们了。”这话绵里藏针,说得既轻巧又俏皮,谈笑间巧妙地将难题踢给了齐人。因为实在没有证据,一向能言善辩的管仲为之语塞,只得自认没趣,悻悻然地收场了。

昭王南征荆楚虽以惨败告终,但在汉水北面周王室的一些亲信小国的同姓周人看来,仍不失为是一种壮举,值得他们深切缅怀。每逢暮春上巳之日,他们都要到汉水边吊祭,将时鲜的美味,用石兰、杜蘅等芳树香草包裹起来,沉入水中。或者编织五色纱囊,盛以美食,或者连同金铁之器沉到水底,以惊扰蛟龙、水虫,好让它们不去侵害昭王和他的两位妃子。这两位妃子一位名延娟,一位名延娱,不仅貌美,而且都能歌善舞,巧言善辩,深得昭王欢心。昭王不管走到哪里,都要把她们带在身边。因此,她们同昭王一起死在汉水中了。十六国时期前秦人王嘉的《拾遗记》卷二曰:“……故江汉之人,到今思之,立祀于江湄。数十年间,人于江汉之上,犹见王与二女乘舟戏于水际。至暮春上巳之日,禊集祠间,或以时鲜甘果,采兰杜包裹,以沉于水;或结五色纱囊盛食;或用金铁之器并沉水中,以惊蛟龙、水虫,使畏之不侵此食也。……”

直到唐代，汉水沿岸还有投吊昭王的古风遗韵。唐人梁洽在所作的《观汉水》诗中写道："求思咏游女，投吊悲昭王。水滨不可问，日暮空汤汤。"屈原死后，人们也用此方法悼念。但随着岁月流逝，投吊昭王的越来越少，投吊屈原的越来越多。五代以后，就没有投吊昭王的信息了。

南征楚荆的惨败对周王朝是一个沉重的打击，从此，周人视汉水之南为畏途，再也不敢跑到汉水南面来惹是生非，只能东征淮夷了。

（二）江汉好游

秦淮粉黛，江南艳姬，是明清时期南京、扬州等城市中特别引人注目的一道女性风景线，这道风景线的背后，虽然隐藏着无数女子心酸痛苦的人生故事，但在古代以男性为中心、女性处于附属地位的社会里，它的存在无疑又是这些地方经济繁荣的一种另类诠释。曾几何时，"江汉好游"，是古代许多文人墨客对江汉地区女子的一种印象，一些史乘志书也曾特意加以记载，而其实际情形究竟如何，今人早已不甚了了。"江汉好游"究竟是怎样一回事？这种现象的产生，是否有着与江南地区大体相同的刺激因素，抑或是这里的民风使然，还是另有原因呢？

云梦之会

春秋初年，楚武王的祖父若敖娶了几位夫人，后娶的一位是郧国（今湖北省安陆市一带）的女子。若敖去世后，这位夫人带着儿子斗伯比回到了郧国。斗伯比在郧国的宫廷里住了多年，长成了一位颇有才气和魅力的大小伙子。郧君有个女儿，算来应是斗伯比的表姐或是表妹，与斗伯比青梅竹马，此时也正处于情窦初开的年纪。两人互相爱恋，经常密约偷会，诉说衷情。郧国的郊外有一片远近闻名、被称为"云梦"的原野，青山参差，绿水萦回，风景非常秀丽。尤其是草长莺飞的暮春之初，云梦的风光更为旖旎，吸引着郧国的男男女女竞相出游，在此登山临水，游目骋怀，未婚者可以趁此天赐良机寻欢追爱。这年春天，斗伯比与郧君的女儿到云梦游玩，卿卿我我之时，做了情不自禁的事，后来郧君的女儿生下了一个儿子。郧夫人虽然身为斗伯比的舅母，但她似乎并不愿意将女儿许配给斗伯比，更不喜欢他们还没有举行婚礼就有了孩子，尽管这个孩子是她的外孙。为了掩人耳目，她命人将那个婴儿扔在了云梦之中，也就是婴儿父母曾经幽会的地方。

天下之事可谓无巧不成书。郧君当时正在云梦打猎，恰好经过弃婴附近，让他大吃一惊的是，他和随从都看到一只老虎正给一个婴儿喂奶。这真是匪夷所思的事情，郧君见此心慌意乱，当即罢猎回宫，向郧夫人讲述了这件闻所未闻的怪事。郧夫人听说后，明白那个婴儿就是自己命人扔掉的外孙，也吓得半死，就向郧君吐露了真情，并且立刻派人把那婴儿抱回了宫里，还把女儿嫁给了斗伯比。这个具有传奇色彩的婴儿，就是后来楚国历史上最著名的令尹子文，子文名叫"谷於菟"，"谷"是土语"奶"，"於菟"是土语"老虎"，"文"是指老虎身上的彩色条纹，"谷於菟"意即老虎哺育过的人。斗伯比与郧君的女儿在春天的云梦中追欢寻爱，实源于当时江汉一带流行的风俗，这就是所谓的"云梦之会"，它似乎是一个定时、定点的公开性社交节日，如同《周礼·地官·媒氏》所说："中春之月，令会男女，于是时也，奔者不禁"，所谓"奔者不禁"，是说在聚会中互相爱慕的男女，可以不经繁缛复杂的种种礼节而有肌肤之亲，成百年之好，但这种在平时被严厉禁止的行为不会因与礼教冲突而受到指责，因此《墨子·明鬼》篇中说："燕之有祖，当齐之有社稷，宋之有桑林，楚之有云梦，此男女之所属而观也。""属"在古汉语中可指结伴或成群结队，"观"则指游观，是两性欢爱的隐语，这说明先秦时期与云梦之会类似的节日也在郑、卫、宋等一些诸侯国存在，而且性质相同。我们现在虽然很难知道云梦之会的具体情形，但从其他地方所流传下来的诗文中，也可略加想象。如《诗经·小雅·隰桑》云：

隰桑有阿，其叶有难。既见君子，其乐如何！
隰桑有阿，其叶有沃。既见君子，云何不乐！
隰桑有阿，其叶有幽。既见君子，德音孔胶！
心乎爱矣，遐不谓矣。中心藏之，何日忘之！

据有的学者考证，这首诗可能是周王畿的少女在桑林大会春风一度后所唱的欢快情歌。再如《诗经·郑风·溱洧》云："溱与洧，方涣涣兮。士与女，方秉兰兮。女曰观乎？士曰既且。且往观乎？洧之外，洵訏且乐。维士与女！伊其相谑，赠之以芍药。"这首诗写的是风和日丽的春天时节，一对陌生的男女在郑国的溱水和洧水边手持兰花，相悦成欢，男子赠给女子芍药草的经过。还有《诗经·郑风·野有蔓草》一诗："野有蔓草，零露漙兮。有美一人，清扬婉兮。邂逅相遇，适我愿兮！”同样是讲一对异性青年在路上不期而遇，爱慕对方而以身相许的故事。此外，《诗经·郑风》中的《褰裳》《出其东门》《东门之墠》等诗篇也都属溱洧之会时的情歌。这些诗歌中所透露出来的一鳞半爪的信息，显示出溱洧之会既是男女追欢逐爱的聚会，也是盛大的对歌会。我国西南地区一些少数民族的风俗如“赶表”、“放寮”、“三月三”、“绕山林”（或称“绕桑林”、“绕三灵”）、踩山节、跳花会、春月圩歌等，或许与此风俗一脉相承。清代学者赵翼在《檐曝杂记》中曾记载，生活在广西、贵州、云南等省的少数民族，如苗族盛行每逢春天墟集时举行歌会的习俗，歌会上青年男女各坐一边，亮起自己深情的歌喉，唱出心中缠绵的爱意，以博得心上人的好感。如果对歌的时候男女两人都情愫萌动，有心相许，在歌唱完毕后就可以携手到墟上的酒棚里并坐就饮，彼此赠送礼物以定情，定期相会，甚至有的青年男女一见钟情，炽如烈火，在酒后就潜入附近的山洞中卿卿我我，两情缱绻，共享云雨之欢。楚地云梦之会的形式与内容或许与此相去不远，这从《诗经·周南·汉广》诗中还可窥豹一斑：“南有乔木，不可休思。汉有游女，不可求思。汉之广矣，不可泳思，江之永矣，不可方思。”诗中所咏汉水之滨的“游女”，不可求而得，故诗人表达了一番思慕之情。游女的形象，由此定格在人们的记忆中，留下无穷瑰丽的想象。

游女弄珠

传说中游女弄珠的故事，引人遐思无限。据说有个名叫郑交甫的人，经常到汉江边游玩。有一天，他看到二位衣着华丽鲜艳，身佩明珠美玉的女子。郑交甫对她们一见钟情，却不知道她们是神人，就对她们的仆人说：“我希望能够请您的主人将玉佩赠送给我。”那仆人劝阻了他，他依然不听，就与二位女子交谈起来，三人言谈甚欢，二女还解下了自己佩戴的明珠送给郑交甫，郑交甫接受后放入自己的怀中，才走数十步，怀中已空无一物，而那二位女子也倏然不见了。故事的末尾还附上了一番感慨：“灵妃艳逸，时见江湄，丽服微步，流盼生姿。交甫遇之，凭情言私，鸣佩虚掷，绝影焉追。”（《列仙传·江妃二女》）神人总是令人艳羡的，所以在襄阳一带曾有汉皋山、弄珠滩等地名，以慰人们的追慕之情。襄阳百姓为纪念此事，每年的农历二月二十一这一天（据说是郑交甫遇神女的日子）倾城而出，云集万山脚下，然后顺江而下，沿江捡拾穿天石，系上细绳佩戴以避邪。这项活动逐步演变为穿天节。郑交甫在汉皋遇见江妃二女的传说，更为江汉地区，尤其是襄阳一带的女性出游嬉戏提供了美丽的口实。在穿天节，妇女们喜欢到弄珠滩去游玩，并且都要找一块天然有窍的石头，用钗子穿起来带回家。这种习俗所隐含的意义，现在已很难追问，但江汉女子“好游”、“以嬉游为事”，早已声名远播了。宋朝人庄绰(字季裕)，曾任襄阳县尉，与米芾有交游。他在《鸡肋编》写道："襄阳正月二十一日谓之穿天节，云交甫解佩之日，郡中移会汉水滨，倾城自万山泛绿舟而下。妇女于滩中求小白石有孔可穿者，以色丝贯之，悬插于首，以为得子之祥。”在这项盛大的活动中，妇女们是主角，都成了“女神”；玉佩太少，穿天石可以取代；得石可得子，得子能给妇女带来好运，人人祈盼遇上好运。

穿天石，亦称穿心石，产于襄阳市汉江中。穿天石是一种乳白色的小石头，上面有天然形成穿透石头的孔窍。《云林石谱》："襄州江水中多出穿心石，色白而小，中有小窍。士人每因春时，竞向水中摸之，以卜子息。……”襄阳为什么会有穿天石？因为汉水上游是在秦岭和大巴山的夹缝中流过，而秦岭和大巴山都曾是岩浆长期反复强烈活动地区（地质寒武纪时期）。岩浆中有许多矿物成分，其中包括石英、方解石等，这些矿物经过多少亿年的侵蚀、风化就形成了人们看到的白石头。有的白石头中含有一些杂质。白石头经过汉水 1000 多公里的冲刷，一些杂质被溶解和冲掉，到汉江中游的襄阳段，就会较多出现有自然孔洞的白石子，这就是襄阳古人称为的穿天石。襄阳以上汉水中穿天石少，因为冲刷得还不够；襄阳以下汉江中穿天石也少，是因为细沙淹埋了石子。穿天石产在襄阳是襄阳人的福气，是复活穿天节的物证。

为什么选定正月二十一日为穿天节，史无记载。但根据我国古代阴阳学说里数的概念，“阳卦奇，阴卦偶”（《周易·系辞下》）。3 和 7 是阳数，一月三十天中，3×7=21，就获得 3 个阳数，即 3、7、21，这迎合了人们过罢春节后，祈盼阳春以利春耕的心愿。这也是穿天节有着深厚民众基础的原因，人心多么祈望“三阳交泰”呀！

早在新石器时代，就已有人类在襄阳栖居。最早栖居的地方是距襄阳城区西八里路的万山，后来才逐渐移到了如今的襄阳城区地域，“垒土为城，汉水为池”。唐宋八大家之一的曾巩在《万山》中写道："万山临汉皋，峰岭颇秀发。王粲旧居处，荒草久埋没。解佩盖已幽，沉碑终自伐。最宜北城望，正值雾霭歇。缥缈出烟云，清明动毛发。流连至归时，长见西林月。”万山是古襄阳人的根，他们经常去万山参加祭祀先祖的活动，顺便在汉江中捡拾有孔窍的石子，青年男女也借此机会交往恋爱，这种习俗传下来就产生了郑交甫在万山遇汉水女神——江妃二女赠佩珠定情的神话传说，有了以此为背景的诗歌——《汉广》。《汉广》为《诗经·周南》之第九章，诗曰："南有乔木，不可休思；汉有游女，不可求思。汉之广矣，不可泳思；江之永矣，不可方思……"唐代大诗人孟浩然在《万山潭作》中写道"垂钓坐盘石，水清心亦闲。鱼行潭树下，猿挂岛藤间。游女昔解佩，传闻于此山。求之不可得，沿月棹歌还"。

汉江绿色彩陶石

星换斗移，今天襄阳人仍有到汉江边捡石的嗜好，甚至成为时尚。每逢礼拜天或节假日，三三两两结伴，几十、上百人在江边捡石收藏，视为家宝。当地还建立了汉江奇石收藏馆，并成立了民间汉江奇石收藏协会，也算是对古老的"穿天节”习俗的一种记思和传承吧。

大堤上的歌舞游宴

任何一种文化现象的形成，往往不由单一因素，而是所谓的“历史的合力”所致。六朝隋唐时期襄阳、宜城一带的大堤游乐，就可能与先秦时期江汉好游的民俗风情、中古时期荆襄驿道的商旅繁会，以及晋宋时代少数民族流寓于此颇有关系。

游宦估客　作为一条贯通南北、联系东西的交通大动脉，荆襄驿道在军事、经济等方面均有重要的价值。从军事的角度来说，襄阳是荆襄驿道的主线，所以中古南北战争时代，它对于交战双方都极为重要。三国时期，魏蜀交兵，关羽为襄阳太守，渡汉江将曹军重镇樊城围困，曹操派遣于禁救援。当时正值秋天，霖雨不止，汉水泛滥，关羽乘势出动水军进攻曹军，于禁所率七军都被淹溃，关羽威震中原，曹操准备迁都以避其锋锐。孙吴担心蜀军得势后于己不利，派兵袭夺荆州，攻杀关羽，其后曹魏终于将襄阳牢固掌握在手中，而孙吴之势由此受制于魏，襄阳成为消灭吴国的大本营。东晋退守东南半壁江山，将锐士劲卒尽数集中于荆州、襄阳，以防北军南下，因为一旦荆、襄失守，北军顺流而东，江南以长江为天堑的险要之势就不复存在了。再如唐末黄巢起义军横扫大半个中国，从广州引兵北还进攻长安，在桂州（今广西桂林）打造了大船，顺湘江下永州（今湖南零陵）、衡州（今湖南衡阳），攻破潭州（今湖南长沙），从江陵北趋襄阳，在荆门时被沙陀所统率的军队打败，他们走的也是荆襄驿道，从这样一些事例就可明了荆襄驿道在中古时期军事上的重要价值。

从经济的角度来看，荆襄驿道也是南北物资流通的干线。唐朝安史之乱中，江淮租赋通过江汉运抵襄阳，再从汉中转输关中，有力地支持了唐王朝对叛军的作战；唐中叶以后，河淮间藩镇割据，汴河运道受阻，江南的租赋也往往集中于江陵或武昌，运往襄阳，再转运至长安。贞元元年（785年），江陵的仓库发生火灾，竟将从江南一带转运而来的百余万石租赋焚烧殆尽，说明当时由荆、襄转运的物资之多。荆襄驿道在南北物资的交流、运输等方面的功能其实早在魏晋时期就已显露出来。比如东晋、南北朝时，南北朝廷虽为敌国，但以丹水、白河、汉水为主要商道的南北贸易颇为兴盛，往来于汉水的舟船之盛，从乐府诗《石城乐》的描述可得到大致的印象："布帆百余幅，环环在江津。"又云："大艑载三千，渐水丈五余。"言辞虽然有所夸大，而情形应相去不远。东晋时，苻坚称雄关中，派遣他的侄子苻菁攻掠上洛郡（今陕西商县），并在丰阳县（今陕西山阳县）设立荆州，与南方互通关市，招徕远商，一时之间，金玉奇货、弓竿漆蜡，源源而来，前秦的国力大盛，财用充足，珍物宝货堆满仓库。北朝时，崔宽为陕城（今河南陕县）镇西将，当时朝廷基本上不负担地方官员的俸禄，而让他们从民间收取。但崤山一带土地贫瘠，很多老百姓都以寇劫为生，收取租赋困难重重。崔宽生性圆滑，随顺世俗，在陕城时，不摆架子、不打官腔，交结当地的豪右、宿盗魁帅，对他们善加招抚，待以礼遇，所以深得民众的欢心，对于他的索财求贿，当地人都心甘情愿地送上去。当时陕城西面的弘农（今河南灵宝北）地区盛产漆、蜡、竹、木等物资，又有道路与邓、襄等地相通，崔宽就组织一些商人贩贸来往，因此家资富厚，而百姓们也得到实惠，对他非常满意。崔宽以一政府官员而经营商贸，并非个别现象，以理论之，朝廷自然不会对此明确表示支持，所以就有人大加挞伐，说边郡的一些地方官，如荆、扬等州皆无防寇御贼之心，唯有通商聚敛之意，以致贩夫走卒相望于道路，而国家存亡大计被抛诸脑后。南朝的官员也是如此，走私贩货者不乏其人。刘宋时张劭在雍州（今湖北襄阳）由于营私蓄积，获取赃货达245万，被免官削爵。当时南北兵争，两边的疆界多废弃不垦，故称之为"荒中"，边区少数民族往往徙据其地，汉人逃亡者也以此为匿藏渊薮，同被称为"荒人"或"荒客"。南齐曹虎为雍州刺史时，就善于招诱接纳这些人，让他们为自己运货贩卖，据说每天在他家里吃饭的就达数百人，晚年更好货贿，在雍州所得竟有钱5000万，但他特别吝啬，家里所蓄养的歌伎舞女常吃酱菜，很少有荤腥之享。结果他的财富招致皇帝的嫉羡，就找借口将他杀了。齐武帝还没有发迹时，常往来于樊、邓之间，大概是与荒中居民联合起来经商营利。后来登上了皇帝的宝座，闲时追忆往事，作了《估客乐》，歌词曰："昔经樊邓役，阻潮海根渚。感忆追往事，意满情不叙。"诗作好后，派遣太乐令刘瑶教习，过了近百天仍没有练习成功。有人向皇帝建议说：听说有个叫宝月的和尚精通音律，不妨请他来试试。武帝就派人请宝月来教人演奏，宝月和尚竟在很短的时间里就完成了。南朝梁代时，《估客乐》的名字被改成了《商旅行》。除此之外，还有很多商歌艳曲，描写的都是这一地带的事，具体可参考下文的叙述。

繁忙的荆襄驿道上，更多地闪动着公私行旅的身影。其中有游宦者，如白居易出任杭州刺史时，走的就是此道。他的《出守杭州路次蓝溪作》诗云："东道既不通，改辕遂南指，自秦穷楚越，浩荡五千里。"这次行程中，白居易共作诗21首，沿途经过商山、邓州，还有题为《初下汉江舟中作》《自蜀江至洞庭湖口有感而作》的诗，则可看出他是经蓝田武关道，再取汉江水道至江陵，下长江经洞庭湖而到杭州的。这条路上还曾有很多贬谪流放之人，韩愈因反对皇帝沉溺佛教，亲迎佛骨而被贬为潮州刺史，就是走这条路赴任的。在《燕喜亭记》一文中，他写了一个名叫王宏中的人"自吏部郎贬秩而来，次其道途所经，自蓝田入商洛，涉淅、湍，临汉水，升岘首，以望方城，出荆门，下岷江，过洞庭，上湘水，行衡山之下，由郴逾岭"而至连州。一般来说，由长安往岭南去的人，多数都是走这条路线。而贬谪与流放到南方的人，因为要尽快到达目的地，更是以此路为捷径。如王建有诗《荆门行》云："向前问个长沙路，旧是屈原沉溺处。谁家丹旐已南来，逢着流人从此去。"元稹也有诗《楚歌十首江陵时作》说："江陵南北道，长有远人来。死别登舟去，生心上马回。"描写的都是在此道上匆匆赶路的流人。也有很多从岭南来的人取此道前往长安，因为它是最为便捷的。比如唐代有个人名叫刘崇龟，做官时以清俭自居，但他的同僚知道他不过是矫情而已，有些看不起他，对他议论颇多。不久他出任番禺的地方长官，遇到京城里的亲知故旧穷困潦倒向他求救时，他只画一幅《荔枝图》送给来人，表明自己清廉节俭，家无余财可供赈济。后来他死在番禺，他家里人载着他的灵柩回故里，在经过江陵时，将许多从番禺带回来的珍珠宝物拿到集市去卖，受到很多人的讥刺。刘崇龟的家人从岭南经江陵北返，所走的路线就是荆襄驿道。

美酒佳丽　荆襄道沿途的主要都市有襄阳、宜城、石城（今湖北钟祥）、荆门、荆州等，是大堤游乐较为盛行的地方。根据历史的记载，宜城、郢州（今湖北京山）等地盛产美酒佳酿，唐朝的李肇在其著作《唐国史补》中，曾历数各地的美酒，荆襄驿道就占据了其中的两种，分别为宜城的九酝和郢州的富水，而尤以宜城美酒闻名。早在魏晋时期宜城美酒即蜚声在外，曹植在《酒赋》中写道："其味有宜城醪醴，苍梧缥青，或秋藏冬发，或春酝夏成。"宜城美酒曾作为贡品送往京师，也是王公贵族之间馈赠的佳品，南朝梁代的刘孝仪就写过一篇《谢晋安王赐宜城酒启》，而更多的时候，宜城美酒是商贾旅客舒愁解乏的良剂。梁简文帝曾作乐府歌云："宜城投酒今行熟，停鞍系马暂栖宿。"唐代诗人孟浩然外出旅游，恰逢九月重阳日，怀念起家乡的风景时光、宜城美酒，就写了一首《途中九日怀襄阳》的诗："去国已如昨，倏然经杪秋。岘山不可见，风景令人愁。谁采篱下菊，应闲池上楼。宜城多美酒，归与葛强游。"诗人韦庄却在《和元秀才别业书事》诗中劝人不要过多地饮用宜城美酒，因为举杯浇愁愁更愁，还容易使人大醉不醒："僻居春事好，水曲乱花荫。浪过河移岸，雏成鸟别林。绿钱榆贯重，红障杏篱深。莫饮宜城酒，愁多醉易沉。"

由此可见，从魏晋时期直到唐代，宜城美酒的高名经久不衰，深为社会各界人士所喜爱。宜城美酒的酿造时间，前面引用的曹植《酒赋》中说是"或秋藏冬发，或春酝夏成"，可能不像当今的烧酒酿制没有时间限制，而且既名"九酝"，或许说明它酿造的工艺比较复杂，工序比较繁琐，时间也较长。酒的酿制原料中，应当使用了竹叶，所以当时人们又把宜城美酒称为"竹叶杯"，南朝陈代的阴铿在他的《赋得夹池竹》诗中说："夹池一丛竹，垂翠不惊寒。叶酝宜城酒，皮裁薛县冠。湘川染别泪，衡岭拂仙坛。欲见凌冬质，当为雪中看。"

诗题中说"赋得"，大抵表明这是诗人的命题练习之作，并非缘事而发，因而诗句用了很多典故。既如此，从句中的"叶酝宜城酒"，就可识出宜城美酒的原料中加入了竹叶。酿酒的重要原料是水，而且水质的好坏对酒味的影响非常大，因此很多美酒的酿造需要有上佳的水源。传说在宜城县东一里有一眼泉水，名为金沙泉，用这里的泉水所造之酒，味道醇美，世人称之为"宜城春"、"竹叶酒"，大概到宋代时还闻名遐迩呢。

美酒佳人，自古为英雄好汉乃至贩夫走卒所爱恋。那些商人估客长年走南闯北，漂泊在外，仰望夜月孤独，倍感身边寂寞，自不免凭借手中货财，追欢买笑，寻求一夜风流，君不见就连明代冯梦龙笔下的卖油郎，都还有独占花魁的心机呢！所以大抵车马繁忙之地，商旅往来之都，声色娱乐行业往往比较发达。宜城美酒虽好，终是大堤夜乐之佐助，从有关资料所反映的情况来看，荆襄驿道上的游乐风习之炽，胜过同为繁华之都的金陵、扬州、润州（今江苏镇江）等地，何以如此呢？

魏晋南北朝时期，四处烽烟迭起，累代不绝，北方地区更是战乱不已，导致大批百姓流离失所，纷纷向南方迁移，江汉地区成为移民们集中的渊薮之一。当时朝廷沿南阳、襄阳、江陵一线设置了大量的侨州郡县，今湖北宜城曾设为华山郡，以安置雍秦等地涌入的流民。这些流民中的大部分是胡人，他们的先祖来自西域康居等国，康居人擅长经商，妇女也很活跃，下得厨房，入得厅堂。汉水流域世代有许多蛮族居住，这些蛮族据说是巴人的后裔，本来他们生活在深山重阻、人迹罕至的山区里，不用负担朝廷的赋税，生活习俗和政治上都处于半独立状态。比如魏时有一位蛮族首领名叫梅敷，兄弟三人率领部曲万余家在宜城附近的鄢、沔二水的河谷中屯田，这里土地平敞肥沃，适宜种植桑麻。直到南朝宋时，史书中还称这些蛮族为"缘沔蛮"，说明这个群落数量很大。东晋以后，大量蛮族居民被掠"生口"、"营户"，还被迫承担繁重的徭役、税费，因此这些蛮族居民们经常发动叛乱，骚扰郡县，统治者往往对他们加以严厉镇压并将他们迁居到了首都或其他地区。同时，很多蛮族居民受到地方官的招抚，从山中搬到了平川，与汉人杂居，逐渐就与汉人融为一体了。蛮族和胡人的习俗相较汉族而言算是开放的，特别是女子能歌善舞，她们既善操持家务，又能当垆卖酒，里里外外都算一把好手，梁简文帝有诗《大堤》云："宜城断中道，行旅亟留连。出妻工织素，妖姬惯数钱。炊雕留上客，贳酒逐神仙。"另一首拟作的乐府诗《北浩》亦云："岸阴垂柳叶，平江含粉堞。好值城傍人，多逢荡舟妾。绿水溅长袖，浮苔染轻楫。"两首诗都写出了江汉地区的女子在地方经济生活中所处的地位，显然，她们所从事的职业与声色娱乐联系在一起。尽管我们现在不能肯定当时的从业者都是蛮族或胡人女子，但其中闪动着她们的身影应当是情理中事。

大堤艳曲 长江、汉水及其支流每到汛期就会洪水泛滥，为了减少损失，人们很早就开始在这些河流的两岸修筑堤坝，称之为"大堤"，很多滨汉、滨江的地段如襄阳、宜城、钟祥、江陵等也都有堤防，而尤以宜城大堤闻名。宜城在襄阳南面约百里，它的县治在古代又称大堤城，最初本来叫做大堤村，是在堤防的基础上形成的村落，南北朝时期因有很多胡人流寓于此，遂在大堤村设立了华山郡进行管理，并将村落改筑为城池，故有大堤城之名。而且宜城是南下水陆两道的分途之处，由此陆行可至江陵，水道分至荆（江陵）、鄂（武昌），又有沃野良田陂池之利，因此尤为荆襄干道上的繁会之地，酒楼客馆鳞次栉比，唐代时人们记载说从江陵到襄阳沿途"旅舍乡聚凡数十，大者皆数百家"（《旧唐书·李皋传》），诗人李善夷《大堤曲》写道"酒旗相望大堤头，堤下连樯堤上楼"，足见当时江波入户，画舸临轩的盛况。当此交通要道，商旅往来繁多，而声色娱乐行业也应运而生。自魏晋至隋唐时期，“女儿停客”几乎成了地方的风习，唐朝诗人王建《荆门行》云“欲明不待灯火起，唤得官船过蛮水。女儿停客茆屋新，开门扫地桐花里”，描写的就是这样的一种情形。

这些女子无论是浓妆艳抹，还是薄施粉黛，都同样美丽动人，惹人怜爱。如乐府诗《襄阳乐》描绘说：“朝发襄阳来，暮至大堤宿。大堤诸女儿，花艳惊郎目。”再如《采桑度》诗云：“冶游采桑女，尽有芳春色。姿容应春媚，粉黛不加施。”襄阳一带女子的美艳，使她们成了男人们的梦中情人，唐朝诗人张柬之的《大堤曲》写道：“南国多佳人，莫若大堤女。玉床翠羽帐，宝袜莲花炬。魂处自目成，色授开心许。迢迢不可见，日暮空愁予。”

大堤女不仅美丽动人，而且情意深长。南朝时汉水东岸的石城（今湖北钟祥）是郢州治所，其地有一个名叫莫愁的歌伎，人长得羞花闭月，歌唱得优美动听，是众多少年、商旅乃至普通民众所追逐、留恋的对象，当时的歌谣唱道：“家家迎莫愁，人人说莫愁，莫愁歌一曲，恰恰在心头。”莫愁的歌曲唱出了人们的心声，她也就蜚声在外，成了大家崇拜的偶像，流传至今的《石城乐》《莫愁乐》写的就是当时的这种情调。《莫愁乐》是从西曲《石城乐》衍变而来的，据说莫愁善于演唱《石城乐》，此曲中又有和声“妾莫愁”一句，所以人们就叫她“莫愁”了，还别创变曲《莫愁乐》供她歌唱。《石城乐》诗云：“生长石城下，开窗对城楼。城中诸少年，出入见依投。”不难想象，年少子弟对莫愁的爱恋，不亚于今天追星族们对当红歌星、影视明星的痴迷，想见她一面可能也并非易事，《莫愁乐》中就说：“莫愁在何处，莫愁石城西。艇子打两桨，催送莫愁来。”这位急切地想见到莫愁的人，大概是个腰缠万贯、一掷千金的富商大贾，否则不会如此颐指气使地催促快快将莫愁送来。现在江苏南京有莫愁湖，读者不要以为这就是当年莫愁所生活的地方，其实这是一种误解，因为古时南京又称石头城，有人就把石城误作了石头城，于是就有了这样的说法。“艇子打两桨，催送莫愁来”，或许是莫愁的名气在外，容易得到客人的青睐，很快“莫愁”一名就成了石城一带乃至洛阳、金陵等地在水上讨生活的乐妓的代称。直到唐代，诗人们笔下的莫愁女依然还是缘水而生的形象，李商隐《莫愁》诗云“若是石城无艇子，莫愁还自有愁时”；李贺《莫愁曲》诗云“白鱼驾莲船，夜作十里游”、“若负平生意，何名作莫愁”，描写的是一位及时行乐的莫愁女;甚至到宋代,在江陵、襄阳等地的青楼女子,还常常选一位模样俊俏的称之为莫愁,以示保存古意呢。

歌咏大堤女深情厚谊的诗非常多,如另一首《莫愁乐》就唱出了一位痴情女子与情郎分别的时候,心中的依依不舍之情:"闻欢下扬州,相送楚山头。探手抱腰看,江水断不流。"句中的"欢"是江南女子对情人的昵称。女子在与情郎分别之际,突然伸手将情郎抱住,痴痴地看着他,似乎想把他的音容笑貌印在脑海,此时江水也仿佛停止了流动,应和着女子挽留情郎的款款情意。当然,女子对情郎的关心与叮咛,在这送别的路上是少不了的,比如南朝宝月和尚所作的两曲《估客乐》唱道:"郎作十里行,侬作九里送。拔侬头上钗,与郎资路用。有信数寄书,无信心相忆。莫作瓶落井,一去无消息。"

其实,对女子来说,她更希望能够与情郎一路同行,长相厮守,不管情郎所去的地方是天涯还是海角,一曲《襄阳乐》唱出了此种心声:"江陵三千三,西塞陌中央。但问相随否,何计道里长。女萝自微薄,寄托长松表。何惜负霜死,贵得相缠绕。"又如《三洲歌》中所唱:"送欢板桥湾,相待三山头。遥见千幅帆,知是逐风流。风流不暂停,三山隐行舟。愿作比目鱼,随欢千里游。"

倘若不能耳鬓厮磨,两情缱绻,惆怅之情也就溢于言表,诉诸歌声,《石城乐》云:"布帆百余幅,环环在江津。执手双泪落,何时见欢还。大艑载三千,渐水丈五余。水高不得渡,与欢合生居。"两情离别的日子,女子在闺中惦念最多的,是远在天边的情郎是否依然爱恋着自己。走在开满鲜花的草地上,看着缠绕在松树上的郁郁女萝草,不禁回肠九转,正如《襄阳乐》中所描绘的一样:"烂漫女萝草,结曲绕长松。三春虽同色,岁寒非处侬。黄鹊参天飞,中道郁徘徊。腹中车轮转,欢今定怜谁。"《江陵乐》也唱出同样的心声:"暂出后园看,见花多忆子。乌鸟双双飞,侬欢今何在。"

美艳如花、柔情似水的大堤女,引得无数年少子弟、商旅贾客忘记春秋、不舍昼夜地竞相与之交游,汉水上的船只往来如梭,大堤上的车马络绎不绝:"春江聊一望,细草遍长洲。沙汀时起伏,画舸屡淹留。(陈后主《三洲歌》)";"大堤花月夜,长江春水流。东风正上信,春夜特来游。(张祜《襄阳乐》)";"少年襄阳地,来往襄阳城。城中轻薄子,知妾解秦筝。(崔国辅《襄阳曲》);"大堤行乐处,车马相驰突。岁岁春草生,踏青二三月。王孙挟珠弹,游女矜罗袜。(孟浩然《大堤行》)"

打扮得花枝招展的大堤女，每天迎来送往，似乎乐此不疲，但她们的心境究竟如何，我们已不得而知，可以读到的只是她们对青春流逝的无奈叹息、对往昔盛会的无限眷念，以及对情郎一去不返的痛心疾首："团圆莫作波中月，洁白莫为枝上雪。月随波动碎磷磷，雪似梅花不堪折。李娘十六青丝发，画带双花为君结。门前有路轻离别，惟恐归来旧香灭。（温庭筠《三洲歌》）"；"二八婵娟大堤女，开炉相对依江渚。待客登楼向水看，邀郎卷幔临花语。细雨濛濛湿芰荷，巴东商侣挂帆多。自传芳酒涴红袖，谁调妍妆回翠蛾。珍簟华灯夕阳后，当炉理瑟矜纤手。月落星微五鼓声，春风摇荡窗前柳。岁岁逢迎沙岸间，北人多识绿云鬟。无端嫁与五陵少，离别烟波伤玉颜。（杨巨源《大堤曲》）"；"妾家住横塘，红纱满桂香。青云教绾头上髻，明月与作耳边珰。莲风起，江畔春。大堤上，留北人。郎食鲤鱼尾，妾食猩猩唇。莫指襄阳道，绿浦归帆少。今日菖蒲花，明朝枫树老。（李贺《大堤曲》）"；"汉水临襄阳，花开大堤暖。佳期大堤下，泪向南云满。春风复无情，吹我梦魂散。不见眼中人，天长音信断。（李白《大堤曲》）"

大堤女儿青春靓丽，柔曼多情，她们感时伤怀，渴慕幸福，有着古今女子共同的心愿，怎奈命运弄人，只能空自嗟叹。尽管如此，我们还是不可以忽视大堤女儿情意缠绵背后的经济动因，故此有的人对这种狎亵行为持否定态度，唐朝诗人施肩吾的《襄阳曲》云："大堤女儿郎莫寻，三三五五结同心。清晨对镜冶容色，意欲取郎千万金。"而且即使对你柔情蜜意的人，最终也会毫不留情地转身离你而去，让你空自嗟叹枉凝眉，就像诗人李端在《襄阳曲》中所写的那样："襄阳堤路长，草碧杨柳黄。谁家女儿临夜妆，红罗帐里有灯光。雀钗翠羽动明珰，欲出不出脂粉香。同居女伴正衣裳，中庭寒月白如霜。贾生十八称才子，空得门前一断肠。"诗人张潮在《襄阳行》一诗中更是痛诋大堤女儿的爱钱不恋情："玉盘转明珠，君心无定准。昨见襄阳客，剩说襄阳好无尽。……襄阳传近大堤北，君到襄阳莫回惑。大堤诸女儿，怜钱不怜德。"

细心的读者或许会发现，上面所引诗歌中的人物，以商人为主体，这也反映了当时这些的消费主体是商人，他们花钱追欢买笑，用以侑酒博彩的歌唱也就围绕他们来展开了。荆襄驿道的繁忙是刺激汉水沿岸大堤声色繁荣的主要因素，而随着荆襄驿道的逐渐衰落，大堤女艳妆停客的情景也渐次化做了历史的背影。

(三)扑朔迷离"老人洞"

"上古的时候,人一过六十,就要被送到崖壁上的洞里,只给三天的粮食。然后等着活活饿死……"这不是编造的故事,而是陕西和湖北交界处的柳树湾祖祖辈辈流传下来的说法。而这种崖壁上的洞,就被当地后人俗称为"老人洞"。

"老人洞"是古人在河流上方的崖壁上开凿的方形洞穴,集中在汉江流域。有说它能证明中国人曾经有弃老习俗,是供60岁以上的老人自生自灭之用的;有人说它跟悬棺、崖墓一脉相承;还有人说它是古人墓葬风俗的一个过渡阶段,至今莫衷一是。

匪夷所思的弃老传说与弃老习俗

汉江进入湖北十堰境内,十多个方形石洞分三层垂直分布在离江面十几米的山崖上,有单个的,也有两三个连成一排的。这种当地人叫做"老人洞"的石洞,若从汉江源头漂下来,一路上零零散散可以见到不少,但像这里一下子出现了十几个还是少见。洞口都不大,约半人高,深一二米的样子。能看出这些石洞均属人工开凿,只是洞内空空如也,棺材、骨骸、随葬品之类的历史遗痕,统统没有,除了底部洪水冲刷过后留下的浅浅淤泥,没有任何东西。沿汉江继续往下,这样的石洞更多了。不远处江边的湖北郧西县夹河镇,镇口东头的公路边,临江的一面陡崖上,也赫然高耸着一排这样的"老人洞"。洞口不大,仅能容成人弯腰进入。洞内也不大,勉强能放一口棺材。

1994年湖北省十堰市曾对汉江段十堰境内做过专门的文物普查工作,据参与普查的湖北省考古学会理事、十堰市博物馆馆长胡文魁介绍,当时在羊尾镇、夹河一带也曾发现过类似的石洞,而且是"密集、成排的"。石洞在当地广为流传着的说法是"老人洞"或者是"自死窑",许多人认为这只是流落在民间的一种传说而已……将年满60岁的老人送往悬崖上开凿的石洞让其自生自灭不符合伦理纲常……而四川大学历史系考古专业副教授罗二虎则表示,其实民间传说是在一定的事实基础上进行文学再加工的过程,而"老人洞"的传说是有一定的历史基础的。在漫长的封建历史进程中,弃老的习俗在一些民族或者地区是存在的。"老人洞的说法是可能有的"。

神秘的"老人洞"在十堰境内主要分布在汉江两岸及众多支流沿线,如郧西、郧县、丹江口等地。成片的有郧县县城附近、郧县五峰乡、郧西羊尾镇、郧西上津镇等地，甚至在闹市区的人民公园的山上、道教圣地武当山周围也有不少。这些洞形制大小都差不多，均位于险要的悬崖和陡壁，选择整块巨大的岩石雕凿而成，也都是空无一物。

在这一带，说起这些奇怪的石洞，当地人并不陌生，"老人洞"是最常见的叫法，也叫"寄死窑"、"自死窑"、"跑匪洞"、"巴人洞"、"参洞"等等，其传说在民间由来已久，版本也很多。"老人洞"边，随便找个本地人打听，都是张口就来，所述大同小异，只是细节略有不同。

"爹，你下来，大大来了，没得菜。"一个60多岁的老人在修屋顶，儿子喊他下来，把爹杀了当菜招待客人。这是当地学者、武当古建筑研究所所长张华鹏在《武当早期文明》中记录的传说。这甚至比"老人洞"更离奇。

张华鹏先生认为，"寄死窑"葬俗，就是由这种食葬习俗进化来的。他分析说：在中国古代奇书《黄帝内经·灵枢》中，就有大量关于人体器官的形状、尺寸、重量的详细记载，如"咽门重十两，广一寸半"、"肠胃所入至所出，长六丈四寸四分，回曲环反，二十三曲也"等等。虽然这部书的成书年代，至今无法确定，但从《黄帝内经》的名字及其内容中黄帝和岐伯等的对话来看，应该和遥远到传说中的黄帝有一定关系。关于成书时间，学术界目前一般认为早在先秦，晚不过西汉。这就不由让人设想，在那么遥远的年代能有如此翔实的医学资料，若没有大量的人体解剖，是无法完成的。那么，这就从一个侧面证实了食葬习俗的存在。

然而，关于这种神秘的"寄死窑"、"老人洞"，遍翻当地的各种地方志和史料，均没有翔实记载。那时候，这些洞也大都没有被当作文物管理，考古资料更是一片空白，倒是引起了一些民俗研究者的注意。华中师范大学刘守华教授就是其中一位。1980年一楠先生搜集整理了张湾区长坪村全廷秀讲述的《斗鼠记》，收入《中国民间故事集成湖北卷·十堰市民间故事集》。刘教授从中发现了线索。《斗鼠记》大意是说古代郧县这一带的"麇国"里，凡是上了60岁的老人，都要按老规矩送进"自死窑"让他们冻饿而死。有个叫杨三的农民，偷偷把老父亲藏在家里。恰好这时外国送来一只像黄牛那么大的"犀鼠"，全国上下无人认识，更无人能制服这一怪兽，陷入惊恐不安之中。杨三将此事告知父亲，老父亲教他用一只13斤半的猫斗败了犀鼠。国王由此事认识到智慧丰富的老人是个宝，从此就废除了将老人送进“老人洞”的古老习俗。类似的传说，刘守华搜集到的有印度、印尼、日本、朝鲜以及国内多个民族大同小异的版本20多个，最著名的是出自印度佛经的《弃老国缘》。这样看来，它可能就是从佛经中脱胎而来的虚构故事。可在鄂西北，竟有实物留存？

后来，刘教授在当地学者屈崇丽、李征康等陪同下，去武当山下官山镇的吕家河民歌村考察了几十个“寄死窑”后认为：从这一带有几十个“寄死窑”，以及人们对相关传说熟稔到家喻户晓的程度来看，过去这里流行过将老人送进“寄死窑”的习俗是毋庸置疑的。当地学者对此持肯定态度的不少，郧阳师专潘世东教授认为：“事实上，‘寄死窑’风俗的形成和延续，不仅反映了汉水流域一定历史时期社会生产力和物质经济的发展水平，同时，也反映了当时当地社会文化和文明的进化程度，并突出而鲜明地折射出汉水流域人们对待生命和死亡的态度与观念。可以说，‘寄死窑’习俗不是野蛮落后，也不是恶俗、不孝，它所昭示的是一种最古老、最朴素的死亡观，同时也是一种最自然、最理性、最世俗、最崇高的死亡观，它所反映出的是汉水文化在生命哲学上的深层底蕴。”

自《十堰晚报》于2006年3月发表“悬棺鼻祖”可能在十堰的报道后，引起了一些读者和网友的关注，也提出了一些新的线索和有趣观点。如对汉水文化研究多年的十堰市图书馆赵朝君先生认为：在生产力极端低下的古代某个时期，人们获得食物的能力有限，为了种族的繁衍，存在弃老习俗的可能性是有的。网友“论坛灵魂”也持同样的观点。他说：我看了几篇日本小说，其中有一篇被拍成过电影，叫《楢山节考》，还有《桑孩》，讲的是日本类似的风俗……凡此种种讲的都是在社会生产力极其低下的环境里，人类为了保持延续，不惜以牺牲人伦来支持有生力量发展，来换取社会进步，现在看起来虽然觉得残酷，但实际上在当时的社会环境来看是有进步意义的。另有观点以网友“敬亭山”为代表，他说我认为更可能是叫“祭祀窑”，而不是“寄死窑”，后者是前者在口传中的音误和低文化者的想当然。他认为，十堰一直是偏僻山区，民众文化程度普遍偏低，把“祭祀窑”误为“寄死窑”是很正常的。比如，有很多山上有“明堂”，有时候我们说什么东西“有名堂”时，不识字的以为我们说“明堂”，他们很纳闷。比如，浙江余姚有根据王阳明得来的地名阳明山、阳明医院，但是不识字的以为是“养命山”、“养命医院”。古代汉江流域有不少古国，这些古国一定有着某种特殊的祭祀方式。宗教本来就有很多石窟文化，所以在山壁上凿石窟，用来从事某种祭祀活动，也是可能的。十堰职业技术学院王一军教授是训诂学的专家，他说，“祭祀窑”传成“寄死窑”、“自死窑”之类，在训诂学上是能解释通的。音同音近的字，相互借用，相沿已久，古今一理，就像我们今天的人写了别字还不自觉一样。这样的话，一种可能就是：十堰本地历史上并未存在过这种将老人放入洞中活活饿死的习俗，而“祭祀窑”变成“寄死窑”，只是一些外来传说和当地祭祀习俗结合后附会的一种产物。

在当地，对“老人洞”习俗确实存在持肯定态度的观点，据潘世东教授总结主要有以下几种：

死亡地说。因为在所有的“寄死窑”中都没有发现尸骨遗迹，因而可以大胆推断，“寄死窑”主要是老人提早结束生命的死亡地，并不是丧葬地。等到老人死亡之后，再重新举行丧葬仪式。所以人们把这种窑洞称为“自死”、“借死”、“待死”、“寄死”。

远古遗存说。“寄死窑”习俗应产生于远古时代。汉水流域中游“寄死窑”分布的地方，均为旧石器时代人类居住地和新石器时代文化遗存地。这一带，确实存在庸、麇、绞、軭、彭等方国和部族，那么，“寄死窑”习俗最早兴起应该在春秋时期以前。人类最早的生存地，也是包括生老病死在内的古老民俗最早形成的区域。

生存法则说。“寄死窑”是在远古严酷的环境里生物自然选择和生存斗争中“物竞天择，适者生存”的自然法则的体现。恶劣的地理自然条件下，当灾害使得作物减产、猎物稀缺、食物总量锐减，不能保证每个个体存活的时候，一些衰老病残的个体就因自然选择而被淘汰，因生存斗争而被排除于供养之外，甚至成为被吃的对象。恩格斯在考察研究欧洲一些民族发展史时，就曾指出：“由于食物来源经常没有保证，在这个阶段上大概发生食人之风，这种风气后来保持颇久。”

灾年不得已说。“寄死窑”在漫长的历史岁月中，有过悠久的流传或断续的复活。当人们在生存因食物的短缺而受到严重威胁，哀鸿遍野、饿殍枕藉的时候，原始的非人道的“寄死窑”习俗又常常在特定的地方、特定人户中重新复活。

野葬遗留物说。刘守华教授指出，人类的丧葬习俗形形色色，有土葬、火葬、树葬、天葬、水葬、悬葬，甚至还有食葬——部落族群一起，将死者割而食之。还有粪葬——将夭折的小孩埋进猪圈，沤粪。如此等等，不一而足。但是，将老人放进“寄死窑”让他们活活冻饿而死，还从未见诸记载，可能就是唐玄奘在《大唐西域记》中提到的古印度的弃老国将老人“驱弃于野”的野葬习俗的遗留物。

“老人洞”源于何时

不管怎样，如果真的存在过这样的习俗，究竟发生在什么时候呢？这种神秘的“老人洞”、“寄死窑”究竟是何人、在什么年代所留？刘守华教授去武当山下官山镇考察时，同西河村党支部书记胡世勇讨论此事。胡世勇说，他听老人讲这是唐朝以前的事。唐朝武则天当女皇帝，曾经把卢陵王流放在房县，这里属于古房县的范围。当地唱薅草锣鼓的歌班子，至今仍叫“唐将班子”，据说就是从卢陵王那时遗留下来的称呼。

这一习俗上限到什么时候呢？在《斗鼠记》中提到的“麇国”，春秋战国时代确实在鄂西北存在过，《左传 · 文公十一年》：“春，楚子伐麇。成大心败麇师于防渚。潘崇复伐，至于锡穴。”麇事又见于十六年《传》：“庸人帅群蛮以叛楚，麇人率百濮聚于选，将伐楚。”

那么，是否这一带在春秋战国时已经流行“弃老”习俗，直到唐代卢陵王来后才移风易俗，将“弃老”转变为“敬老”的呢？刘守华教授认为：查阅中华史籍，从未见有人提到将老人送进这样的“寄死窑”，让他们活活冻饿而死再行安葬的记述，就总体情况而论，早在周朝，中华文明就有了敬老并厚葬老人的习俗。姜子牙 80 岁当宰相，民间至今传为佳话。春秋战国时期，老人的智慧谋略在众多诸侯国争霸争雄的激烈争斗中大放异彩。到汉代，官家给年满 70 岁的老人赠送“鸠杖”以示祝贺，敬老习俗完全确立。在这样的历史文化背景下，地理上距主流文化圈并不遥远的汉水流域，竟然还流行过如此野蛮落后的“自死”或“寄死”习俗，很难使人相信。

也许，这“老人洞”的年代，比周朝还久远？周朝以前，生活在这里的又是一些什么人呢？公元前 1106 年，周武王伐纣时，《尚书 · 牧誓》载，参战的西土八国有庸、蜀、羌、髳、微、陆、彭、璞等。这些古方国，除羌在西北，髳、微目前尚不可考外，其余五国均在汉水流域。目前一般认为，至迟在商周之际，在汉水中上游交界地带，也就是“老人洞”密集的地域，至少有巴、璞、楚、邓、庸、彭、卢等方国存在，其中楚与邓可能来自中原，而其余五国可能都是土著。研究证明，这些古代方国并非是单一民族占据某个地区，同一地区多民族杂居的情况是普遍的。这之中，按族属而论，古巴人和古濮人等神秘消失的古民族，都曾在“老人洞”密集的汉江中游繁衍生息。如果是这样，那么，这些“老人洞”是否和他们有关？

答案仍然只能沿着汉水追寻。只可惜，远古的历史碎片，迷雾重重。

继续沿汉江而下，在荆山南部的远安县、当阳市境内，沮河两岸，近几年发现了大量“石窟”，“岩屋”。这些洞室，与十堰“老人洞”非常类似，也是大都凿在水边的危崖峭壁上，有的单家独户，有的比邻而居。所不同的是，有几个、十几个、几十个成一字形并列，也有分成两层、三层，甚至五层并列的。著名的百宝寨岩屋群，就在距当阳市区19公里的青龙湖畔，据称整个核心景区内发现岩屋3000多座。让人感到奇怪的是，这里的岩屋从外看是单独一间一间的，里面却像是一座复式楼群。目前，当地一般认为，绝大多数“岩屋”是一种古民居。因为里边至今可见依山石凿成的灶、架木为床的脚孔、储粮的大柜以及供屋门转动的上下枢孔等等。据一位80岁老人讲，其外婆在清咸丰年间亲眼见过为躲白莲教而开凿岩屋的情形。这也和已经发现的一块竣工石碑所记载的“咸丰四年”相符。但“岩屋”看起来并不都是一个时代所建，更大量的岩屋始建于何时却找不到任何证据，大都无法考证。不过，这里也有和十堰地区几乎一模一样的“自死窑”传说：远古时候，人到60岁都被送到岩屋中饿死，故名之为“自死窑”。

值得注意的是，从遗存“老人洞”的汉江，到发现“石窟”的荆山南部远安、当阳沮河流域，恰好有一条传统上的古道相连，是古人从鄂西北进入荆南的要道，而从沮河流域到悬棺、崖墓密布的三峡，距离很近，也没有什么地理上的障碍。三峡地区崖葬墓的发端起始期在战国——西汉阶段，其中类似于汉江“老人洞”的，人工凿成洞室的崖葬，在不同的区域，洞室的形状、大小、深浅、放置葬具的方式各有特点，但总体上比较接近。如果假设汉水中上游的“老人洞”在远古就存在的话，那么从目前已知的崖葬断代史和族属来分析，是可以连接起来的：古巴人和古濮人等神秘消失的古民族都曾在十堰地区繁衍生息。顾颉刚先生认为“自楚营濮，濮人当散处在武当、荆、巫诸山脉中”。濮人殷商时期曾以安康、十堰一带为基地，向江汉平原发展，春秋时期受阻于迅速壮大起来的荆楚。巴人最早也生活在江汉流域，并与濮的关系十分密切。西南师范大学历史系的邓廷良教授著有《巴史考》，他认为，根据文献和考古资料，至少在殷周之际或更早，巴人就已经在汉水流域聚居生息。

2007年初的一次考古发现,使十堰地区乃至汉江流域传说已久的"老人洞"、"寄死窑",跃身成为文物,初步展露出神秘的面纱。在对郧县青曲前房遗址"老人洞"进行发掘时,通过出土的文物,证明确实是墓葬。有些洞里还能看到一些残存的人骨,大部分都已风化成灰,毕竟1500多年了。凭借青瓷盘口壶和铜镜、铜熨斗、铁剪及各种装饰品、铜钱等出土遗物,初步确定这一批崖墓的年代为隋唐时期。

郧县的出土文物表明这里的"老人洞",实际上就是隋唐时期的崖墓。但郧阳博物馆副馆长黄旭初认为,并不能因此就认为"老人洞"的传说荒诞不经,没有意义。他说,前些年,武汉大学考古系曾对郧西夹河的一座类似崖墓进行调查,结果就表明至少是汉代的遗迹。他说,在这次发掘的基础上,他们将对整个十堰乃至汉江流域的崖墓进行进一步研究,期盼会有更多的新发现。

时间到了2008年11月,又一次新的考古发现,使这种"老人洞"更显得扑朔迷离。为配合南水北调国家重点工程建设,湖北省文物考古研究所在汉江淹没线下郧县五峰乡有可能埋藏文物的地段,进行又一次考古调查与发掘,发现了21座秦汉墓葬,皆为带墓道的洞室墓。在这批洞室墓中有4座岩洞墓,其余是土洞。所有洞室墓都出有随葬品,共出300余件。根据器物的形制,初步可断定这批墓葬的年代跨度可始自秦末一直至东汉晚期。

黄旭初认为,2005年最新的考古发现,将"老人洞"的年代指向东汉以前,而不是2007年发现的隋唐。在此之前,十堰地区崖墓考古一片空白,所以这种"崖墓"是不是在更早年代就在这里存在?这并非没有可能。至于"老人洞"的习俗,很早以前可能存在过,后来,随着社会进步,就作为一种丧葬习俗了。十堰市博物馆考古部刘志军也认为,"老人洞"无疑是一种风俗,应该可以找到更为久远的痕迹,比如旧石器时代、新石器时代。特别是新石器时代,比如在房县的七里河新石器时代遗址,发现了和四川明代僰人悬棺相同的凿齿习俗,这里面是不是有什么联系?同时,"老人洞"也可能是丧葬的一种过渡形式。他发现有的地方在人死后,尸体就放在家里一间特别黑的屋子里,亲人把尸体用泥封起来(也有用棺盛,连棺一起泥封),等到一定的时间,比如半年、一年之后,再选择墓地埋葬。"老人洞"可能就是类似这样的一种墓葬过渡形式,只是临时存放尸体的地方而已。

目前,本地关于"老人洞"的考古发掘也就是2007年和2008年这两次,关于"老人洞"的来龙去脉,只能期待以后的考古发现和研究。汉江"老人洞"仍然像一个个巨大的问号,伫立在莽莽苍苍的秦岭巴山间。

(四)二水汇流　三镇鼎峙

在汉水与长江的汇合处,有一座横跨二水的城市,这就是湖北省的省会武汉。它包括武昌、汉阳、汉口三镇,三镇分别峙立于长江、汉水两岸。这里人流汹涌,水陆繁会,从此北上中原,南抵湘粤,东通吴越,西达巴蜀,俱属便捷,故素有"九省通衢"之称,自古即以军事要塞和商贸港埠闻名于世。但是,当我们追溯这座城市的历史时,就会发现一个有趣的现象:武昌和汉阳长期隔江而治,汉口的兴起不过数百年,三镇合而为一更属晚近之事。造成这种现象的原因何在?是人力事功的牵制,还是沧海桑田的变迁?

湖北汉江大桥

武汉是我国起源最早的城市之一,考古发现证明,远在新石器时代,武汉地区已有人类居住;距今3500年以前,商人就在此建立了获取长江流域金属资源的桥头堡——盘龙城。春秋战国时期,这里隶属于楚国,为楚人东进南下的前哨阵地。秦汉时期,先后属南郡、江夏郡所辖,经济、文化和军事地位日益提高。东汉时在今汉阳筑有两座小城,都是屯兵之所,一名却月城,在今龟山北麓,江汉桥以东;一名马骑城,在却月城西二里。可见早期的武昌和汉阳规模都很小。

三国时孙吴政权在武汉地区的开拓,是武汉城市发展的一次飞跃。当时东吴在今武昌、汉阳分别修筑了夏口城、鲁山城,并移江夏郡治鲁山城。夏口城的规模颇大,利用丘陵岗埠构筑而成,高大坚固,易守难攻,此城不仅具有重要的军事战略意义。而且成为后来各朝一、二级行政区的政治中心,地位日隆。鲁山城建于汉阳龟山,由东吴大将鲁肃镇守,故龟山又名鲁山,汉江注入长江处又名鲁口,此城也名为鲁山城。六朝以后,这里一直都是军事、政治要地,与长江对岸的夏口比肩而立。西晋时移沙羡县治夏口城,刘宋改为汝南,于此置郢州,并移江夏郡来治,隋改汝南县为江夏县。

唐朝时以江夏县为鄂州治,又移汉阳县治今汉阳,为沔州治,从此武昌、汉阳划江分治,武汉城市的基本格局亦由此奠定。五代时周改沔州为汉阳军,元朝改汉阳军为府,改鄂州为武昌路,始置湖广行中书省治此。明朝改武昌路为府,为湖广布政使治,清朝又为湖广总督治。清末鉴于汉口的崛起,又先后设立夏口厅、夏口县。1927 年北伐胜利后,建立了统一的武汉市政府。新中国成立,武汉市曾一度直辖于中央,1954 年改为省辖市。

三镇之命名由来各不相同。武昌之得名,源于汉献帝二十五年(220 年),孙权从公安迁都鄂城,取"因武而昌"之义,将鄂城改名武昌。辛亥革命后,以江夏县本为武昌府治,于是将鄂城的名称复原,改江夏为武昌,即今之武昌。汉阳的得名,是因它位于汉水以北,古人以山北水南为阴,山南水北为阳,故名此地为汉阳。但由于后来汉水改道北移,才形成今天汉阳位于汉水南岸的形势。汉口的得名,则以它位处汉水入江口之故,因古人把河流交汇处称为口。武汉一名最初是指武昌府和汉阳府,1927 年北伐胜利后,武汉才作为正式的行政名称,统指武昌、汉阳、汉口三镇。

城市位于河流交汇口,在我国并不鲜见,但以三足鼎立之势,长期分而治之的状况,则以武汉为仅见。汉口同汉阳分离以前,汉阳与武昌隔江相望,互不统属,这与我国以"山川形便"的原则来划分行政区划有很大关系。所谓山川形便,是指以山脉、河流等自然地理要素为分界线所形成的地理单元来确定行政区划。

长江是我国第一大河，因而就成了一条天然分界线，使得长江以南的武昌或与江西九江，或与湖南岳阳合为一区，却始终不与江北的汉阳合并，也使三镇在历史时期的发展具有相对独立性，形成了不相隶属的有趣现象。

武昌 武昌城垣的修筑和扩建有四次。三国孙吴政权为了保卫都城武昌（今湖北鄂城），黄初二年（223 年）时，在今武昌黄鹄山（即蛇山）筑了一座土城，名夏口城，这是最早的武昌城。它依山负险，周长仅二三里，还只是一个规模狭小的军事城堡。随着军事形势的变化，六朝时的夏口城又增筑了罗城与子城，但规模依然卑下弱小。唐敬宗宝历年间（825—826 年），牛僧孺任武昌军节度使，驻鄂州（即今武昌）。由于当时的鄂州城墙四处颓圮，百姓每年都要耗费人力物力进行增筑，牛僧孺遂花了五年时间改建此城，将鄂州城由一座土城变成了砖城。城区面积 3 倍于夏口故城，东面达武昌凤凰山，西至长江边，北至沙湖，南跨蛇山西段，从此老百姓再也不用每年都对城墙进行加厚处理了。但城内建筑、城区布局没有大的改观，东、南、西三面均为行政官署，平民居住在城区北面，城内房屋破乱不堪，街道坎坷不平，因地势低洼，常有渍涝之患。

元末明初武昌城遭到极大破坏，洪武四年（1371 年）时江夏侯周德兴对城垣进行了拓修，扩大了城区，使武昌城东至今大、小东门一带，北达沙湖之滨，南临巡司河西岸，西迄于江，城周约 10 余公里，共设 9 座城门：东面为大东、小东，西面为竹簰、汉阳、平湖，南面名新南、保安、望泽，北面叫草埠门。后经嘉靖十四年（1535 年）重修，改大东门为宾阳门，小东门为忠孝门，竹簰门为文昌门，新南门为中和门，望泽门为望山门，草埠门为武胜门。楚王就藩于武昌后，又着手在蛇山中峰高冠山南麓修建楚王府，于是武昌出现了城中有城的局面，楚王府遂成为武昌城的核心，各级官僚衙署集中于蛇山南麓及西麓，居民区则主要集中在城北、城东。

清代武昌城基本沿袭明代的形制与规模，只是清后期在城东增修了通湘门、东湖门、西湖门，同治年间楚王城毁于兵燹，武昌城中之城的景观由此消失。清代行政衙门集中在蛇山以北，军职衙门集中在蛇山南面今阅马场一带。辛亥革命后，改中和门为起义门，1926 年国民革命军攻克武昌，又将城门城墙逐一拆除（仅留起义门），修起了环城马路，城垣遗址就此湮没。

汉阳 汉阳在原始社会时就分布有居民点，但它最早的城址和城垣兴起于东汉末年，即在今龟山附近却月湖边所建的却月城。这个土城南临汉水，东濒长江，依汉水入口的弧形岸线创筑。建安十三年（208年）孙权夺沔口，攻屠此城，因而废弃，兼以汉水改道，今已无迹可寻。另外，三国时今汉阳县曾有两座沌阳城，一座在今黄陂附近的楮山南面，东汉建武元年（25年）曾在此置沌阳县，晋永兴二年（305年）复于此置沌阳县；另一座为林漳故城，在今蔡甸东南的林（临）漳山（今城头山）北，三国魏所立，为沌阳废城，后曾为沌阳、汉津、汉阳等县治，晋永嘉之乱后，一度为荆州治所。六朝齐梁时期还筑有汉口城和杨口垒，汉口城地跨汉江，位于今汉江铁路桥与江汉二桥之间，当时为了围攻鲁山城而修；杨口垒不详，估计在今汉口。以上这些城池，或在龟山之北，或在龟山之上，规模极狭小，多为军事堡垒，维持的时间都很短，主要原因是山麓地势低洼，且在最高水位线下，故以土夯之城墙，屡修屡溃。直到南宋度宗咸淳十年（1274年）才根据黄榦的建议，修筑了新的汉阳城，其范围大体位于龟山以南，凤栖山以东，长江以西，东南枕大江，城周约3.5公里，设有8个城门，后毁于元代。明初在其原址上重建，城周约6公里，城北为官署区，城外为居民区，设有三门：东曰朝宗，西曰凤山，南曰南纪，城垣只设三门，为国内罕见。嘉靖三年(1524年）知府孔凤奉旨在城北中间位置又修建了汉阳里城。清代汉阳城的布局，仍保持了明代的基本格局，最后于1928年拆除。

汉阳名胜古迹不少，如汉阳古琴台，相传春秋时期伯牙与子期在此结为知音。晴川阁，位于汉阳龟山东麓的禹公矶上，始建于明嘉靖年间，以纪念大禹治水、疏江导河之功，取唐崔颢“晴川历历汉阳树，芳草萋萋鹦鹉洲”之诗句而命名。

汉口　汉口一名早在南朝齐梁之间就已出现，指古汉水汇入长江处。汉水入江处在历史上发生过多次变化，因此汉口的位置也随之有所改移。现在的汉口只有500多年的历史，在明代初年仍是荒无人烟的芦洲，成化年间（1465—1487年）汉水一改过去从龟山南面汇注长江的流路，冲出新道由龟山北麓入江，汉口与汉阳就此分离开来，汉水以南为汉阳，汉水以北为汉口。由于汉口的江岸较便于船舶舟楫停泊，其发展速度加快，又受制于卑下沮洳的地势，城区的拓展总是以堤防的建设为前提。

在17世纪中叶的地图上，汉口还是处于长江、汉江、潇湘湖与杨林河包围中的一块洲地，地势低下卑湿，只在今汉正街至黄陂街一带比周边略高。因原来为江河漫滩自然堤，但其海拔不过28.24米，比武汉最高洪水位29.73米（1954年）还要低1.49米。也就是说，整个汉口地面皆在最高洪水位之下，所以在堤防围垸未筑前，汉口以季节性居民为主，大多是茅棚草屋等临时性建筑，大水时或临时迁走，或自备船只舍屋就船，水退时再迁入居住。刘献廷康熙三十年（1691年）来到汉口，借居四官殿。他对四官殿神像感到很奇怪，在《广阳杂记》中说："辛未秋，予寓汉上时，卧处共有四官象，乃天地水火也。三官始于黄巾，而道士家因之；不知何时益之以火？汉口皆是也。"所谓三官，也称三元，是道教所奉的神，即天官、地官、水官，传说天官赐福，地官赦罪，水官解厄，故旧时各地都建有三官殿、三官庙。但汉口与别处不同，独增火官，设四官殿供奉四官，这是其特有的地域特点与建筑特点的反映。原因在于当时汉口居民的房屋都搭建在一块水中高地上，最怕大水冲击；而板房草屋又是以易燃性材料制成，极易酿成火灾，所以别的地方供奉三官，汉口却要供奉四官。

汉水河道北移以后，船只起先停靠在汉水南岸、龟山以北狭长地带。商业发展起来后，缺乏伸展余地的问题日益突出，人们才逐渐把目光转向当时比较空旷的汉水北岸。但是这里三面环水，地势低洼，每到夏秋洪水迅涨时，四面皆成巨泽。明崇祯八年（1635年），由汉阳通判袁焻主持，在上起硚口，下至堤口（今长堤子）一线修筑了袁公堤，消除了来自硚口上游的汉江洪水，从此水患大为减轻，居民渐集。

清朝汉口对外贸易出现了飞跃，城市空间随之拓展。在大宗物品的运输依赖舟船的时代，东濒长江、南临汉水的地理形势，对汉口的街道布局影响很大，主要街道顺应江河而延伸，形成数十里的长街。结果汉口东西向街道又宽又长，南北向街道数量众多，但又短又窄，仅供沟通各东西向干道之用。在鸦片战争以前，汉口城区已扩展到袁公堤内，面积约11.2平方公里，后来玉带河因泥沙淤积，阻塞不通，当地居民便架屋其上，使原玉带河也成为城区的组成部分。第二次鸦片战争后，汉口被辟为通商口岸，英、德、俄、法等国相继在汉口开辟租界，今江汉路以南，黄浦路以北，中山大道以东，长江以西的土地均沦为租界区。这一带本为荒地野田，在设立租界的数十年间，获得畸形发展，20世纪初，已演变为新的市区。

光绪二十四年（1898年）湖广总督张之洞奏改汉口同知为夏口厅，汉口脱离汉阳县管辖，获得独立发展。1905年，张之洞主持修筑了自广福寺至岱家山全长15余公里的张公堤，防止了后湖水向汉口城区的倾泻，使堤内数万亩洼地变为良田，为汉口城区继续向西北方向拓展提供了广阔的空间。到宣统元年(1909年)，汉口城区建设进一步发展，在铁路以南，西达硚口，东达刘家庙，南至汉江的范围内，形成以5条东西向横马路、30条南北向直马路为骨架的交通网络。

明清时期江汉地区城镇发展史上最有影响的莫过于汉口的崛起。汉口不仅是本区最大的商业贸易中心，而且也是清代全国有名的"四聚"之一。从荒芜芦洲到繁华商镇，这一过程既是自然沧海桑田的变迁，也是人力与时间推移的结果。

汉口繁盛在清朝康熙前期就已经显见，潘耒《汉口》诗云："汉口通江水势斜，兵尘过后转繁华"；"北货南珍藏作窟，吴商蜀客到如家"，应该是比较客观地描述了汉口在明末清初的战乱后转趋繁华的景观。此后，经康、雍、乾三朝的持续发展，乾隆年间的汉口已是商帆估舶，千万成群。著名方志学家章学诚在《湖北通志检存稿》中谈到乾隆末年汉口镇的商品市场时，更是以"品物畅茂"，"繁盛极矣"等词来形容。并说这里"居奇贸化之贾，比廛而居；转输搬运，肩相摩，踵相接"；"四海九州之物不踵而走，特形异物，来自远方者，旁溢露积"，使"五都之市，震心眩目"；在主要街市，"上自硚口，下自〔至〕接官厅，计一十五里，五方之人杂居，灶突重沓，嘈杂喧呶之声，夜分未靖。其外滨江，舳舻相引，数十里帆樯林立，舟中为市。盖十府一州商贾所需于外部之物，无不取给于汉镇"。从这样的描述中，读者自可以想见当年汉口的繁忙与活力。

清人刘献廷在《广阳杂记》中说："天下有四聚，北则京师，南则佛山，东则苏州，西则汉口。"作为清代的"四聚"之一，汉口镇的繁荣首先表现在它的商品种类非常丰富。章学诚在乾隆末年所撰《湖北通志稿·食货考》中有非常详尽的记载，各地汇聚汉口的商品，包括农、林、畜、牧、副、渔产品、手工业品、矿产品及其他各类杂货，共18类230余种，商品产地广泛分布于全国大多数省区，充分反映了这一时期汉口商品市场的繁盛。

其次，从汉口的主要行业、大宗商品及流通量看，市场规模已相当可观。在汉口商贸体系中，以盐、米、木、花布、药材、典当六行为其主体，其中又数米、盐贸易最具特色。有清一代，汉口粮食贸易的腹地包括全国最重要的商品粮产地——湖南、四川、江西、湖北等省，尤以湖南为大宗，加上陕西及汉水流域贩来的各种杂粮，使汉口成为全国最大的米市场。汉口市场上的米铺，有数十家；专门的米市场，在沈家咀就有二十多家。运粮的米船，往往昼夜不停。乾隆末年，一次大火就烧毁粮船百余艘，可见粮食输入量之大。汉口市场的粮食销往全国14个省区，而主要供应长江下游，雍正十二年（1734年）运往江浙的米谷达1000万石。本地市场对粮食的需求也较旺，乾隆十年（1745年）汉口人口已号称20万，每日消耗的粮食不下数千石，消费量如此之大，全赖众多湖南、四川的粮商贩运而至，才使汉口的粮价不致高昂。汉口镇的盐业贸易以淮盐为主，但其来源也经历了由淮盐——川盐——川、淮划界的转移过程。据史料的记载和学者的研究，乾隆年间（1736—1795年）湖广销售淮盐779900余引，占淮盐总销量的48%还要多些。而汉口是湖广淮盐的"泊集分销"之地，如以乾隆朝每引182公斤计算，年吞吐量已达1.4亿余公斤，加上汉口转运销售的他省淮盐，每年由汉口分销的淮盐约占其总销量的一半左右，被称为"销盐第一口岸"。

其三，商人组织在这一时期大量涌现，也是汉口商业发展的一个重要标志。汉口为内地商货的集散市场，吸引着各地商人和商帮，道光年间的《汉口竹枝词》中即云"此地从来无土著，九分商贾一分民"。据民国六年（1917年）汉口各会馆、公所联合会调查，当时汉口共有会馆、公所200个。民国《夏口县志》卷5则载录有181个，在可知创建年代的126个会馆、公所中，有109个成立于清代。这些会馆、公所，除个别属于宗教、慈善团体外，其余都是商人的地域性、行业性组织。清人叶调元《汉口竹枝词》云"一镇商人各省通，各帮会馆竞豪雄"，正是清代汉口商贾辐辏、商业团体林立的真实写照。按地域来划分，汉口著名的商帮有川帮、云贵帮、江西福建帮、山西帮等。

四川帮　主要经营药材、桐油、生漆、丝、麻、白蜡、黄丝等，从汉口购买的物品有棉花、棉布、绵丝、外国杂货等，在汉口的大商人有30余家。

云贵帮　云贵两省商人在汉口甚多，而尤以贵州为最，常贩卖木耳、生漆、麻、桐油、漆油、麻油、白土、白蜡、木材等物，以木材、鸦片、药材为三大宗，从汉口买入的有绵丝、棉布、匹头及各种杂货，大的商号约有30家。

河南帮　河南商人贩卖的货物以杂粮、棉花、牛皮为三大宗，此外还有药材、桐油、皮油、麻油、鸦片、黄丝等，从汉口购买绵丝、纸料、南货、福广杂物等。

陕西帮　主要贩卖牛毛、羊毛、鸦片、牛油、生漆，在汉口购买麦、棉、杂物，商贾较大者有20余家。

湖南帮　以茶、米为大宗，其他有杂粮、苎麻、桐油等，主要从汉口购买绵丝、棉布、杂货，计有50家较大的商店。

江西、福建帮　主要经营药材、瓷器、麻丝、麻布、果物及茶叶，而收购谷米、皮油、桐油、牛油、鸦片等。

山西帮　主要经营票号。

此外还有徽州太平帮、江南帮、宁波帮、潮帮、广帮、香港帮、湖北帮、山东帮及北清一带商人。由此可见，清代的汉口已形成了全国性商品市场，主要功能是中转贸易。

三、清　江

位于鄂西山区的清江流域是一个相当独立稳定、闭塞落后的地理单元，海拔约500～2000米，亚热带山区气候，四季分明，夏无酷暑冬无严寒，平均气温10℃左右，无霜期近10个月，雨量充沛，光照适度，自然条件很适合人类和动植物繁衍生息。正因为此，清江流域的远古文明繁荣绵延，有学者认为清江乃古代巴人的发祥地。清江流域原始文化生态遗留较多，其学术价值和文化意义都非同一般。

清江

清江发源于号称“巴楚屋脊”的利川齐岳山南麓，至宜都的三国古镇陆城汇入滚滚长江。清江流域是长江 14 个流域中最小的一个，但清江流域的奇峰巨洞、碧水蓝天、悬崖飞瀑却风景绝佳，其他流域较难与之争胜。清江上游与流入乌江的唐崖河、流入澧水的溇水、流入沅江的酉水犬牙交错，其峡谷青岚、怪兽虎踪既赏心悦目，又惊心动魄。

(一)风景如幻

鄂西山区的清江水静若美人春睡，动若翡翠流淌，怒则开山裂石，隐则踪影全无。北魏郦道元《水经注》云：“夷水，即佷山清江也。水色清照十丈，分沙石。蜀人见其澄清，因名‘清江’也。”古时候，自巴入楚，自楚入蜀，如避长江三峡之险，皆走夷水道。

清江如画

清江蜿蜒五百余里，流域面积 16700 平方公里，干流落差 1430 米。清江流经利川、恩施、咸丰、来凤、宣恩、建始、巴东、鹤峰、五峰、长阳七县三市。其中，咸丰、来凤、宣恩、鹤峰、五峰在清江南；巴东、建始在清江北；利川、恩施、长阳则依江傍水。

清江流域属于发育完整的喀斯特地貌，这种地貌由于石灰岩等可溶性岩层在地表水、地下水的长期化学溶解作用及其他地质作用下，形成了地表奇峰峻岭，峡谷纵横；地下则溶洞深邃，变幻莫测的自然景观。喀斯特地貌分地表和地下两类景观。清江流域如利川的腾龙洞、长阳的孔夫子洞属喀斯特地下奇观；巴东的格子河、沿渡河，长阳的伴峡、五峰的柴埠溪则属于喀斯特地表景观。

清江风光以长阳的资丘古镇为界，资丘以上看山看洞，资丘以下看洞看水。月夜的资丘双桥，是清江边摇曳的旧梦。清风长夜，资丘南曲艺人覃士洞边弹边唱："春去夏来，不觉又是秋。渔夫撒网，头戴斗笠，身披蓑衣……钓得鲜鱼沽美酒，一无烦恼二无忧愁，风波浪里消岁月，荷花村中度春秋，南腔北调任我唱，就是那王孙公子也不能够，喜的是清闲自在不爱风流。"资丘古镇因为隔河岩水利工程竣工而沉入水中。资丘的南曲，资丘的驴子胡同，资丘的戏子胡同……变成了水中月亮。

值得我们庆幸的是：资丘以上的景观，所变无多，水位上升，有了舟船之利，山水呼应，相得益彰。

摄魄惊魂的奇树巨洞

奇树　清江发源于利川境内的齐岳山东麓龙洞沟。洞沟粗粝的巨石和绿色的灌木，满目的地衣青苔和鲜活碧水告诉我们：清江踏上了生命的旅程，利川孕育了多姿多彩的生命。

1941年，植物学家于铎从恩施去重庆，途经利川谋道乡，他在磨刀溪边发现一棵见所未见的奇树，不禁驻足，谛视良久。他一抵达重庆，立即将其发现告知他植物学界的朋友，几位专家闻风寻去，确认奇树为第四冰川期的孑遗植物，是仍然存活于世的水杉树。这棵水杉树龄高达500余年，树高约36米，胸径2.4米。这一发现成为20世纪植物学界最重要的发现之一。水杉类植物过去一直被认为早已在地球上绝迹了。由于鄂、川、湘三省交界处的地理位置特殊，地形条件复杂，水杉逃过冰川劫难，得以在此幸存。水杉树干雄伟，笔直冲天，树高可达40余米，胸径可达2米以上，一棵高大的水杉宛如一座高耸入云的宝塔。水杉属阳性树种，生长迅速，一般20年即可成材，是优秀的速生造林树种，水杉材质轻软，在建筑、造船、制板等行业用途广泛。水杉被发现后，国内外广泛引种栽培，国内于 1946 年最先在南京、北京、庐山、广州、成都等地试种，国外首先在美国哈佛大学的阿诺德树木园栽培，现今直接或间接引种水杉的国家，已经多达 70 余个。

利川齐岳山以东，福宝山以南，忠路镇以西，马前镇以北，东西宽约 20 公里，南北长约 30 公里，方圆约 600 公里的长方形山谷地带，被植物学界誉为“水杉的故乡”。据利川林业部门统计，这一区域胸径 40 厘米以上的天然水杉约 2000 棵，大水杉树沿着河沟两侧的冲积土和山麓，三五成群或十余棵成群生长，高耸云霄，构成独特的水杉植物群落。青山古木，引人遐想，水杉树历史悠久，生命顽强，仿佛清江文明：古拙长青，生生不息。

民族英雄巴蔓子的墓址 利川城西的都亭山，相传为先秦巴国将军巴蔓子的葬身之地。残存的墓址封土高 6 米，底径 17 米，墓地高岗深麓，映带左右，林木起伏，叠翠环拥，尤具规模。

据《华阳国志·巴志》记载：“周之季世，巴国有乱。将军有蔓子请师于楚，许以三城。楚王救巴。巴国既宁，楚使请城，蔓子曰：‘借楚之灵，克弭祸难。诚许楚王城，将吾头往谢之，城不可得也。’乃自刎，以头授楚使。[楚]王叹曰：‘使吾得臣若巴蔓子，用城何为！’乃以上卿礼葬其头。巴国葬其身，亦以上卿礼。”

巴蔓子是唯一青史留名的巴国英烈。身首异处，而能由两国以上卿或诸侯之礼为之举哀或安葬的将军，从古到今只有两位：一位是三国时代的关羽，一位是战国时代的巴蔓子。也许是因为巴蔓子为巴人所广泛尊崇吧，他的葬身之地竟然有三处之多。

第一处，在今重庆市通远门内莲花池，俗称“将军坟”。此墓几经整修，现墓为 1922 年重修，1952 年在墓上加筑了拱券。墓联云：“霸业久销沉，楚子何曾留寸土；荒坟犹耸峙，将军依旧镇三巴。”

第二处，在重庆忠县旧城东，俗称“巴王坟”，今存。

第三处，在湖北利川市都亭山，俗称“巴蔓子墓”。

巴蔓子的身躯葬在什么地方，这是巴史学者希望弄清楚的问题。尽管传说纷纭，尽管缺乏地下考古实证，比较而言，利川都亭山的墓址佐证较多。重庆古称江州，是战国时代巴国的首都，其地应该是巴蔓子自刎的地方，这里有巴蔓子墓,事在情理之中,但重庆除了传说指认的墓址,缺乏有说服力的佐证。忠县一带曾经是巴人长久聚居的地方,近几年在三峡考古工作中发现了宏大的巴人聚落遗址,其地有巴蔓子墓,也是不悖情理的。《蜀中名胜记》卷19称之为"蔓子冢",且引州志云"神即蔓子将军也",从文献上看,它比重庆的"将军坟"多了一点佐证,无奈此处俗称"巴王坟",与巴蔓子身份不合。

利川都亭山的巴蔓子墓虽然废圮已久,却比其他两处有更多的佐证。据《大清一统志》卷351"古巴墓子墓"原注云:"在恩施县西北都亭山。《明[一]统志》:'周季世,巴国乱,将军蔓子请师于楚……楚王以上卿礼葬其头于荆门山之阳,巴国葬其身于此'。"如此看来,有葬头之地与葬身之地的呼应,重庆的"将军坟"和忠县的"巴王坟"便比之逊色了。都亭山在利川市的西部,也是清江的源头区域,荆门山在枝城市西北的长江南岸,"荆门山之阳"恰好朝向清江流域。《利川县志·营缮志》也云:"周巴蔓子墓,在县北九十里都亭山。"

关于巴蔓子的民间故事,据韩致中的《鄂西民间故事集》记载,大致与《华阳国志·巴志》所记巴蔓子事迹相符,而且比较细致。故事的讲述者是利川都亭镇的两位土家族农民:一位是黄锡银,男,78岁,识字;另一位是谭桂香,女,68岁,文盲,故事的记录时间是1980年3月。故事是这样开头的:"清江上游的都亭山下有座大古庙,传说里面埋的是巴国将军巴蔓子的身子。"故事中间讲到巴蔓子对前来索取三城的楚国使臣说:"国土哪能送人……我许的愿,我一人承担!""说罢,他抽出宝剑,'呼'地一下,自己的脑壳就落了地……"故事结尾说:"楚王……认为巴蔓子有骨气,就把他的脑壳埋在一座高山顶上,让他日夜看着巴国的方向。这时候,巴国也把他的身子用最好的棺材装殓了,埋到了都亭山下。"

巴人主要的两大支系为清江流域五姓巴人和渝东南的七姓巴人。据《后汉书·南蛮西南夷列传》,廪君蛮的五姓为:巴氏、樊氏、瞫氏、相氏、郑氏。板盾蛮的七姓为:罗氏、朴氏、督氏、鄂氏、度氏、夕氏、龚氏。巴蔓子的"巴"如果作国号解,那巴蔓子就是巴国的蔓子;如果作姓氏解,那巴蔓子就是巴姓的蔓子。从已知的资料分析,两种可能性都是存在的。就以上十二个姓氏分析,如果"蔓"是姓氏,那应该是五姓巴人的"樊"氏。这两种可能性汇合在一个支系中,巴蔓子应该是廪君蛮这个支系中的巴人。巴蔓子以身殉国之后,巴国大概遵从归葬之俗,把他的身躯安葬在他的家乡。都亭山当年的巴蔓子墓,想必是威仪堂皇,今天,墓已不存,但是,重庆的墓联说得好:“荒坟犹耸峙”,将军永远活在清江儿女的心中。

绝壁巨洞 关于利川境内的山,无论清江的发源地齐岳山还是民族英雄巴将军的归葬地都亭山,若论自然风光,都不如沐抚四绝壁摄人心魄。从利川的团堡至七渡河,便可以眺望沐抚四绝壁的前山石壁。七渡河实际上是一条地缝,跨河的云龙桥有山路通向前山石壁的一道岩缝,沿此可攀至绝壁之顶。云龙桥两侧悬瀑飞泻,清流百曲。沐抚四绝壁分别是东面的大岩衾绝壁,南面的大河碥绝壁,西面的前山绝壁,北面的后山绝壁。沐抚四绝壁的最高峰是西面的前山绝壁,海拔1932米,四绝壁海拔都在1600米以上,全部超过泰山海拔1532米的高度。清江贴着南面的大河碥曲折蜿蜒,清江两岸石擎玉笋,画屏四翳。夕阳西下的时候,在大山口回眸眺望:紫霞雾霭,绝壁青岚,碧水繁花……纵然身后有名有利熙熙攘攘,纵然身后有业有家红尘万丈,片刻的沉醉却可以凝结成心中壮阔空灵的回响。

崴嵬绝壁三山五岳都有,长江三峡也有,伟业丰功、民族英雄更是不胜枚举,但最终使利川走向世界的是利川境内的溶洞。

1983年,建筑学家张良皋慕名来到利川,他从县城沿清江步行15华里,抵达腾龙洞和卧龙吞江洞。1983年,这两个洞穴还几乎不为外界所知,张良皋从水洞顶上越过清江,再入干洞,走了1500米之后回头。张良皋通过检索有关资料,发现号称“世界之最”的美国卡尔斯巴德洞不是利川腾龙洞“对手”,他立即撰文《利川落水洞应该夺得世界名次》,此文于1985年4月在《旅游》杂志发表。此后,国家岩溶研究所邀请比利时弗来芒洞穴组织运用现代化手段到利川探洞,洞穴组织在利川工作了一个月,其成果获国际金奖。

腾龙洞和卧龙吞江洞双洞并列,水洞在左,干洞在右,干洞为腾龙洞,水洞为卧龙吞江洞。腾龙洞之大,迄今为国内之最,在世界级特大洞穴中,也当入前五名。腾龙洞洞口宽64米,洞口高74米,已经探明的洞穴长度为52.8公里,洞内总面积69平方公里。腾龙洞洞中有山,洞内山中又有洞,洞内三座大山分别为妖雾山、白龙山和金子山。妖雾山高百余米。腾龙洞内还有气派豪华的五座大厅、十大景区、148个景点。洞内钟乳石、石柱密布,更为奇特的是,洞中有一积水小潭,潭中生长一种全身透明的小鱼,这种不见天日的生命,也算一种隐者吧。

与腾龙洞并列的卧龙吞江洞形如巨大伏龙,吞尽清江千顷波涛,清江推浪至此，忽转陡折，流速骤增，漩涡翻腾，水花四溅，直泻卧龙吞江洞，江水磅礴轰鸣，声震峡谷，壮观瑰丽。卧龙吞江洞口宽约30米，高20米，最大流量可达700立方米/秒。清江至卧龙吞江处变成地下伏流，至下游4公里鲢鱼洞处刚一露面，复又隐去，再至下游2公里的雪照河，喷薄而出，跌跌宕宕构成百丈银练，阳光西射，即呈七色水虹，闪耀眩目5公里之外，神韵天成。

腾龙洞与卧龙吞江洞平行而下，两洞多处相通，有"48道望江门"之说。腾龙洞与卧龙吞江洞实际上是一组相互连通、举世罕见的巨大溶洞群，已探明的水洞、干洞20多个，总长52.8公里，如此深邃宏大的溶洞群，完全有条件开辟成中国第一个溶洞公园。溶洞的清凉对于火炉武汉和重庆而言，不失为避暑胜地。

金戈铁马，刀光剑影，七国争雄的璀璨史书中，曾经留下清江河一声无奈的叹息。残月如刀的夜晚，当秋风撕裂了历史的创伤，如果有人以清江为弦，试图抚慰巴将军的魂魄，试图报答巴将军千年的守望，那么他手指间奔腾的，一定有清江水百年千年的梦想。

乡霸土豪的山寨山庄

鱼木寨 鱼木寨是座四崖陡绝、孤悬山顶的寨子，离利川市约80公里，距谋道镇约20公里，寨下溪谷海拔700米，寨上村庄海拔1150米。鱼木寨南面以一条不足两米宽的山梁与外界连通，有坚固的寨门把持，石砌的寨楼高6.4米，前宽4.6米，进深5米，后宽8米；鱼木寨北面下山的台阶凿于悬岩上，俗称"手扒岩"，手扒岩步距0.5米，共32步，每步为新月形的石穴，石匠也许是把毕生的期盼凿在这儿了。过了手扒岩，就是三阳关了。人在三阳关内，不见关外的路，人在手扒岩下，不见岩上的关。除此之外，第三条道路更奇更险，人称"亮梯子"。"亮梯子"在寨东的绝壁上，共28级，长达60米，每级用长1.5米、宽约0.4米的条石，半插在岩壁凿出的石穴中，一半悬空。攀登亮梯子，从下至上，如同垂直的悬梯，望一眼也会心惊肉跳。垛子的底部，有两道长约200米、高5米、厚3米的石砌寨墙，突兀峥嵘，雄浑古朴。寨门城墙曾于清嘉庆年间予以修葺。依凭如此险绝的地形，平安度日，真是有"不知有汉、无论魏晋"之叹。

鱼木寨内，良田菜畦33万平方米，花木掩映檐牙飞角，奇洞异穴清溪长流，石板小径环绕多致，"九道拐"两旁，古木参天，怪石嵯峨。鱼木寨的豪华墓葬不仅清江流域罕见,更是武陵山区一绝。可惜第一号杰作已在“文革”中被夷平,但遗存者仍然表现了当地石工的精湛技艺。寨内墓碑多为牌楼式,形态丰富,雕饰华美精巧,题刻、铭文、墓联,不仅辞藻华赡,而且书法工整,比之全国的墓葬艺术,鱼木寨亦当列为上品。

鱼木寨的老房子“六吉堂”,始建于清末,1920年竣工,是四合院式的吊脚楼建筑，占地1000余平方米。六吉堂的中心院坝和四围阶沿都用规则的条石铺就,堂前还有可作为戏台的抱厦。抱厦高出院坝1.5米,正中有石阶,两侧雕饰为山水人物,左右石阶壁各嵌长4米、高1米的石刻一通,正楷阴刻《南阳柴夫子训子格言》,至今完好无缺。鱼木寨现有居民600余人,土家族和苗族、汉族都有。

鱼木寨四周,群峰参差逶迤,烟云飘荡,苍翠漫流,田畴起伏。鱼木寨的往昔,星星点点洒落山涧。相传鱼木寨原名成家寨,属龙阳洞谭土司管辖,明朝万历年间,石柱马土司围攻谭土司于成家寨,久攻不下。围困数月之后,谭土司派人从寨东的岩洞口向寨下抛掷活鱼,有的活鱼竟落在马土司营帐前的树丫上。马土司叹道:“欲克此寨,如缘木求鱼。”于是,撤围退兵。从此,成家寨就改称鱼木寨了。世事沧桑,寨门、寨楼、手扒岩、亮梯子等等所凝结的心智、血泪,甚至生命已经归于默默无言。土司制度作为一种落后的政治体制,在这一方土地上结束已逾两百年,但因为这种体制而成就和保存了一种建筑风格、生活方式,土家人也算是因祸而得福吧。

李氏庄园 在利川市柏杨区的水井乡,有一处典型的土家庄园建筑——李氏庄园。庄园建在山腰上、悬崖旁,气象峥嵘,颇有“画栋朝飞南浦云,珠帘暮卷西山雨”的意趣。李氏庄园北为齐岳山,南为寒池岭,东为尖刀观,西为九龙关,四围雄险,四面画屏,朝飞暮卷的热闹,西岭残雪的冷寂,诉说着人与自然之间千丝万缕的亲缘。

李氏庄园始建于明末清初,原为土家黄氏旧宅。乾隆年间,岳州汉人李廷龙迁居利川,始为小商,终成一方巨富之后,吞并了黄氏古宅,改建为李氏庄园。经过李氏六代后裔不断地扩建,20世纪中叶已多达24个天井,174间房屋,建筑面积达6000余平方米。庄园西南为黄氏旧宅,纯木结构,古朴素雅,东北部分为李氏扩建,砖木混用。庄园内厅堂与天井疏密相间,曲折互通。

庄园的西南,还有李氏祠堂。祠堂始建于道光二十六年(1846年),落成于道光二十九年(1849年),建筑面积3800平方米。祠堂有大殿三间,两厢房屋66间,分设讲堂、族长住房、执事住房、银库、账房、仓库,等等,宗祠的左、后、右三方为一圈400米石砌围墙,围墙与宗祠之间是黄氏墓地和园林。

宗祠的东墙外,蜿蜒而下72级石阶,便是大水井。井水四季不枯,可供庄园和祠堂用度。1930年,川军贺国强率部千余围攻李氏庄园和祠堂,双方僵持三月之久。后来贺国强围祠断水,李氏无奈开门妥协。事后,族长李盖五采纳贺国强建议,扩建围墙,将水井圈入庄园。现今墙外仍存李盖五所书“大水井”三字石刻,从此庄园和祠堂俗称“大水井”。如若立于宗祠墙外远眺,只见断崖凌空,山势开阔。“大水井”天助人力,地长神气,几百年的风雨侵蚀冲刷,虽然是遍体鳞伤,却风骨犹存。

巴人梦沉景阳关

与声名赫赫的阳关、玉门关相比,清江流域的景阳关如同荒村野渡,汉赋中没有,唐诗中没有,宋词、元曲中也没有。

景阳关千百年来似乎就这样平静如水,安然如山,但平静中却并不是心若死灰。遥想战国时代的巴人,东扩挫于楚人的强大,西迁吧,蜀人、秦人也不是好惹的,更兼之山重水复,野兽肆虐。清江一线的巴人似乎认命了。

景阳峡是如此雄奇壮阔,以至于张良皋教授认为其绝壁不仅在高度上超过瞿塘峡,而且景阳峡都是双面绝壁,徜徉其间,平添愁怅和慨叹。如若不论江面的开阔和波涛的壮阔,景阳峡足以补偿我们失去的天然原始的瞿塘峡。

景阳峡江水澄碧,岸际高地,村寨毗连,陂陀相环,盛产优质玉米,素有“金建始,银利川”的美誉,与沐抚相比,景阳峡生态良好,树木繁茂,生机盎然。

清江流域五峰境内有渔阳关,巴东有野山关,利川有南浦雄关,宣恩有东门关,等等,关卡总是象征着不太平的往昔。景阳关的意义,首先在自然风光卓绝独特,依次是历史遗存,文化含量,民俗风情。

站在建始县境的景阳河镇北望,只见沧桑古道,一丸青天。山间云际,石阶蜿蜒之中,景阳古道曾经的喧嚣,随着国家一级文物——双虎钮錞于的出土,向我们隐隐约约地展开。

战国时代,巴文化处于分化、改造和创新的阶段,进入两汉之后,其文化面貌已经脱离了早期的雏形，代之一种新的面貌出现，这是一种以虎钮錞于为代表的文化。錞于的出现，告诉我们——这一方土地上以陶器为生活主要器皿的时代转向了以青铜器为主的时代。景阳河的錞于告诉我们，这一带乃东汉时期巴人的政治文化中心。汉风汉雨飘逝在关卡上，隐没几许沧桑，几许风韵。

1977年，景阳河格子桥乡出土的双虎钮錞于，时代为东汉，此錞于器身修长，中空，横截面为椭圆形，上大下小，肩部隆起，自肩而下直到口部，为椭圆筒状，盘底有凸弦纹和凹方格纹，盘中立两虎，两虎之间有一栓，栓上有环，腰身下陷，尾部微翘之后再下垂，末端复又上卷，双虎形态勇猛威严，神情飒爽振奋。双虎钮錞于器身通高55.5厘米，肩径29～34厘米，虎长19.2厘米，虎高8.5厘米。双虎钮錞于全国出土极少，目前仅知湖南省博物馆收集1件，施恩市内出土1件，形制小于景阳河出土的錞于。景阳河的双虎钮錞于是錞于中的珍品。

景阳河山势高峻，山脉绵延，土地肥沃，具备良好的生态环境。土家先民年复一年繁衍生息，开拓进取，从渔猎经济到农耕经济，时值今天，已逐渐打通与外界的交通与信息渠道。这一地区的文化特征，强化了自然风光的人文色彩。景阳河北岸有凤凰观，南岸有青龙寺，可惜现已不存，但凤凰观址下的石壁，有“利涉大川”的题刻，豪气尚存。

由中央民族大学出版社出版的《土家族研究丛书》，将景阳关出土的双虎钮錞于置于丛书的封面，景阳关抖落尘埃，竟然是如此的光华可鉴！

妩媚如幻长阳峡

长阳峡是五百里清江最美丽的一段，两岸奇峰错列，溶洞密布，古树拔地横江，藤蔓悬垂飘拂，急流处飞雪千叠，恬静处水阔天开。长阳峡的伴峡、巴山峡、平洛峡精彩纷呈，山清水秀之间，风光舒展。

古老的传说　志乘所载，父老相传，位于长阳县城西30公里的都镇湾武落钟离山，就是古佷山，是五姓巴人的发祥地，是土家人的祖山。武落钟离山位于清江南岸，是隔河岩库区的第一大岛，山上五峰并立，四面环水，海拔384.8米，主峰名为“盔头岩”，其山石嶙峋，形如古代战将的头盔。据说当年廪君就是站在盔头岩顶接受五姓巴人朝拜的。盔头岩的石缝中，多生兰花，花有异香，开春秋两度，冬季结果，人称“廪君兰”，也有人称“盐水兰”。“盐水兰”和“虞美人”一样，寄托了古今百姓对女神的追悼和哀怜。

据秦嘉谟辑补本《世本》所记载，廪君在武落钟离山被拥立为巴务相之后，率部落乘土船沿清江至盐阳，盐阳的女首领盐水，倾慕廪君，对他说：盐阳广大，盛产鱼盐，愿君与吾在此地长相厮守。可是廪君不同意。盐水无奈，夜里到廪君船上同宿，晨旦即化为飞虫，与诸虫群飞，掩蔽日光，天地晦冥，江面混沌。十余日间，廪君不知东西，犹如困兽。廪君率部落西迁的雄心，终未被盐水消磨殆尽，他令随从送青缕给盐水，并说：此巾与你相得益彰，你将美如天边的云彩。盐水欣然佩之。廪君立即拉弓搭箭，应青缕而射之，盐水倒在血泊之中。廪君杀美人而夺江山，血淋淋的爱情故事在清江伴峡流传百年千年。

1984年，武落钟离山顶重建向王庙，向王庙坐西向东，庙里供奉廪君和盐水的石像，庙门有联云："赤穴掷剑务相不负武落意，夷水浮舟廪君自存难留情。"古廪君杀美人而夺江山的抉择，为美丽的清江水染一层历史的凄怆与悲凉。

武落钟离山上，还建有一座德济亭，传说德济娘娘就是盐水女神。这个传说，恐怕是后人的牵强附会。廪君和盐水没有选择夫唱妇随的人间佳话，最大的可能，是武落钟离山五姓巴人认可和爱戴的德济娘娘先入为主。廪君和盐水之间，从开始到结束，就远远不止是男女私情。在盐水的家乡古盐阳，曾建有香火炽盛的盐井寺，盐井寺的一切，都与廪君和德济无关。历史是残酷的，人心是记仇的，仇怨往往千古难消。如果任何的心结都能够随时间烟消云散，民族的历史还是那么沉重和苍茫吗？

平洛峡　从武落钟离山浮舟东下，经膀子石即进入平洛峡，这是清江入长江的最后一峡。因为清江隔河岩库区的形成，平洛峡已经变得波远浪遥，水照山姿。清江北岸的巫灵山与南岸的马鞍山遥相叠翠，岫岚缥缈，往日的平洛河、居溪、小麻溪、松园坪等等与清江河谷融为一体，洋洋江水，澄碧平湖，烂漫烟波，桂棹兰桨，银鸥花雾……昔日的穷乡僻壤，已颇有江南水乡的风姿神采。平洛湖的正南端，就是闻名中外的"长阳人"化石洞。诗人贺敬之叩访化石洞时，曾留下这样的诗句：

此行此生记长阳，
山长水长情谊长。
青山多见巴人迹，

少年还唱贺军长。
歌向何处路何往，
心同亲人话衷肠。
勿须停杯问生地，
长阳亦是我故乡。

由平洛峡下行5公里，就是清江的第一道集水电、航运和防洪于一体的水利枢纽工程——隔河岩大坝。大坝于生态、环境的功过是非众说纷纭，但清江水利枢纽梯级开发工程，为清江流域的经济发展带来了新的机遇，水位升高，为清江中上游的航运提供了可能。“数峰围绕云连岫，一水弯环花满川”的长阳峡，如若凭借水电资源和旅游资源，告别贫穷落后又何尝不是幸事呢？

巴山峡　由武落钟离山乘船西上，经鸭子口、马连、长滩，就是巴山峡。巴山峡沉雄壮丽，陡岩峭壁，悬泉空洞。巴山峡自古属咽喉要津，传说为巴人的前方要塞，是楚巴相争的历史见证。六朝时，曾设巴山县，巴山一名，沿用至今。清人刘斌儒曾写一首《巴山赶峡赴资丘口号》云：

鼓棹过唐县，
频嗟天堑开。
江山六朝地，
风雨一舟来。
雪影鱼飞乱，
涛声虎啸回。
苍茫念兴废，
资郡问遗灰。

长阳、五峰两县，春秋战国时为巴国境。秦时隶黔中郡。西汉时置佷山县，隶武陵郡，东汉改隶南郡。三国、晋、刘宋隶宜都郡。隋代改置巴山、盐水县，隶清江郡。唐武德元年改为长阳县，属江川，长阳县名沿用至今。历史的记忆点点滴滴，隐约而又清晰。

土司时期，“蛮不出境，汉不入峒”的禁令中，巴山峡是一处重要关口。有巴文化“活化石”之称的跳丧习俗，主要保留在巴山峡以上。

关于巴山峡，清代诗人彭秋潭有诗云：“巉岩峭壁对巴山，一洞清幽取江攀。

洞口龙盘洞里塔，门前更有水潺潺。”山川之美，古今共羡。巴山峡的高山突兀而立，悬崖连仞千尺，古藤苍苍，江水在大山的夹峙下缓缓东流。杜鹃花盛开的季节，一团团，一簇簇，一片片，花影飘在江中，山鹰在江面上盘旋，鱼儿在水中穿行。

一年一度的清江排汛一到，从恩施下来的木排，人们通常叫它“恩施排”，恩施排经盐池河，过白水垭，经渔峡口，过簸梭滩，直扑资丘的向王滩，再几经颠簸，当江而下，一头扎进西湾首尾相连的大、小猫子滩，木排似野马脱缰，一昂首，跃过虎牙似的山嘴，一摆尾，推开了拦路的礁岩。转眼间，波不翻了，浪不涌了，木排前面一汪碧水，这便是巴山峡的入口——牛马巷。从牛马巷入巴山峡，排工搏击浪涛的喧嚣和粗野的叫骂平息了，排工们耳边龙吟虎啸般的波涛声沉静了，排工们面前劈头盖脸的风浪不见了。秀水清波、泱泱碧澜中，老排工点燃清香提神的兰花烟，年轻的小伙子站立排头，大声吆喝着，一声声空谷传响……木排静静地流，仿佛不是在水中，而是在一片玻璃上滑翔。

从江边下船攀缘直上40米，可达巴山峡的巴山洞，从巴山洞洞口下行10余米，有一条宽3米、长150米的地下河，火光中暗河如翡翠，绿色的柔光染透洞壁。原来巴山洞洞中，密布硝缸、土灶、灵位，硝缸多达900余口，洞深达3000余米。洞口500米的大厅中，并立两座钟乳石塔，左塔高50米，直径达3米，右塔高30米，直径2米，两塔相距仅3米，当地人称之“夫妻塔”。

巴山洞附近的分水溪洞内，也有许多硝缸、土灶。硝缸呈圆形，堆立于洞内，大小各异，像窑洞中的圆柱形陶器，最高约3米，内宽不下2米余，硝缸四壁光滑，洞内硝土堆积如山。这两洞仿佛是两座火药加工厂。据当地年逾八旬的老人赵圣刚讲：洞中熬硝造火药，相传已有上千年的历史了。这一方“禹王治水何曾到，熊绎开荆未必知”的土地，究竟还有怎样神秘莫测的过去呢？

伴峡 过了巴山峡，就是群山嵯峨、岩崖逼仄、神秘古老、沧海桑田的伴峡了。

长阳峡的美艳，尤在伴峡。伴峡位于长阳县渔峡口镇，距县城140公里。从招徕河村的山顶直下三级瀑布，穿过一排老房子夹峙的石板街，一片开阔的空间袒露，闪着青辉的卵石滩上，镶嵌一带如丝的碧流——这就是清江。站在卵石滩上北顾，一条晶莹的小溪斜刺里奔来，搅着漫着，眨着艳丽妩媚的眼睛，这就是招徕河。招徕河、外村里，是两处春秋战国时期的文化遗址，经考古发掘，发现有鬲、罐、豆一类陶器。民间传说招徕河是盐水女神招来廪君的地方。盐水女神能歌善舞，美艳绝伦，她思慕下游的首领廪君，盼望终成眷属。可惜盐水费尽心机，用尽法术，最终却香销玉殒。但是盐水留下了招徕河这个地名，留下了“清江伴峡，女人当家”的习俗。土家族的其他地区，“女人当家”被戏称为“火灶打在堂屋里”，清江伴峡一带，特别是招徕河、盐池温泉等地，女人当家好似天经地义，母系社会遗风绵延至今。

视线循清江而上，刚及峡口，此处的空间突然瓶口般紧缩，这就是伴峡的入口：当峡的两座山峦，俨然一对屏蔽江流的峡门，也似一对情侣越过千山万水匆匆来会，临近了，定睛凝视，顿生羞赧……因此当地百姓又称此处为“郎姐把关”。

划小船进了伴峡，逼仄的天，湛蓝的水，两岸的青山或峻拔，或倾仰，或溜光圆秃，或摇摇欲坠。岸际一边是青苍荆棘，一边有崎岖小径贯穿。晨雾淡淡，一抹日出前的霞辉洒来，岩面的灰白、橘红、柠黄、深黛层层叠叠，高崖拔地耸天，陡峭光滑，人称“照面岩”，传说盐水曾在这儿梳妆打扮，顾盼之间，天地动容。如若盐水招来的不是雄心冲天、壮志凌云的巴务相，而是随遇而安的如意郎君，传说又当如何呢？

此情此景，若能枕琴囊，读诗文，纵逸志闲情，遣忧愁烦闷，人生的乐趣岂不是享之不尽耶？

也有人说，游伴峡莫若游伴峡的洞，最有名的是狮子洞、和尚洞、温泉洞。七里伴峡有“三望”，一望薄刀岭，二望狮子洞，三望盐池洞。

“一望”薄刀岭，山势如屏，以山岩瘠薄如刀而得名，远眺薄刀岭，一派巍巍然，莽莽然，苍苍然，上矗云际，下驻江皋，天工神力，这是青春少年喜欢的地方。

“二望”狮子洞，在陡峭的裂岩上，生一个不方不圆的洞窖，洞口雄踞一头岩溶凝成的巨狮。它的四腿蹬张，昂首欲跃，可笑的是狮腿胯下一股银练似的清泉缓缓流出，难怪当地百姓又称此景为“狮子屙尿”，名字虽是粗俗，却也生动形象。神奇的是：无论山洪暴发，还是天旱数月，泉水不增不减，依然如故。这儿是中年人喜欢的地方。青春已逝，雄心尚存的年龄，不强说愁，也不强求雅，更不奢望惊天动地。

从狮子洞再上溯200米，便是伴峡的又一处洞穴——和尚洞。系舟登岸，一路拔荆撩棘，牵藤扶葛，攀至洞口，便可以发现这儿不是洞穴而是“礼堂”。和尚洞的前厅能容1000余人，高阔数丈，更奇妙的是一声轻歌，回音四壁，简直是天然的扩音设备。“文革”期间，这儿冬暖夏凉，当地村民常在这儿开会。和尚洞纵深百米处，道路略向左倾，洞口骤然变小，光线暗下来，再前行几十米，洞面抬高，脚下变成嶙峋的岩石，透着亮光，可见拔地而起的石柱，石柱龙骨虬枝，旋转腾挪而上。再一细看，原来有两根巨柱，互相对称，粗细高低如同孪生，形似地下宫殿的一对盘龙柱。

两巨柱中间，有一座人工石砌的坟冢，传说坟冢中安眠的是太平天国的一名将领。太平天国大势已去，将领只身突围，流落到清江的伴峡，遂隐姓埋名，落发为僧。和尚曾与乡民友好相处，圆寂时，嘱托乡民：生不与鞑虏共日月，死不与清廷共天地，请葬老衲于伴峡岩洞之中。后来，乡民发现和尚遗诗三首，其中一首为《清江吟》：

峰峦重叠锁天骄，
钱塘一怒脱练逃。
冲破群山无拦阻，
叠成险滩逐浪涛。
更欲天公挥天斧，
江成清流傲清高。
追上长江东流去，
沧海一跃归老巢。

此洞因此而得名。从坟冢复又向左延伸，再前行，一坝巧夺天工的“琼田”迎面而陈，由低而高，等级扩展，最顶层面积竟达 300 平方米，田埂也有 1.5 米宽。更有趣的是琼田呈莲花瓣，色白俏丽，纹理细腻。巡视这喀斯特地下奇观，不能不惊叹大自然的奇奥迷幻。人世沧桑，如果红尘俗事苦不堪言，到伴峡的和尚洞消磨残生，青灯古卷，木鱼声声，不失为上乘的选择。这儿是厌世之人喜欢的地方。

出了和尚洞复又踏浪清江，“三望”温泉洞便在眼前：温泉洞位于清江北岸，高挂悬崖，遥瞰清江，形若鲨嘴，雄镇“三望”。温泉洞以附近的盐池温泉而得名。温泉洞的厅堂高 10 米，宽 50 米，纵深 100 余米，厅后有座溶岩塔，其一透身光洁，华丽妩媚，名曰“盐水出浴”；其二下半部分似鼓座，上半部分若浮云，亭亭如伞，名曰“宝盖护銮”。其他小溶柱、溶桩，难以计数；洞壁的“溶瀑”流痕仍在；洞顶的钟乳，倒挂如林，或虎爪、或犬齿、或牛耳、或猪舌、或宝剑金戈……这儿是不是盐水女神当年的仙居呢?

盐池温泉也在清江北岸离江面20米的岩坡上。天然的温泉面积约五六平方米,池堤也是天然的岩石,高约半米。泉水从池底岩隙涌出,浴池上热气蒸腾,云雾缭绕,温泉终年水温42℃左右,冰封雪飘的日子,温泉周围10米无积雪寒冰。自古以来,盐池温泉仿佛天然大澡盆,当地流传这样一首打油诗:

长阳盐池有奇闻,
家家没得洗澡盆。
天生温泉古今用,
代代不生皮肤病。

经检测,此处温泉含硫黄、氟、溴,对伤风感冒、风湿痤疮、白斑湿疹、皮炎头癣等有一定疗效。盐水的后代视盐池为圣地,曾经在盐池河边修建了九十九重庙宇,盐井寺屡毁屡建,明末清初的一场大火之后,只残存垣壁、石虎、石柱、石凳、高大的菩提树等,隐约还能窥见盐井寺当年的巍峨堂皇。

由于隔河岩水利枢纽工程的兴建,盐池附近出土了大量的铜钲、巴式剑、巴式矛、虎钮錞于等等文物,这些文物诉说着爱情之外的主题,诉说着千百年前巴人厮杀角斗、血流成河、马革裹尸的往昔。盐水命殒廪君之箭的一霎那,血泪成碧石,鬼神没苍穹。盐水女神的一腔热血仰天一倾,多少颗女儿心从此之后对婚姻、对爱情总是心存余悸,难以释然。

(二)史影迷离

廪君盐水的爱情谜底

传说廪君生于夷城,死于夷城,并葬于夷城附近的白虎垅。白虎垅紧靠香炉石北,是一座向北延伸复又向西转弯的弧形山岭,长约7公里,状如虎踞,山势险峻而开阔,既可俯视清江,亦可细观香炉石一带。白虎垅位于盐池温泉与武落钟离山之间。

白虎垅的山岭上,两座岩崖一高一低,北面低的叫小寨子,西面高的叫大寨子。小寨子岩石堆叠,石穴无数,这些石穴颇宽大,足以栖身。大寨子四壁险崖,仅有一条不足五尺宽的石缝可以攀登。大寨子的最高处形如巨虎的脊背,虎脊上嵌着突起的石纹,石纹酷似虎皮斑。这些斑纹是天然的,还是几千年前人工凿成的？作为廪君的墓地，我们宁愿信其后者。

清江一泓，洞天窈然。吮天地之灵的廪君，斩关夺隘，率部西迁。廪君与盐水的传说，在长阳一带广为流传，人们立庙建寺，供奉男女两位神像，男的称为向王天子，女的称为德济娘娘。清道光《长阳县志》云："向王旁塑女像，俗称德济娘娘。始乃盐水女神。"清咸丰《长阳县志》也云："廪君……世俗相沿，但呼为向王天子。"民间传说廪君率部落来到盐池温泉，盐阳部落的女首领对他一见钟情，天真无邪的盐水女神献出富饶广大的盐阳，献出了毫无防犯的自己。她最大的愿望不过是与廪君在鱼盐所出的富庶土地上繁衍生息。美景美人并未消磨廪君的雄心壮志，盐水女神费尽心机终也没能阻挡廪君西迁的步伐。盐水的热烈浪漫和天真淋漓，廪君的慷慨豪情和冷酷果断，在清江两岸传说纷纭繁复，绵延可观。

盘古开启，世事沧桑，从19万年前的"长阳人"到4000余年前的巴务相赤穴比剑，夷水浮舟，射杀盐水，撩开民间传说的温情面纱，历史的真相究竟怎样呢？

从考古学的角度而论，廪君时代对应的是大溪文化到屈家岭文化的过渡时期。关于屈家岭文化时期的社会性质，有关专家认为已进入父系氏族社会。大溪文化是长江三峡地区与清江流域的原始文化，据碳14测定，距今5000—6300年。廪君是清江流域从传说时代过渡到文明时代的关键人物，他出生时还居住在自然山洞里，属于穴居野处时代。廪君君临夷城之时，不仅居有定所，而且国家的雏形也开始显现了。

西汉刘向的《世本》记载：廪君率部族"乘土船从夷水至盐阳。盐水有神女谓廪君曰：'此地广大，鱼盐所出，愿留共居。'廪君不许。盐神暮辄来取宿，旦即化为飞虫，与诸虫群飞，掩蔽日光，天地晦冥，积十余日。廪君不知东西所向，七日七夜。（廪君）使人操青缕以遗盐神，曰：'缨此即相宜，云与女俱生，宜将去。'盐神受而缨之。廪君即立阳石上，应青缕而射之，中盐神。盐神死，天乃大开。"这个凄怆的爱情故事在清江伴峡一带世代相传。廪君完成了清江流域从母系社会向父系社会的历史演进，在清江流域建立了定居点，征服了盐水部落之后，在清江流域巩固了统治地位。廪君在清江流域的地位竟然千百年来坚不可摧。究其端的，关键是清江流域的生产方式仍然没有告别渔猎生产方式，虽然农牧经济不断发展，但渔猎方式一直没有退出历史舞台。采集、渔猎生产方式、农牧业生产方式、工业生产方式在现今的清江流域，以共时性的面貌呈现在我们面前。

据《世本》关于盐水女神的记载可知，廪君时代已有手工业生产方式存在了。廪君送给盐水的信物“青缕”无疑是染色的麻织品或丝织品，大概相当于现在的披风或围巾之类。盐水欣然受而缨之，表达了她对先进的生产方式和文明的向往。清江流域的屈家岭文化遗存，表明廪君所遗“青缕”之事不虚。彩陶纺轮的出土，证实了《世本》所述史实的可靠性。

廪君与盐水之间赤裸裸、血淋淋的爱情故事，说明男人当时已经聚集了相当的实力，盐水的失败，是历史进步的必然。可是，这个爱情故事给盐水故乡的女人留下了无法弥合的心理创伤。清江伴峡的“女人当家”习俗，婚俗中的哭嫁、抢床等习俗，隐约诉说着盐水当年爱情悲剧的隐隐痛楚。

清江伴峡透出幽怨的蓝，凄怆的蓝，蓝得像美人在低泣呜咽。特别的爱情信物“青缕”，飘逝在清江的伴峡。盐水女神妖娆开放，质朴烂漫。清江如果没有盐水女神，那真是莫大的缺憾；清江如果没有廪君，盐水女神又怎能艳冠千古呢？清江流域的大溪文化和屈家岭文化，因为廪君和盐水而变得有声有色，熠熠生辉。这是清江的黄金时代，文明的曙光到达这里，几乎与中原地区同步，清江流域的白虎图腾独立产生，独立发展，千百年来不受黄帝部族的影响和同化，实在是难能可贵。民族文化是各种互相作用的文化要素：工具、信仰、习俗等等组成的河流。在相互作用的过程中，每一要素都影响其他要素，反过来又受其他要素的影响。但是，没有人就不会有文化。廪君和盐水的意义，也正在这里。土家族遍布川、鄂、湘、黔地区，幅员辽阔，土家族的族源，众说纷纭，无论同源异流说还是异源同流说，彼此都有相当的依据。不能否认的是：清江一支相对来说，更古老、更纯洁、更执著。

改土归流

改土归流就是将湘鄂渝黔土家族地区始于宋元交替时期的土司司主世袭制，更改为中央王朝委派流官制度。

改土归流是土家族历史上划时代的政治变革，对土家族地区的整个社会形态产生了深远的影响，它标志着土家族地区封建奴隶经济的消亡和封建地主经济的兴起，改土归流相对减轻了百姓负担，解放了生产力。它打破了土家族地区数百年封闭落后的状态，使汉文化在土家族地区广泛传播和广泛渗透。儒家思想,鸦片战争,民主革命百余年间影响了土家族地区的社会状况。

清初,清王朝承明代旧制,对表示归顺的各地土司准其袭职,但土司世袭制终究是中央王朝对边远少数民族地区鞭长莫及的权宜之计,本质上与中央集权制度是根本不相容的。清雍正年间,清王朝的统治相对稳固,国力相对强大,废除土司制度,推行中央集权的委派流官制度,就显得刻不容缓了。另一方面,落后的土司制度也逐渐制约社会经济的发展,改“土”归“流”也成为历史洪流所向。于是乎,清雍正五年(1727年)起,清王朝采取剿抚兼施、恩威并用的策略,开始在土家族地区废除土司制度,雍正十三年(1735年)土家族地区的“改土归流”基本完成。清江流域长达800年的土司统治,从此结束。

湘鄂渝黔土家族地区的羁縻政策,萌芽于西汉,唐宋时期羁縻政策得以正式推行,宋元交替,州县羁縻政策逐步发展为土司制度。土司制度与羁縻州县制度的区别在于:松散的统治衍变为较严格的控制,土司的承袭、纳贡、征调等政策方面,朝廷确立了严格的规章制度。土司的承袭,有其深远的历史根源,在土家族漫长的民族生存中,历来自相君长,不仅如此,他们大多数司主都视中央王朝的德政盛衰,兵力强弱,应之以叛服无常。这种“自相君长”的传统,成为土家族世授世职的政治基础和文化基础。

土司制度的经济基础,是封建农奴制度,土司辖区内的土民等同农奴,土民没有土地,不仅要为土司无偿劳役,而且还要无条件充任兵役。土司制度军政合一,耕战合一,大小土司之间旷日持久的争斗兼并,磨砺了各土司土兵的战斗力,其骁勇善战的民族性格在明代的东南倭乱中,再一次彰显无余。

明嘉靖二年(1523年),日本大内氏与细川氏两个家族的贡使在宁波滋事,继而肆行焚掠,从而拉开明代东南倭乱的序幕,嘉靖三十一年(1552年)至三十五年(1556年)达到高潮。嘉靖三十三年(1554年),兵部尚书张经受命总督讨倭军务。张经面对朝廷官军屡战屡败的困境,审时度势,奏请征调湖广“土兵”和广西“狼兵”。湖广“土兵”的三支劲旅保靖土司、永顺土司、容美土司踊跃赴调,相继开赴东南前线,他们协同作战,连战皆捷,历时五年余,终于荡平了江浙的倭寇和海贼。湖广“土军”为了保卫东南海疆,不惜往返万里,甘作殊死之战,成为当时明王朝治国治军的一大特点。此时,汉族和土家族的政治联系,较唐宋羁縻时期,得到了进一步加强。清江流域的土司,最盛时共大小三十一个,官品最高者为宣慰司,其下依次为宣抚司、安抚司、长官司、蛮夷长官司。土司辖区囊括了今天的鹤峰、五峰、宣恩、来凤、咸丰、利川,而恩施、建始、长阳、巴东清江两岸的局部区域亦属土司领辖。

唐崖土司 土司官职的升降,往往结合战事胜败,唐崖土司元代有军功于朝,以武略将军授宣慰使世职,直到洪武四年(1371年)随廖永忠征蜀失败,降为安抚使,后又因多叛,洪武七年(1374年)降为长官司。明天启年间,唐崖土司司主覃鼎奉诏讨伐奢崇明有功,擢宣抚使。覃鼎夫人田氏颇有才识胆略,朝峨嵋山时带回一批工匠,经过几年经营,唐崖土司城盛极一时。当时全城东西2500米,南北2000米,有东西南北四座城门,城内有三街十八巷,有佛寺,有书院,还有跑马场和万兽园。唐崖土司城中的牌坊是现存土司城中的文物精华。牌坊建于明天启年间,用当地砂质石料建成仿木一斗三升式房檐结构,屋面雕饰筒瓦状,翘角飞檐,牌坊中高6.8米,边高5.8米,宽8.03米,四根石柱,前后以云卷纹的面石装饰扶柱,正门上额刻写天启年间四川总督朱燮元题写的"荆南雄镇、楚蜀屏翰"八个大字,两侧有题记年月,前为"钦差总督四川兼湖广荆、岳、郧、襄、陕西汉中等府军务策缓总粮饷,巡抚四川等四方兵部左侍郎兼都察院,及佥郡御使朱燮元立"。后记为:"湖广唐崖司征西蜀升都司佥书兼宣抚司宣抚使覃鼎立,天启四年正月吉旦"。

唐崖土司城遗址上的遗迹分布,延续了元、明、清三个朝代,城址面积60万平方米,位于今咸丰县尖山唐崖司村,城址左有青龙山,右有白虎山,后有玄武山,前有唐崖河。城墙以自然石块稍加工垒砌而成,保存有1米以上,临河一面保存较完整,高达2.5米,城基宽3.2米,原城楼宽6米,长7米左右。城址中的街巷至今整体可见,街面以长2米、宽0.3米的条石铺就,曲折蜿蜒,顺势连通。土司城内的文化遗物,主要有残瓦、陶瓷碎片、建筑石料残件,以及毁弃的建筑装饰,等等。

1986年9月,当地农民在衙院后发现一枚"永宁卫前千户所百户印"和一枚"唐崖长官司印",永宁卫百户印重1100克,阳文篆书,背面无题款年月,印面正方形,长宽7.1厘米,厚1.8厘米,此印很可能是唐崖土司随征奢崇明时的缴获品。唐崖长官司印重650克,长宽6.9厘米,印面正方形,背面镌刻"周元年十二月礼部造",边沿小字为"于字二千三百四十四号","周"为吴三桂国号,周元年为清康熙四年，公元 1665 年。清代初年的唐崖土司覃氏，曾与吴三桂的部下有密切关系，这枚“周”国土司印不见于史志记载，可能因为不敢使用而埋藏。

唐崖土司的王坟在城北的高坡上，现仅存墓葬的石室建筑，石室建筑宏大华丽，墓前有宽敞的八字形拜祭台，平铺规整的石块，并有雕花石护栏。整座坟墓以石建构，内有四室，外有廊、廊顶以石雕饰成藻井花纹和斗拱结构装饰，一斗三升式，室内设有棺床，四室之间有窗棂互通，室后设牌位龛，均由岩石雕凿成形。墓前建成重檐仿木结构，重檐雕饰筒瓦，脊顶以宝瓶和兽物装饰，整个墓室犹如房屋建筑一样精美，仅是墓室被土掩埋。墓门虽早已被打开，但现存的建筑格局及装饰仍不失为墓文化精品。唐崖土司传袭十八代，历时 460 余年。

唐崖土司的地位、级别在清江流域众多土司中并不彰显，但其土司遗址，却保存保护得最为完整，在湘鄂渝黔的土家族地区，恐怕只有湘西的永顺土司城能与之媲美。

容美土司　据《田氏族谱》记载：“东南四百里，至麻寮所界；东北五百里，至石梁、五峰等司，连天坪、长阳、渔阳关界；北六百里，至桃符口清江巴东县境界；其清江以外，插入县志，军政不与焉。（以军隶司而粮纳也）上自景阳、大里、建始县界；纵横又连施州卫界，西北三百里，大荒连东乡里；西三百里，自朱家关至林溪，连山羊隘界；南三百里，自石硅泉下知州连九女隘界，外插入慈利界；长阳、宜都等县田地与县民，例当差者，不与焉。”由此可知，容美土司的辖区几乎囊括了清江流域的中下游地区。容美土司田氏，是清江流域的三大豪门望族之一，其余两姓为向氏家族、覃氏家族。容美土司与清江流域的紧密关系，自五代后蜀的施州刺史田行皋计算，至今已有 800 余年的历史了。

田行皋是清江流域鼎鼎大名、功勋显赫的历史人物。他的生卒与生平，多被后世的《田氏族谱》和地方志予以载录。《资治通鉴》卷二八九、《十国春秋・后蜀记・本记》记载，田行皋在五代后蜀中任施州刺史，曾背叛后蜀，希图投靠荆南高保融，高保融不信任叛臣，将其归送后蜀孟昶，田行皋则被孟昶以叛离罪诛杀。

20 世纪 80 年代末，在巴东县野三关发现了一块民国三年的碑刻，碑刻记述了田行皋的事迹，并转录了另一块早期碑文的内容。碑文云：“唐明宗二年，岁次甲辰八月，□□□□八月戊辰。竭节忠义功臣，银青光禄大夫，检校尚书、右仆射使、持节印溱、万洲诸军事、守溱州、万州刺史兼御史大夫上柱国田行皋。谨因社节亲往,差人往百渡溪、龙潭口迎娶此石乳仙人壹躯,同时迎送。建立社坛。内永为春秋二祭,长乞护卫一方生灵,威乞安泰,行皋伏愿子孙昌盛,爵禄日新,所求称遂,更不繁文。”由此可见,田行皋在野三关修建家庙,与他任施州刺史的时间仅前后相距两年,也就是说,田行皋的祖居地就是野三关一带。田氏在明代、清代、民国都有修谱之事,分别为嘉靖乙酉年(1525年),雍正三年(1725年),乾隆三十七年(1772年),咸丰八年(1858年),民国三十年(1941年)。从田行皋起至田旻如止,世为容美土司。

据鹤峰县一块乾隆三十年(1765年)的碑刻,田氏在此地“相传一十九代土司”,容美土司在鹤峰县的文化遗址,重要的有中府、南府、北府、帅府、爵府、土城、细柳城、万人洞、万全洞、晴田洞、百顺桥、九峰桥、铁锁桥、龙溪桥、平步桥,以及一批土司墓葬。由于改土归流及“文化大革命”等等原因,容美土司时期的建筑已经荡然无存。现存最主要的遗物为明代司主田楚产天启元年铸造的“大日如来”一尊,铜佛重达1000斤以上,该佛精雕细琢,堪称工艺精美的艺术品。

据清代名士顾彩的《容美纪游》记载:土司中府“司治五门,无城有基,南门正临龙溪江,闾阎栉比,甃石为街……宣慰司行署,在南门内八峰街”。“宣慰司署,司堂石坡五级,柱蟠金鳌,椽栋宏丽,君所以出治者,堂后则楼上,多曲房深院。”容美中府遗址约20万平方米,细柳城遗址约1万平方米,土城遗址约0.8万平方米,爵府遗址约1.2万平方米。

容美土司时期的碑刻,保存至今的“汉土疆界碑”、“百顺桥碑”,有很高的史料价值,是土司时代的重要文献史料。另外一些重要的碑刻文字,大多毁于“文革”时期,能保存下来的碑刻,尤为可贵。汉土疆界碑,为雍正三年刻立。主要内容是为解决土汉之间的疆界土地争端,约定双方共同遵守的条款。碑刻现存五峰县的红鱼坪漂水岩和谢家坪的竹桥。碑刻尺寸大小两地相同,碑文内容亦同,文字曰:“湖广荆州府枝江县宜都营为吁请:宪恩斧断定疆界,以靖汉土事。雍正三年三月初八日,奉承准湖广湖北等处承宣布政使司正堂郑内开:本年二月初八,奉承准湖广湖北等处承宣布政使司兵部左侍郎兼都察院右都御使加三级在任守制杨批:该本司承请,查得土人不得擅买汉地,定例昭然;汉人亦不得越种土司之地,以滋事端。务期勘明,分守界限;庶可汉土相安……”

百顺桥,是土司第十九代司主田舜年在清康熙二十九年前往京城之后修建的。此时的田舜年春风得意，事事顺心，进京往返感慨颇多。百顺桥完工之后，司内兴旺，故勘碑勒石，以记其事。碑文云："山川待人□□□□□□□□□□□□，无才无德痴君子。自承先绪□□，凡祖功德□□□而未了之事，靡不次第举行。自丙寅岁《容阳世述录》刻行后，所有奉□中矣，丙寅后无闻也，（缺52字）况丙寅以后之行事，皆路经此桥，可见山川人力，夫□□祖需而有矣。舜自丁卯春（残23字）紫云宫皆廛市（缺14字），兹桥□始经石梁、五峰、水浕、深溪、通塔等处矣。丁卯之冬，先命二弟庆年、标员田克敦、向文宪等，率领军民安插于数处……"

汉土疆界碑和百顺桥碑文，使我们了解清康熙年间容美土司的下属组织机构和地域分布。以上碑文不见于正史和地方志，但碑文是关于容美土司领辖范围、任职官员、管理机构的历史档案，碑文为了解清江流域整个土司时代的政治、经济、军事等状况提供了不可多得的实证。由百顺桥碑文可知，容美土司在明末清初，辖区已经跨越清江，抵达北岸了。该碑文与《田氏族谱》互相印证，容美的辖区范围得以详细界定。容美土司在清初为宣慰司，其属下的小土司承袭，需要容美土司向朝廷呈报，甚至部分小土司的承袭，直接掌握在容美土司手中。

清王朝经过顺治、康熙、雍正的苦心经营，政权得以巩固，经济得以发展，但是西南少数民族地区的土司，客观上是封建割据状态，为了加强中央集权，为了经济发展，清王朝决定废除土司制度。鄂西清江流域是通往四川、云贵的咽喉，自古乃军事要地，中央王朝直接统治大西南，就必须清除腹地隐患。湖广总督迈柱完成了保靖、永顺、桑植三大土司的改土归流之后，把矛头直指鄂西土司之首容美。迈柱认为楚蜀各土司唯容美最为富强，容美富饶如同王侯，田旻如是鄂西众土司领袖。迈柱还认为鄂西各土司构怨兴兵，皆听命于容美；土汉犯法奸民，多潜藏容美，使各土司积案累累，终难完结。雍正十一年（1733年）十一月十一日，容美的末代土司田旻如自缢于万全洞中。从后唐明宗二年（927年）至此时，田氏守土长达800余年，历二十一位司主。

鄂西归流　田旻如自缢身亡，鄂西各土司十分恐惧。雍正十二年（1734年）四月，以忠洞土司田光祖为首，联合十五家土司到省城武昌的迈柱衙门呈请改土归流，并将各司烟户印册一并呈交迈柱，迈柱立即上奏雍正帝，雍正批准鄂西诸土司全部归流，并钦定了宣恩、来凤、咸丰、利川、鹤峰、长乐各州县名，将原隶四川夔州府的建始县拨还，特设施南府辖六县，鹤峰、长乐两县隶宜昌府。自此，鄂西土司辖区如汉族地区一样建政、建制，委派流官。随着世袭土官制度的废除，封建领主经济随之解体，土民摆脱了封建领主的人身依附关系，并拥有了一部分自己开垦的土地，这些举措在一定程度上解放了生产力，为经济发展提供了新的有利条件。

改土归流耐人寻味。显而易见，清王朝的少数民族政策优于明，胜于元。那么文化政策呢？政治与文化，政治与经济盘根错节的复杂关系，波及后世，余音袅袅。

（三）图腾与诗歌

清江流域的文化面貌，其风格和特征因为毋庸讳言的闭塞性和不可低估的开放性，呈现出既古朴自然而又世俗功利的奇妙景观。

氏族部落的文化氛围，千百年来困扰着清江流域的文明与进步，同时却也保护了清江流域的自然生态环境，保存了清江流域古老的文化生态环境。

执著的图腾文化

"图腾"（Totem）一词，为北美印第安鄂吉布瓦的方言，印第安语Totem源于Ototeman一词，意为"我的亲属"。从语源方面看，"亲属"是图腾观念的核心意义。古代先民相信某一人群与某一动植物间存在着血缘关系，进而作为祖先来崇拜。

关于图腾文化，人类学家普遍认为产生于旧石器时代。图腾文化是较巫术后起的一种文化现象，作为一种系统的文化形态或人类观念体系，图腾观念回答了人与自然、人与社会、人与他人、人与自我等诸多问题。

《山海经·海内经》曰："西南有巴国，又有黑人，虎首鸟足，两手持蛇，方啗之。"《山海经·海内南经》又云："巴蛇食象，三岁而出其骨。君子服之，无心腹之疾。"古代巴人的图腾，以廪君为界，前后迥然不同，在廪君之前为巴蛇，之后为白虎。从巴蛇到白虎，无疑发生过一次脱胎换骨式的转换。蛇在中国人的文化意义上，具有象征女性、繁衍生命的意象，对应着母系社会的图腾文化。《诗经·斯干》云："维虺维蛇，女子之祥。"而虎属阳性之兽，是父系社会的图腾。廪君为了建立和巩固父权统治，势必弃蛇从虎。

土家族先民的图腾，大概经历了四个阶段：第一个阶段是图腾观念的起源阶段，“大宗食料”是初民的图腾，这个时期的图腾是“鸟”、“蛇”，也许还有“鱼”；第二个阶段的图腾观念随着原始人类的交往增多而发展，“蛇”图腾的食料功能向地域性功能转变；第三个阶段是图腾观念的进一步发展阶段，土家族先民的精神性图腾——“虎”图腾产生了，虎在一般情况下，并不是初民的食物；第四个阶段，当土家族先民将“白虎”作为图腾时，也就完成了从精神性图腾到道德性图腾的发展。以上四个阶段，后起的图腾功能，基本上都包涵着先前的图腾功能在内，也就是说，“白虎”图腾包括了食料性功能、地域性功能、精神性功能、道德性功能。《后汉书·南蛮西南夷列传》云：“廪君君乎夷城，四姓皆臣之。廪君死，魂魄世为白虎。巴氏以虎饮人血，遂以人祠焉。”由此可知，清江流域是“白虎”图腾的原生地，从古代的巴人到现今的土家族，崇虎是一以贯之的传统。土家族虎图腾的产生，是独立发生的，其发生和发展，都没有受到黄帝部族和其他部族的实质性影响。

土家族先民崇尚“白虎”图腾之前，“尚黑”是氏族部落的主流。这种主流传统由黑穴四姓所代表。巴务相是一种新生的尚赤文化，当巴务相用和平的方式而不是武力的方式取得君位之后，他却放弃了自己氏族的“尚赤”文化，启用了红、黑之外的第三种“尚白”文化，这也是古代巴文化发展的一个特点：当不同的氏族或人群出现冲突时，不是以强者的文化个性去强迫弱者服从，而是寻找一个强者和弱者都能接受的方式，征服者不惜偏离自己的文化传统而采用新的文化，创造征服者和被征服者共同的文化。廪君放弃赤黑两色，采取一种中庸的选择，这就使“尚白”本身具有儒家学说中“仁”的特征。

樊绰《蛮书·卷十》云：“巴氏……白虎之后也。”在中国古代的诸多少数民族之中，以白虎为图腾的，唯独廪君蛮一族。由秦入汉，据《华阳国志·巴志》所载：“秦昭襄王时，白虎为害，自秦、蜀、巴、汉患之。秦王乃重募国中：‘有能杀虎者，邑万家，金帛称之。’”川东的巴人据《华阳国志》所记，以身射虎为事，他们号称“白虎复夷”，不是因为他们敬白虎和祀白虎，而是因为畏白虎和射白虎，但他们毕竟也崇虎，否则就不会号之“弜头虎子”了，川东板盾蛮对白虎的态度，显然是受秦汉文化影响所致。

西汉的宫中有白虎殿，东汉有白虎观，魏时有白虎樽，晋时的白虎幡为皇帝专用，由唐至宋，人们普遍认为白虎是公正、刚直、威猛的灵物。宋代以后，白虎的形象在汉族地区劣化，《水浒传》中有诗云："才离黑煞凶神难，又遇丧门白虎灾。"

时至今日，沅江土家、乌江土家都忌惮白虎，认为白虎是灾星，其观念与汉族趋向一致。湘西土家人每逢婚丧庆典、开基建屋或外出经商等，多半嫌忌寅日，寅日即虎日，被视为不吉利的日子。

清江流域和澧水流域上游，风俗却截然相反。清代长阳诗人彭秋潭（1748—1808年）《竹枝词·四十》写道："土船夷水射盐神，巴姓君王有旧闻。向王何许称天子，务相当年号廪君。"长阳资丘镇的《刘氏族谱》也说："向王者，古之廪君务相氏，有功夷水（清江），故土人祀之。"《长阳县志·同治版》也记载："白虎垅，县西二百三十里。昔廪君死，精魂化为虎。故巴人以虎饮人血，遂以人祀……廪君之生也，出于赤穴。其死也化为白虎，有陇宜也。"

清江流域以白虎为地名，除长阳的白虎垴和白虎陇之外，利川有白虎山，咸丰有白虎山，宣恩有白虎堡，巴东有白虎坡，鹤峰有白虎台，五峰有白虎岩，清江流域附近宜昌有白虎关、虎脑背、虎牙滩、虎牙山，桑植有白虎峪、白虎堂，石门有白虎洞，甚至鄂东的鄂州也有白虎矶和白虎镇。

清江人以前还流行在大门口挂吞口，用以避邪。吞口是在一个半圆形或心形的葫芦上画一个虎头，从虎头用色可知，画的是白虎的虎面。民间还有给小孩戴虎头帽，穿虎头鞋，在小孩子的脑门上画"王"字，名曰门顶雕白虎。咸丰县的女儿寨发掘了一些土司时期的土官服饰，其中有虎纹金环和虎纹锡环。

清江地区有这样一首几乎是家喻户晓的民歌："向王天子一支角，吹出清江一条河。"据道光年间的《长阳县志》记载："土语讹'相'为'向'。"另据巴东县一位向姓老人回忆："我们原本不是现在这个'向'字，是'木''目'相。""相"为尖音，"向"为团音，当地尖、团音不分，可能渐渐地讹"相"为"向"了。"巴"作为古代清江五姓巴人中的一大姓氏，似乎没有在清江流域流传下来，而后来的土家，"向"姓却成为最大的姓氏之一。潘光旦认为由"相"而"向"，是同一土音前后有了两个不同的汉文写法。由字面分析，"相"并不是廪君的姓，而是他的名字或者说是他君临夷城之后的尊号。更准确地说，清江的向氏是廪君巴务相的后裔，并不能等同于先秦时期的"巴"氏家族了，由"巴"到"向"应是氏族到民族的融和与进步使然。

从清江上游到清江下游，廪君的传说几乎家喻户晓。既然白虎是廪君的化身，清江流域的白虎图腾就是顺理成章的民族文化现象。氏族和民族对于图腾物的挑选绝不是随意的，图腾体现了他们有别于其他民族的生活观念和精神观念。在氏族和民族为了生存的频繁争斗中，在与自然和野兽不断的拼搏中，图腾给人以精神支撑。氏族和民族往往根据自己的精神特征来选择特殊的图腾动物，同时也以图腾动物的特征来塑造自己的民族精神。一般来说，好战的氏族和民族对应暴烈、强悍的动物，而平和的氏族和民族则对应温和的动物。在逐渐衍变的图腾观念中，民族寄望于图腾的，不再是以其为食的情感，而是从图腾身上真切地看到自身的精神，认识自己的本性和根本的行为倾向。

沅江土家人、澧水土家人和乌江土家人对虎的感情，是又恨又爱，恨中有爱；是又畏又敬，畏中有敬。唯独清江土家人千百年来不改崇祀白虎的初衷，这种执著令人惊异的同时，更加令人敬佩。

田氏贵族诗人群

有一种华贵，生在血液里，养在骨子里，任凭岁月冲刷，任凭风云变幻，那一种光华，就像夜幕上的星座，放眼望去，虽然遥远，却实实在在。

清江流域的土家族，在明末清初容美土司时期的200年间，形成了一个以《田氏一家言》中五代九位诗人为代表的文学世家，不仅于土家族文学史为绝无仅有，而且在中国乃至世界文学史上也是十分少见的。这种现象，为什么发生在土家族地区？为什么发生在那样一个历史阶段？明太史严守升为诗集《田氏一家言》作了两篇叙，他在“叙”中说：“故人章惟萧梁一门，著录最盛。其源自汉初图籍，迄今繁衍人间，博奥永世，诗书之泽千百年如一日。天之所以与田氏者，岂偶然哉！”严守升道出了《田氏一家言》与我国传统文化的内在联系，却未说明土家族这个历史上的蛮夷之族，为何在明末清初的200年间，突然涌现众多的诗人运用汉语创作，并且取得了较同时期汉族诗人也不逊色的成绩的原因。

《田氏一家言》这部大型诗文丛集，因田舜年客死武昌而散失大半，有幸被容美土司田氏后裔保存下来的部分，仅有诗507首、文17篇、汉族文人评注107条、序文6篇。《田氏一家言》诗文丛集的编定者田舜年身为容美土司的19代司主，也是《田氏一家言》的殿后诗人，他与当时的汉族名士孔尚任、顾彩、毛会建、蒋玉渊等人有直接或间接的往来，在孔尚任的《桃花扇》被清王朝禁演之后，竟然在容美司内盛演《桃花扇》。40出大型连台戏《桃花扇》在容美移植成功，堪称280多年前民族文化交流的奇迹。田舜年派五个土民将孔尚任的挚友顾彩接进容美，每宴顾彩，必命家姬奏《桃花扇》，反复向顾彩这位戏曲行家请教。田舜年每月的初二、十六举行诗会，并且请顾彩主盟，他为觅佳句，到了如醉如痴的地步。田舜年陪伴顾彩游容美胜景，听家姬歌吟，夜东山弈棋，朝谈细柳兵事，席间咂酒品珍，饯行宴上，"慷慨唏嘘，泣数行下"，这段佳话，胜过骨肉亲情。

田舜年生于明崇祯十二年(1639年)，卒于清康熙四十五年(1706年)，终年67岁。田舜年自幼受到良好的教育和文化熏陶，通晓诗词音律，他的著述主要有《六经撮旨》《容阳世述录》《二十一史纂要》《古城记》等等。他的著作大半已散失。在他主持编定的大型诗文丛集中，仅存诗13首、文17篇，只是他《白鹿堂诗集》《白鹿堂文集》的一个零头。

《田氏一家言》中的9位诗人，可分为两大类型，一类是田九龄和田宗文，另一类是田玄、田甘霖、田舜年、田圭、田霈霖、田既霖、田商霖。第一类田氏诗人既是叔侄，又是诗友，他们生活的时代，正值明王朝中衰，土司内部也是矛盾重重的时期，叔侄二人均因才名见忌，被排斥在土司的权力核心之外。他们在政治上不能有所作为，因而性耽书史，游学荆楚，其诗歌创作蕴含了普通而又深刻的社会意义，形成了容美土司田氏诗人群的第一个创作高潮。田九龄有诗文20卷，现存诗127首，只是整个诗文创作的二十分之一。现存诗稿中，近半数为荆、湖、沅、湘地区乃至全国汉族名士的酬答之作，涉及40余人。田九龄的《秋色·一》云：

秋色随鸿到，
人情逐水流。
沧浪洲上月，
身世两悠悠。

田九龄亲历容美土司两代人之间骨肉相残、兄弟相煎的历史变故，诗中的"人情"、"身世"是沉甸甸的血泪往事。

田九龄的诗作多以宽忍之心律已和慰人，但他的《醉后夜晦即事》却醉后露峥嵘，他一方面雄心不已，但又壮志难酬，进取不能，淡泊不甘，内心的痛苦和矛盾跃然纸上：

试摘繁香泛叵罗，
夜来明月隐天河。
愁临弦管欢娱少，
坐老风尘慷慨多。
弃妇岂应工媚态，
酒人时复发狂歌。
乘酣拔剑听鸡鸣，
却怪雄心未耗磨。

田九龄的长兄田九霄刻深峻鸷，每每叱驭出门，民皆闭户，鸡犬无声。田九霄的胞弟田九璋虽然战功卓著，仍不免伏罪凶终。田九龄高才积学，其处境可想而知。田九龄生活在明嘉靖到万历年间，享年60余岁。

田宗文和他的六叔父田九龄一样，生活在容美土司内部争权夺利最激烈的时期，备尝人情的冷漠，世态的寒凉，他的《丙戌春日试柬六季父》云：

梅花树树满江春，
怜客经春鬓又新。
世事变迁惊岁月，
人情翻覆失疏亲。
山头两色堪供醉，
圃外莺花不厌贫。
搔首自惭多委顿，
何如石上坐垂纶。

田宗文有很多和田九龄的诗歌，两位诗人都认为与云雨共醉，与鱼鸟同乐，远远比和那些无情无义的宗亲交往更有意义。田宗文和田九龄的生命体验和人生追求颇为相似，但诗风却显然不同。田九龄的诗风阔达，常有激迈之辞按而不抑；田宗文的诗风飘逸，多出悲凉之音轶驾风流。田宗文的《感述》云：

五溪铜柱暗寒烟，
回首依然抱病年。
有地已全归禹贡，

殊方何事异尧天。
愁闻豺虎横原野，
不见南风起陌阡。
咫尺讲堂余化在，
愿同文物入薰弦。

深沉的故园关怀和深刻的现实批判是田宗文诗歌的突出特点。田宗文的这首诗表达了他对土司制度的坚决否定，他认为土司统治的地区豺虎横行，寒烟蔽日，他由衷地向往汉族地区的文明。《孔子家语·辨乐》曰："昔者舜弹五弦之琴，造《南风》之诗。其诗曰：'南风之薰兮，可以解吾民之愠兮；南风之时兮，可以阜吾民之财兮。'"田宗文希望儒家文化改变容美的陈规陋习，希望中央王朝取缔土司制度。身为土司贵族，他在汉族地区的所见所闻难免带有一定的片面性，对汉族地区的下层百姓生活缺乏深入细致的了解，其实汉族地区也只是一部分人的文明幸福乐园。

继田九龄、田宗文叔侄两代人之后，《田氏一家言》还收录了另 3 代共 7 人的诗文。这 7 人不是身为容美土司司主，就是司内主政，随着诗人身份的变化，诗风也较前两位诗人明显不同。田玄是容美土司时期第一位具有司主身份的诗人，有《金潭吟》、《意草笠浦》等刻行于世，可惜多半已经亡佚。他的《秀碧堂诗集》今存诗题 22 首，其中一首残缺不全。田玄生于明万历十八年（1590 年），卒于南明隆武二年，也就是清顺治三年（1646 年），享年 56 岁。田玄是田楚产的长子，他幼奉庭训，智勇深沉，恂恂若书生。田玄继司主位后，仍不倦于诗歌创作，是一位文治不输武功的土司领袖，他为子孙几代开"司主文学"的风气之先。田玄是田舜年的祖父，田舜年将其《秀碧堂诗集》置于《田氏一家言》丛集之首，除了田玄身为司主和族长的地位之外，也体现了编者田舜年对祖父人品和诗品的尊崇。

田玄的《甲申除夕感怀诗》十首，慷慨悲歌，南明相国文安之在《秀碧堂诗集》的序言中赞道："即使延陵倾耳，必且羡其遗风；倘逢殷璠搜罗，又应目为间气。"甲申年就是 1644 年，这一年，先是李自成的农民军攻破北京，崇祯帝自缢身亡，紧接着清军入关，李自成败走北京，南明小朝廷建立。作为明王朝统治下的世袭土司，田玄可谓深蒙皇恩。田玄任司主之后，因参与镇压李自成、张献忠起义军有功,明王朝优诏褒之,赐国初旧职,并由宣抚使职晋为军民宣慰史。当明王朝灭亡的时候,田玄自然万分痛惜,他与其三个儿子在甲申除夕之夜,各作十首同题诗《甲申除夕感怀诗》,并亲自作序:"岁运趋于维新,老人每多怀旧。余受先帝宠锡,实为边臣奇遘,赤眉为虐,朱茀多惭,悲感前事,呜咽成诗,以示儿子霈霖、既霖、甘霖,各宣欲言,遂相率步韵,命曰《笠浦合集》,各十章,章八句。"田玄的《甲申除夕感怀诗·其十》云:

向夜订诸子,疾呆休鬻人。
聪明终有累,倏忽漫多神。
待价求知己,刳匏寄此身。
来朝真面目,另是一番新。

虽然田玄在组诗的其一中就说:"旧思难遽释,孤愤岂徒悬。"但组诗的其十却再明白不过地表明了他在历史的转折关头,明哲保身的政治立场和民族立场。他所有的感情抒发都是真实的,没有一丝虚假;他在最后对儿子们的教导也是真实的,更没有半点虚假。他对儿子们明确指出,满清朝廷,别有新意,期盼之心,表露无遗。

田玄的《送文铁庵先生往施州》也颇有史料价值:

秋水凄怀日,溪桥怅别时。
缓随赤象步,微咏白驹诗。
亡国音同哽,无家路倍歧。
烽烟匝楚甸,惊跸远京畿。

明末大乱,文安之因避寇到容美,与田玄结下了深厚的友谊。文安之乃明朝高官,田玄为明朝承认的世袭司主,他们的哀痛是一样的,他面对将来,也一样迷茫凄怆。文安之避乱容美,足可见当时容美司内的富足和稳定。作为司主,田玄可能比作为诗人更加称职。

田玄的长子田霈霖的《甲申除夕感怀》组诗,更多地突出了青年诗人的使命感,表现了一种以国事自许的态度。明王朝灭亡之后,南明小朝廷建立,面对日益强大的清朝军队,南明政权试图联络各地方势力,以图守住半壁江山。容美土司就是南明政权高度重视的一支力量。但是,南明王朝毕竟只是一个新的腐败组合体,它无法与强大的清朝抗衡,作为土司"太子",田霈霖清醒地认识到现实

的无奈。他在组诗其八中说:“但得亲尝健,长缨自许身。”在其九中又说:

转响光阴疾,难更不染心。
山河愁时改,带砺想恩深。
历数浑非旧,人情顿是今。
离骚聊自展,一读一悲吟。

时局终归难为,田霈霖在其十中说:“梅花随意绿,淡淡若为新。”此句与其父的“待价求知己”有异曲同工之妙。不甘接受和随遇而安之间,区别在于心态,不在事实本身。

田玄次子田既霖的同题诗虽然抒写了国亡世乱的切肤之痛,却少了匡世救国的雄心壮志,他的组诗其十说:“青萍几自吼,绿琦强留神。孰是回天力,空存戴国身。”田既霖此时不过是翩翩公子,他本人也自伤才非拨乱,更不像其长兄田霈霖与南明大学士文安之等人有密切往来。组诗中,他不思自己切实的救国之责,对于南明王朝,他寄一线希望;对农民军余部,他不喜欢;对清朝,他更是视为异端,其性格无可无不可,不属于刚烈之辈。

田玄第三子田甘霖的同题诗,更多地表现为对明王朝覆亡原因的深层探索。他在其二中说:

痛惜朝中党,相倾枉自劳。
文人夸御李,勇士但争桃。

田甘霖在组诗其六中说:

谁酿年来祸,举朝亟失时。
人人皆狡兔,著著是卑棋。
朱绂虚邀宠,黄巾竟莫支。
近来嫌尔辈,只自选娥眉。

此诗明确道出,明王朝在关键时刻,屡屡失误,人人只为自己着想,无心于国家大事。明王朝灭亡了,当时还有一些人寄望于南明政权,但是南明官员似乎不以偏安累卵之祸为意,而是加紧选美等庸俗之事,这样的政权,希望在哪里呢?诗中一个“嫌”字,表明了田甘霖从充满希望到渐渐失望的心路历程。

田甘霖在组诗其十中说:“椒柏宁知味,花灯漫庆神。遥心终有托,故册可随身。”在这里他道明了自己的处世态度。

文安之这样评价田玄和其三子的这套同题诗:“慷慨悲歌,珠玑萃于一门,三复诸作,一往情深。”这套组诗,以对明王朝覆亡的痛悼,构成共同的主题和主旋律。此时,全国的局势尚不明朗,这套组诗因而显得可贵。在明王朝走向灭亡,清王朝起而代之的复杂而又充满风险的历史进程中,田氏父子面对国事云腾雾迷、王业举步维艰的困境,诗歌创作便成为他们倾诉宣泄的小孔。

田氏诗人群中,还有两位是田圭和田商霖父子。田圭为田玄之弟,田圭和田商霖均为容美土司的摄政或辅政,与田玄父子关系融洽,所以田舜年将其作品收入集中。

顺治十五年,李自成余部刘体纯、刘应昌率2000精卒,潜往容美,将司主田甘霖、辅政田圭掳至巴东。作为土司贵族,变成农民军俘虏,自然身心备受凌辱。田圭的《巴东行呈文铁庵相国》中记录了当时的际遇:

槛猿铩鹤羽,飞腾安所施。
暮宿眠未稳,晨起怯行迟。
生死何是惜,难禁儿女悲。
不堪修罗面,狞牙来相欺。
凶残难语言,忍泪欲诉谁?
子弟知少长,奴隶失尊卑。
旧游虽渺邈,风雨动遐思。
何日絺旋解,生还憩一枝。

文安之为南明相国,也是联合李自成、张献忠余部及其他势力反清复明的主要人物,田甘霖与文安之也曾同困巴东,田甘霖亦有诗《哭文相国时困巴东作》云“经纶漫措擎天手,慷慨孤悬夹目心。虎豹重关何处觅,啸吟多句独堪钦”,文安之的努力以失败告终,并因此郁郁而卒,田甘霖扶文安之灵柩返容美土司安葬。由此可见,文安之与容美交谊甚笃。

田圭和田甘霖等人,后来经田舜年、田商霖多方奔走,花巨金赎回。国仇家恨,怎不令人“可怜杜宇春来恨,啼向愁人泪满襟”。一种慷慨悲凉之气,充盈田氏后三代七位诗人的作品之中。田氏诗人群的创作,呈现与当时诗坛总趋势的同步性。一方面,他们接受拟古派“诗必盛唐”的主张,以盛唐诗歌为范本,由临摹到创造,这是初学者的必由之路。田氏诗人学盛唐诗歌,既重视形式规范的学习，也重视对风骨精髓的把握，他们的作品虽然略嫌粗糙和生硬，但大部分能扣家族和社会脉搏，与拟古派的“情寡而工”有明显区别。另一方面，他们也欣赏反拟古派独抒“性灵”的主张，并在创作中努力实践。他们独特的生存背景，注定他们的作品与公安派、竟陵派脱离现实生活内容的“性灵”作品有所不同。

土家族聚居的湘、鄂、渝、黔毗邻地区，处在我国东西分界和南北接壤的交汇点上，独特的地理条件，使这里历来就成为各种区域文化和民族文化交融交汇的要冲，也成为文化沉淀的渊薮。土家族的文人创作，有四川冉氏土司的诗文，有石柱马氏土司的诗文，但从诗人之多，作品之丰，水平之高乃至影响之大等方面看，都不及容美土司田氏诗人群的创作。从地理方位看，容美地区东邻荆楚、南接洞庭，与汉文化高度发达的地区邻若唇齿，田氏诗人群的出现，既有历史成因，也兼地理优势。为《田氏一家言》作叙的明太守严守升指出了田氏诗人创作地域方面的特点：“容阳诸峰，人迹罕通，雁飞不到，而田氏世守其中”；时代方面的特点：“风景山河，不与人间沧桑同换”；民族心理方面的特点：“大约天下作诗者，概为制科干禄，分去大半，而山中人颛志肆力，旬锻日炼，世擅厥美”；历史方面的特点：“自汉至唐，迄今千百年，列爵分土，阶级公孤”。田氏诗人群虽然各自境遇不同，但均属土司贵族，这就使他们的作品题材相对狭窄，尤其对于中、下层百姓生活涉猎甚少，再加之他们刻意向汉文化高标看齐，因而他们在本地民族文化特色的展现上，远远不如当地民间歌谣鲜明，这既是情理之中的表现，也是他们最大的缺憾。他们同属一个特定地域的特定民族，这个民族的文化特质在他们的作品中顽强地表露着，这也是创作逻辑的必然。一方面田宗文的《感述》曰：“有地已全归禹贡，殊方何事异尧天”，表达了对土司制度的否定，对汉族文明的向往；另一方面，田舜年《喜迁莺·中秋登子耀如闻喜楼》中的“风日狂挑吟担，江山养就豪骨”又表达了田氏诗人群对故土的热爱，对汉族农民军和清朝的隔膜。

土家族是一个战功显赫的民族，其文治的特点，宋玉《对楚王问》中有这样的论述：“客有歌夫郢中者其始曰《下里》《巴人》，国中属而和者数千人。”田氏诗人群的作品，无疑偏离了源远流长的本民族歌谣传统，再无风靡京都之力。假设田九龄、田宗文等人的作品，能与先秦的《巴人》比肩，加之其父兄“凡战必捷，人莫敢撄”，岂不是为风雨飘摇的明王朝再添心病？民族的悲哀岂非一个家族耶？

《田氏一家言》编制宏大，共收录容美土司时期自明嘉靖至清康熙近200年间，田氏家族五代九位诗人的大量重要作品共12卷。据田氏后裔传说，这些专集大多数曾刻行于世，至田舜年汇编《田氏一家言》时，曾全部送往省城武昌付印，诗文丛集因田舜年客死武昌而下落不明。此后的200余年间，田氏后裔潜心搜残补缺，代代为继，以佚诗抄本传世，有幸经湖北民族学院民研所专家进一步发掘和征集，于1999年由中央民族大学出版社正式出版了《(田氏一家言)诗评注》。

田氏贵族诗人群对土家族文化的进一步形成和发展作出了独特的贡献，为我们今天研究容美土司时期的土家族政治、军事、经济、文化等等提供了宝贵的线索和可靠的文献。

五句歌与虚字格

五句体诗歌，无论在中国诗坛还是在世界诗坛，都算得上一种险怪的诗体。从荷马史诗到但丁的《神曲》，从莎士比亚十四行诗到普希金的奥涅金诗节，都是偶句体；中国的楚辞、唐诗，也是偶句体，极少出现奇数句。清江流域土家族的五句歌，不仅句单而且韵密，第五句更是妙笔腾空，在艺术上独树一帜，令人耳目一新。

虚字格诗歌，主要是针对以唐诗为代表的平仄格诗歌而言。虚字格最典型的代表是楚辞，楚辞用虚字作句腰，用虚字加强诗句不同的语气，用虚字构成不同的句式关系，基于以上三个特点，笔者将楚辞从形式上定义为虚字格。

巴人是现今土家的主源，而土家是古代巴人的干流。巴人善歌，这是不争的史实。巴歌传承至今，大致分为三种形式：一种是经唐代诗人刘禹锡整理、规范、提高的竹枝词；另一种是穿号子，亦即分“叶子”和“梗子”的对唱歌谣；又一种是清江流域的民间歌师吸收唐诗七绝和楚辞的优点，同时也保存了巴歌风味的五句歌，俗称“赶五句”。古来流传最广的当属竹枝词，而最具巴歌特色的则首推五句歌。

清江流域的五句歌主要分为三大类，一是劳作歌，二是丧歌，三是情歌。

清江流域的劳作歌，最常见、最有名的是薅草锣鼓和船公歌。《薅草锣鼓歌》如：

不唱山歌喉咙痒，
嘴巴一张像河淌。
薅草薅到田埂上，
锣鼓家伙响丁当。
逍遥自在啊胜过了上朝堂。

《船公歌》如：

南津关过出了关，
三溜上水一长潭。
潭里浮出纱帽山，
芝麻绿豆帽里钻。
整几碗水酒啊我们好弯船。

此外，还有《砍柴歌》，如：

峡江歌师爱唱歌，
要几多来有几多。
树上挂的歌成串，
岩里绕的歌成砣。
唱来唱去哟还有一脑壳。

以上三首五句歌，都以第五句为诗眼，既在情理之中，又出意料之外，与竹枝词相比，大有如虎添翼之势。

清江的丧歌，分为传统段子与即兴段子两种。传统段子是经过长期锤炼而适应性很强的唱词，即兴段子则是歌师针对亡人的生平而创作的。此类丧歌古已有之，如《夔城府图经》载："初丧，鼙鼓以为道哀，其歌必号，其众必跳，此乃盘瓠、白虎之勇也。"

丧歌高腔俚调，狂放不羁，如：

一

半夜听到丧鼓响，
不管东寨和西庄。
你在南边我要去，
你在北边我也行。

热热闹闹啊送亡人。

二

跳起来啊跳起来，

拿得斧头乱劈柴。

好柴不用榔头打，

斧头落地两碴开。

你是好手嘛上场来。

清江五句歌的风行，与其地跳丧、哭嫁风俗紧密相关。若脱离了民俗，五句歌的发展便无从谈起。婚丧是“红白喜事”，民间歌师、鼓师赖以生存、繁衍，有如长江后浪推前浪，一代一代，他们终于创造了一种独特的诗体。

清江的情歌五花八门，其数量大大超过了劳作歌和丧歌。如《姐儿排》：

一

姐儿住在河那边，

过来过去要船钱。

清晨过河三升米，

黑哒过河三斤盐。

豆腐也过成了肉价钱。

二

姐儿坐在吊脚楼，

手拿丝绒慢慢悠。

左边绣的鱼戏水，

右边绣的凤点头。

想郎嘛绣个狮子滚绣球。

从以上三类五句歌可以看出，第五句乃全诗的灵魂之所在，从形式到内容，都实现了一种飞跃。唐诗七绝讲究起、承、转、合，其中最难的是第三句。所谓诗意，绝大多数成功的七绝都体现在第三句的转折上。清江民间歌师知难而上，不畏画蛇添足的险途，再加上一句楚辞式的结尾，其追新逐奇而履险如夷的精神可敬可慕。

五句歌虽然前四句与竹枝词颇似，但用韵并未拘泥于七绝的格律，它采用了三种不同的押韵形式：

一种是前三句用一韵，后两句用另一韵，如《哭嫁开台歌》；另一种句句用韵，如《姐儿排》之一：

《哭嫁开台歌》

石榴花开叶子密，
堂屋扯起万字席，
席上摆满鸡鸭鱼。
姨娘幺姑请上座，
听我唱个嘛开台歌。

《姐儿排》

姐儿生得一蔸菜，
不知不觉长起来。
郎来郎去你不睬，
有朝一日菜起苔。
你送上门来呀我也不爱。

以上两种五句歌在清江流域既非主流，也不正宗。最好的清江五句歌是在七绝的基础上发展而来，亦即在“起、承、转、合”之后加上“破”，最后一句不仅采用了虚字格（楚辞）的句式，而且追求情理之中、意料之外的艺术效果，好似对联中的“无情对”，匪夷所思是其最高境界。第五句与前四句的联系，完全由作者自由选择，其灵活的程度几乎是空前的。如《土家身上衣》：

三幅围裙白布腰，
蜈蚣扣子胸前钏。
“左转弯”的肥脚裤，
满耳草鞋蛮幞包。
这一身行头啊打得粗来进得朝。

如果说唐诗继承了楚辞的思想内涵，忧国忧民，瑰奇壮阔，那么五句歌则继承了楚辞艺术技巧方面的特征，变幻莫测。总体来说，唐诗雅，巴歌俗。但是，巴歌之俗是风俗，俗得淳朴浑厚，俗得诙谐泼辣。

如果只看句数，不问其他，那么五句体的诗歌古已有之，年代以《诗经》所采录的为最早。在《诗经》中，各章都为五句的有 14 篇，如果加上部分为五句的 4 篇，则为 18 篇，占 305 篇总数 5.9%。尽管寥寥无几，毕竟有此一体。

《诗经》的五句体诗歌，从章法上来看，既有常态，也有特例。为了便于同现代民间的五句歌比较，下文先介绍特例，后介绍常态。

特例有三个：第一个特例，《小雅・巷伯》的第五章，第一、二句是"骄人好好，劳人草草"，第四、五句是"视彼骄人，矜此劳人"，夹在中间的第三句"苍天苍天"显得像一个衬句；第二个特例，《唐风・葛生》，第四、五句都只有两个字，像是第一、二、三句那样的四字句拆成的两半儿；第三个特例，《召南・江有汜》和《齐风・东方之日》，都是第四句重复第三句。

上列三个特例都是五句体诗歌中偶尔一见的"怪胎"，不能算自成一格的诗体。我们必须探究的，是《诗经》中五句体的常态。

常态有三种：第一种是三二结构，第二种是二三结构，第三种是四一结构。与现代清江流域的五句歌相比，第一种差别较大，第二种差别较小，第三种基本相同。作为自成一格的诗体，第三种才是较为成熟的。无论何种常态，我们所要特别关注的，都是第五句与前四句的关系。

第五句为赞颂的最多，共有 7 篇；第五句为感叹的次多，有 4 篇；第五句是第四句没有讲完的话，只有 1 篇；第五句点明主题或强化语气的，也只有 1 篇。

此外还有一篇，即《郑风・褰裳》，其第五句也起着强化语气的作用，但是很有情趣，而且加了虚字，在《诗经》的五句体诗歌中，虽以鹤立鸡群喻之亦不为过。其第一章为：

子惠思我，
褰裳涉溱。
子不我思，
岂无他人？
狂童之狂也且！

如上所述，周代的诗人，无论民间的和官方的，都做过五句体的诗歌，但罕见，只能说是试作。试作的缘由，想必是觉得唱四句意犹未尽，还要再唱一句才能尽兴。这加唱的一句，既有放在上半章的，也有放在下半章的，还有放在章末的。放在上半章中，就成为三二结构；放在下半章中，就成为二三结构；放在章末，就成为四一结构。从第五句来看，它们都不能与现代五句歌争胜。

现代五句歌的特点，不仅在于句单和韵密，而且在于以第五句为诗眼。第五句要求既在情理之中，又出意料之外；既推得开，又收得住。《诗经》中的五句体诗歌，没有一篇达到了这种艺术境界。官方诗人所作的，第五句大致是谀词；民间诗人所作的，第五句大致都是牢骚。就连写得最成功的《褰裳》，第五句也只是加强了语气，增多了字数，拉长了调子，虽能摇曳生情，也还不出意料之外。况且，郑人与土家，古今不同时，北南不同地，彼此没有可信、可靠的传承线索。因此，《诗经》中的五句体不是现代五句歌的源头。西汉至六朝的五句体诗歌，有幸流传到今的，具见于《乐府诗集》，此时，已五言变成了七言。这些五句体诗歌显然都继承了《大雅》的官方传统，都只生存在庙堂之上，刻意追求典雅，所得到的却是庸俗、乏味。当然，两汉、六朝的五句体也不可能是现代五句歌的主源。

《乐府诗集》中，最早出现的七言五句体诗歌是魏明帝的《短歌行》：

白日蜿蜿忽西倾，
霜露惨凄涂阶庭。
秋草卷叶摧枝茎，
翩翩飞蓬常独征，
有似游子不安宁。

在魏明帝之前，曹氏一门已经出现了曹操、曹丕、曹植三大文人在前人盛名之下，魏明帝的作品几乎无人垂青。这首五句体诗歌用来形容曹魏的命运，倒也算贴切。至于所谓的诗意，就谈不上什么了。其第五句只是第四句没有讲完的话，与《诗经·豳风·鸱》类似。但是，魏明帝大胆采用五句体这种险怪的诗体，其学诗、作诗的态度还是可嘉的。

《乐府诗集》中，还有平仄格诗歌奠基人之一沈约的八首五句歌，另有萧子云的八首五句歌。如果说魏明帝的五句体是一时兴起、别出心裁的雅玩，那么沈约、萧子云的五句体就并不如此简单了。他们的五句体名曰“儒雅八首”，显然是庙堂之上典礼或者祭祀所用的。这一时期，风行过一种名曰“柏梁体”的诗体，句句押韵而文风造作。沈约和萧子云的五句体，可以说是"柏梁体"的五句体，如沈约所作的八首之一为：

九州上腴非一族，
玄芝碧树寿华木。
终朝采之不盈掬，
用拂腥膻和九谷。
既甘且饫致遐福。

沈约、萧子云等人的五句体诗歌，都是官方的颂词，即便在士大夫中也没有多大市场，在民间更无影响可言，并且很快地销声匿迹了。

那么，现代五句歌在清江流域的燎原之势究竟从何而来？如果缺乏一种深而且广的文化渊源，是难以想象的。我以为现代五句歌的主源有三：一是古代的巴歌，二是楚辞，三是唐诗的七绝。正因为它的主源复杂，所以它的面貌怪异；也因为它的主源强劲、精湛，所以它的生命持久而且旺盛。

《华阳国志·巴志》云："周武王伐纣，实得巴、蜀之师，著乎《尚书》。巴师勇锐，歌舞以凌，殷人前徙倒戈。"宋玉的《对楚王问》则说："客有歌于郢中者，其始曰《下里》《巴人》，国中属而和者数千人……"《华阳国志·巴志》讲到的巴歌与宋玉笔下的《巴人》显然不是同一类型的巴歌，前者有气吞万里之势，后者有风靡楚都之力，但是它们有两个共同的特点，那就是既通俗易懂，又出神入化。这两点，与现代五句歌是一脉相承的。

巴歌影响最大的地域，应为峡州一带。耐人寻味的是，大诗人李白、杜甫都在荆州写下了五句歌，而南楚土生土长的诗人孟浩然却没写一首五句歌，这似乎告诉我们：唐代荆州的五句歌巴文化色彩浑厚，它的主要成分是巴文化。

李白的五句歌名为《荆州歌》：

白帝城边足风波，
瞿塘五月谁敢过？
荆州麦熟茧成蛾，
缲丝忆君头绪多。
拨谷飞鸣奈妾何！

这首诗以怨妇的口吻写来，句句押韵，内容如民女诉家常，与李白其他仙风道骨的作品很不相同。

杜甫的五句歌,名为《短歌行赠王郎司直》:

王郎酒酣拔剑斫地歌莫哀,
我能拔尔抑塞磊落之奇才。
豫章翻风白日动,
鲸鱼跋浪沧溟开。
且脱佩剑休徘徊。

西得诸侯棹锦水,
欲向何门趿珠履?
仲宣楼头春色深,
青眼高歌望吾子。
眼中之人吾老矣!

杜甫这首诗写于代宗大历三年(768年),这年杜甫携家人从夔州出三峡,此诗当是春天在荆州所作。第一节是劝慰王郎。王郎在荆州不得志,趁着酒兴正浓,拔剑起舞,斫地悲歌,王郎之歌,当与杜甫体裁一致,也是五句体,否则,杜甫不会贸然写出两节五句歌来。此诗写得突兀横绝,跌宕悲凉,音节急促,第一节押平声韵,第二节押仄声韵。这不仅在杜诗中罕见,在古诗中也殊少先例可寻。此诗受当时当地民间歌谣影响之大,是显而易见的。

李白、杜甫的五句歌不仅都在荆州出现,而且诗中所言人和事又都与巴蜀有关。

李白、杜甫的五句歌与沈约、萧子云的《儒雅八首》相比,从艺术上说,已经明显地趋于个性化、世俗化;从内容上说,则巴风巴俗明显。由此可想而知:《荆州歌》和《短歌行赠王郎司直》应该是遥接了宋玉笔下《巴人》的余绪。

如果古代的五句歌只在荆州的民间传唱,还不能完全确认它的巴文化因子。幸而明代的冯梦龙录下了二十四首五句体的《桐城时兴歌》,使我们得以了解五句歌在唐代与现代之间的一个中间环节。桐城五句歌的出现,与巴人也有隐约的联系。

首先,我们不妨作一个大胆的假设:五句歌在民间大量出现的地域必定有巴人的踪迹。古代的巴人在中国的历史舞台上,其形象是比较模糊难辨的。楚人、汉人、巴人之间的界限后人已似乎没有明确的界定,更何况兵燹纷迭,朝代交替,民族之间的融合在所难免。荆州的五句歌和桐城的五句歌使我们不得不探寻巴人迁徙繁衍的历史信息,而现今清江流域的五句歌又似乎顽强地传递着古代巴人的精、气、神。

据《后汉书 · 黄琼传》所记,江夏"蛮多士少"。按江夏乃郡名,治所为西陵(在今武汉市新洲县西)。此"蛮",除土著楚蛮外,还有东迁的巴人。东汉末至西晋初,荆州扰乱,户口大减,巴人乘虚而入,有后浪追前浪之势。楚蛮的遗裔变成少数,逐渐融合到巴人中去了。

晋室南渡之后,东进的巴人更多了,声势日盛一日。刘宋襄阳太守刘道产允许山居的巴人迁居汉江两岸,一时颇得人心,《宋书 · 刘道产传》云:"百姓乐业,民户丰赡。"不料,巴人继续推进,抵达河南的南部,安徽的西南和中部,以及江西的西北部。官方统称之为"蛮",而冠以所居地名。如湖北的"沔中蛮"、"江夏蛮"、"西阳蛮",河南南部的"豫州蛮"等。

刘宋元嘉二十八年(451 年),"西阳蛮杀南川令刘台";二十九年,"新蔡蛮二千余人破雷戍"(《宋书 · 夷蛮传》)。按:南川在江西的赣江下游,大雷戍在今安徽望江县,新蔡蛮是豫州蛮的一部,可见安徽部是西阳蛮和豫州蛮都有的。

北魏正光(520—525 年)中,"蛮帅田午生率户二千内徙扬州,拜为郡守"。(《魏书 · 蛮传》)按:这个扬州原为汉代十刺史部之一,东汉晚期先后治寿春(今安徽寿县)及合肥(今安徽合肥市西北),曹魏定治寿春,西晋废,东晋徙豫州来治。南齐永元二年(公元 500 年)入于北魏,复名扬州。田姓是巴人的一个大姓。显然,当时巴人的势力已达安徽中部和长江以西的安徽南部,桐城一带自然亦在其中。

由此可见,明代桐城五句歌远承唐代荆州五句歌的流风,再往上推,也是宋玉笔下《巴人》的遗泽,这是从其民族根源方面来看的。再从艺术风格方面来说,线索也是如此。

冯梦龙收集的《桐城时兴歌》计二十四首,第一、二、四、五句押平声韵,第三句末为仄声字,几乎无一例外。《桐城时兴歌》虽然没有多少山野气息,但洋溢着市井气息。桐城五句歌中,第五句有锦上添花的,也有平淡无味的,还有如狗尾续貂的，这是从内容上看的。从艺术上看，同李白、杜甫的五句歌相比，几乎没有什么进展，远远不及现代清江流域的五句歌精彩。由于缺乏艺术建树，荆州五句歌、桐城五句歌同沈约、萧子云的五句体一样，也被时间洗刷殆尽。

中国诗歌在五姓巴人的地域出现重大突破，而不是在人文环境好得多的荆州，是因为荆州乃交通要塞，自古为兵家必争之地，战火纷飞和政权屡变，民风民俗经常处于动荡状态。艺术与政治的关系，既复杂又简单，复杂在于它们无法相互左右，简单在于它们必定相互影响。

当然，这种突破也不可能出现在桐城，主要原因是桐城远离了楚辞的故乡，桐城的五句歌比清江流域的五句歌少一个主源——楚辞。

紧邻楚地的五姓巴人，率先将楚辞和唐诗的某些艺术特性糅合起来，应用到了巴歌的创作之中。现代五句歌的文化生态环境，不仅复杂，而且独特。

在七姓巴人的地域——即今渝东南地区，五句歌比较少见，所唱的主要是《竹枝歌》。《竹枝歌》原有破四字的和声“竹枝”和破三字的和声“女儿”，后因文人所填写的《竹枝词》向唐诗七绝靠拢，不再用和声，其和声渐渐不为人知。随着入巴蜀诗人的出巴蜀，《竹枝词》流向长江下游，基本上汉化了。清江流域也有《竹枝词》，主要限于地方官和读书人的书面创作。民间歌师演唱中，无论跳丧还是哭嫁，劳作歌还是喜宴酒歌，《竹枝词》的唱法殊属罕见。清江流域既没有走出过李白、苏轼这样的大诗人，也没有走进过杜甫、刘禹锡那样的诗坛“国手”。就连出生地和成长地争议颇多、分歧殊大的屈原，也与清江流域无涉。

尤其难能可贵的是：五句歌始终不失巴歌本色（或底色）。清江流域贫穷、偏远，历朝历代的政客、将军、文豪都不屑一顾！任何的政治风浪抵达清江流域，也变成了无关痛痒的微波了。这其间只有一次例外，那就是楚国的灭亡。楚国的灭亡，并没有动摇楚辞在文学史上的崇高地位，但是无疑影响了楚辞向北方文学全面渗透的进程。但是，秦国的胜利却促进了巴楚文化的融合。

从《诗经》到《离骚》，其间约计三百年；从谢灵运到李白、杜甫，也是近三百年的往事云烟。楚辞和唐诗艺术特色的融汇之路，似乎遥远又遥远，三百年再三百年又过去三百年，终于——五句歌经过巴与楚、巴与汉不同时代的诗风浸染、陶冶、磨砺而成今天的模样。

五句歌的艺术技巧虽然精彩，思想内容方面却显得单调和单薄，与楚辞、唐诗的差距是显而易见的。

孔子云："温故而知新，可以为师矣。"没有对诗歌史的透彻了解，创新便无从谈起。从对传统的继承方面看，清江民间歌师较新诗诗人要高明得多。五句歌从《诗经》《乐府》经李白、杜甫到冯梦龙收录的桐城歌，不绝如缕，但真正使五句歌标新立异、独创一体的却是清江流域的民间歌师。清江五句歌与沈约五句歌相比，也算是脱胎换骨，完成了起码的超越。五句体的成熟之日，无疑标志着诗坛平仄一统的局面彻底结束了。

当然，五句体诗歌全方位的成熟，还需要进一步研究和应用楚辞、唐诗卓越的艺术成就，更有待于清江流域经济的繁荣和腾飞。

五句歌这种形式的民歌，既吸收了平仄格诗歌的优点，也吸收了虚字格诗歌的特点，同时还保存了本民族自身诙谐泼辣的艺术特色。五句歌弥补了田氏贵族诗人群的创作缺憾。

第二章 河

一、后 河

后河

享有“绿色宝库”之称的后河，位于湖北省五峰县，属于国家级自然保护区，与神农架一道处在国际上公认的“奇特的北纬30°地球圈”上，被国内外专家称为三峡库区南北两块最具代表性的自然生态系统区域。后河以它浩瀚如海的原始森林、五彩缤纷的异花奇草、世所罕见的珍禽异兽闻名遐迩，是我国亚热带地区原始森林的代表之一，是三峡附近地区最具有魅力的森林生态旅游区。

后河地名的由来，民间传说颇多,有代表性且较为可信的有两种，一曰因棋梁尖有两仙人对弈，以观棋的石猴为界,石猴前面名前河,石猴后面名后河;一曰因关门峡的天然阻隔,以关门峡为界,峡内叫后河,出关门峡名前河。

后河自古有“武陵仙源”之称，这里群山起伏，层峦叠翠，奇峰耸峙，在此你可见到海拔1500米以上的山峰20多座，巍然罗列，最高峰海拔2252米。这座“绿色宝库”总面积10400公顷，活立木蓄积量50万立方米以上，境内荟萃有野生维管植物2087种，分别占湖北省总数的37.7%和34.3%；拥有国家珍稀濒危保护植物29种。后河原始古朴的情怀、绚丽多姿的神韵，拥抱、招引着许许多多慕名而至的海内外专家和游人。

驱车出五峰县城向西南盘旋而上，经过茅坪旅游山庄，再蜿蜒而下至有“一夫当关，万夫莫开”的关门峡，穿过两条幽深的隧道，尔后翻青山越翠岭，总共行进30多公里，便到达后河保护区原始森林。一条栈道沿溪流伸进大森林之中。栈道被树叶覆盖着，脚踩之上如踏地毯一般软绵绵地，发出轻轻的“沙沙”的响声。当你步入林海之中，犹如钻进一座古老的大自然“迷宫”，一种与世隔绝的原始幽深清新之感油然而生。只见古木遮天，藤葛缠绕，绿茵铺地，鸟语花香，泉涌瀑飞；甜润的空气夹带着野花、树叶的芬芳扑鼻而来；那一株株高大挺拔的古树，垂下的枝条好似一根根灰绿或灰白的高山云雾草参差不齐，长的达两米以上，好像老人飘动的银须；那从峭壁上飞泻而下的瀑布，飞珠溅玉，飘洒在峡谷之中，灿烂的阳光与那纷纷扬扬的飞沫雾霭织成一道道绚丽的彩虹，光耀夺目；股股山泉“小鹿式”的从密林深处蹦出，叮叮咚咚，汇入山谷中的溪流，奏出大自然动人的乐章。

诗云:“驱车直下水滩头，洞壁悬崖一望幽。喜看白云缭绕处，‘银鹊’‘鸽子’（珍稀树种）满山陬。”置身莽莽苍苍的林海，犹如走进珍稀植物博物馆。在面积达3万亩的原始集中区中，珍藏着一片罕见的“中国稀有珍贵树种群落”，面积562亩、物种近300个，受到科学界的格外重视和旅游者的钟爱。在古生珍稀树种群落“大家族”中，20多种珍稀植物从远古走来，它们是珙桐、连香、金钱槭、水青、银鹊、天师栗、领春木、白梓、红椿、香果树等。此外，大量的三类杉、红桦、紫茎、楠木、椴树等名贵树种群落连片，计有乔灌藤本植物97科344种。在这里，罕见的万株连片珙桐原始群落、面积千亩的红豆杉原种群落、中国面积最大最好的水丝梨常绿阔叶群落，都曾震惊世界。在千亩红豆杉分布区中，集中生长有红豆杉50多亩近400株，高大挺拔、四季常绿；它的红褐色树皮是提炼治癌的最好药物紫杉醇的主要原料。面积达20公顷的水丝梨群落，枝繁叶茂，遮天蔽日，蔚为壮观。这些珍稀植物在地球大多数分布区成了化石，可是，它们在后河这块鄂西南边境地区却代代繁衍。植物学家鉴定它们是历经第四纪冰川劫波而幸存的"遗老"，中外专家称其为世界罕见、中国独有的"活化石"。无疑，它们也是当今森林旅游、返朴归真的奇观胜景。

后河鸽子花

珙桐乃中国一绝，属国家一级保护植物。珙桐生长于1000万年前的新生代第三纪初期，属于第三纪古热带植物孑遗物种，因而又有"活化石"之称，为中国特有物种。珙桐也是世界珍奇的风景观赏树种，它的树形外貌的确很美，属于落叶乔木，身高20~30米，树干直径最大可超过1米，树态端正，躯体笔直；树皮呈灰褐色；茂密的枝条向上倾斜，仿佛一个巨大的鸽子笼。珙桐叶子长得很密，有些像桑叶，边缘有尖刺，背面还有如丝般的绒毛；每年四五月开花，由多数雄花和一朵两性花组成顶生头状花序，花色紫红，好像"鸽头"。在每个花序的基部，都有一对大苞片，分列于花序左右。大苞片长7~15厘米，宽3~5厘米，起初青绿色，以后渐渐变成乳白色，看上去像花，却又不是花，奇特秀丽的大苞片形如"鸽翅”，山风吹来，“鸽笼”摇荡，仿佛成千上万的白鸽在笼中点头展翅，美妙之极，所以珙桐也被称为“中国鸽子树”。中国鸽子树闪动着美丽的“翅膀”，已飞往北美、亚欧，被称为“稀世珍宝”，被周恩来总理誉为“和平使者”。

后河国家级自然保护区是鸽子花的故乡，1985年以来，中国科学院、中国林科院和一些外国的专家教授，通过三年时间联合调查，发现后河原始森林的杨家河地区现存胸径8厘米以上的珙桐1500株，最大的一株，三人难以合抱，树高36米、胸径48厘米、冠幅8×10米，是世界上最大的珙桐群落，唯一的珙桐原产地。前往后河观光的游客，可在四至五月份目睹满树白鸽的奇观，中央电视台曾以《鸽子花》为题两次来到后河实地拍摄电视歌曲（MTV）外景。

关于美丽的珙桐，民间还流传着许多动人的传说。相传在2000年前的汉代，被誉为中国四大美女之一的王昭君出使匈奴，与呼韩邪单于结为夫妇。她日夜怀念故乡，每日清晨总要向南祈祷，每逢过节，还要朝南三拜行礼。天长日久，随王昭君同去的白鸽也跟着一起向南点头。有一年新春佳节，昭君怀念故乡，写了一封书信托白鸽相送。于是，一群白鸽结伴传书，一路上穿云雾、搏风雨、翻越了99座山，飞过了99条河，经历99个日夜，终于飞到王昭君的故乡，栖息在鸽笼般的桐树上，化为振翅欲飞的洁白鸽子花。此后，每年春天，鸽子花开，它们代表昭君向故里的乡亲们问好。另一个关于珙桐的传说是讲古时候有个皇帝，他的独生女儿名叫白鸽。白鸽美若天仙，才华超群，被视为掌上明珠。皇帝不论临朝或出游，都要把女儿带在身边。有一天，皇帝出游时经过一个小村庄，便到庄内小憩片刻，恰好遇见农家小伙子珙桐。珙桐虽然衣着朴素，但眉清目秀，仪表非凡。白鸽公主一见钟情，乘父王不察之际，将头上戴的碧玉簪一折为二，分给小伙子一半，作终身誓约。不久之后，女儿私订终身的事被皇帝发觉，皇帝认为此事大大地损害了帝王家的尊严，立即择吉日为公主另招驸马，并派人将珙桐抓往深山杀死。噩耗传来，公主淡妆素服，连夜逃出深宫，寻至珙桐受害处，抚尸痛哭，泪如飞雨。她的真挚情意感动了上苍，顷刻间，珙桐的尸体化为一棵小树，形如半截碧玉簪，一个劲儿往上长。公主见状又惊又喜，伸展双臂扑向树冠，顿时便化作洁白的花朵，跃上枝头。

后河是一座天然动物园，里面满是珍禽异兽。这里的野生动物达110种，分别占湖北省总数的46.8%和45.5%，被世界野生动物基金会的专家评为全球不可多得的大型猫科动物的最佳栖息地。这里是湖北唯一发现华南虎的地方,金钱豹、云豹、黑麂、青猴、熊、麝、獐、金雕、红腹角雉、白雉、锦鸡、大鲵等走兽飞禽,常年出没生息在这深山密林间。后河的锦鸡引人注目,常常可见披着五颜六色外衣的野生锦鸡飞翔在山野间,给寂静的山林幽谷平添生机与活力。有诗云:"万壑动晴景,山禽凌翠微。绣翎翻草去,红觜啄花归。巢暖碧云色,影孤清镜晖。不知春树伴,何处又分飞。"尤其值得一提的是近年发现的白猴群,在我国还是首例,这就给古老的森林更增添了野趣和神秘。

后河以其独特的地理区位、丰富的生物资源、优越的生态环境获得世界广泛关注。近年来,世界野生动物基金会、美、日、德等国学术团体到后河保护区考察、研究,科学家们将其列为具有国际意义的陆地生物多样性关键地区之一;国内50多所学校和科研单位纷至沓来,开展科研和教学活动。据悉,从2000年开始,全球环境基金、国家天然林保护工程、国家基本建设项目注入资金近2亿元,用于建设以后河保护区为核心的生物走廊带,实施生物多样性保护、研究。

后河有三大自然之谜。一是白虎图腾之谜。土家先民以白虎为图腾,有咒语为:"白虎当堂坐,无灾也无祸。"后河有多人目击过白虎,大多认为是见到白虎神仙,对白虎仙的存在深信不疑。二是稀有珍贵树种群落之谜。群落共生着近30种国家重点保护植物,如此大的范围吸纳如此多的珍稀植物于一地,被称为"神秘的北纬30°地球圈上又一个自然之谜"。三是独岭佛光之迹。独岭是保护区的最高峰,独岭观日出是一大胜景,独岭之佛光更是久负盛名。佛光是一种罕见的天象景观,与海市蜃楼有异曲同工之妙,夏秋两季的清晨和傍晚,太阳斜射云雾,折射出七彩光环,人影投射其中,影随人变,妙不可言。

后河有三大民俗。一是哭嫁:欢天喜地的出嫁哭得呼天抢地,哭出了对娘家的留恋,哭出了对未来的憧憬,哭出了易逝的青春,哭出了喜悦的成熟。二是跳丧:一个肃穆的葬礼变成了一个舞蹈的天堂,那个丧鼓打得响啊,那巴山舞跳得欢,折射出土家人对生死的坦然与超脱。跳丧名曰陪亡人玩,送亡人归天,越热闹越好。三是"赶仗":土家人把狩猎叫"赶仗",赶仗前要祭土家族猎神媒嫦,祭枪神,摆上野花,插上小旗,默默念着"媒嫦咒",以求进山平安,满载而归。

后河有三宝,那就是蜂蜜、药酒、还阳草。采百花酿成的后河野生蜂蜜有独特的药效,对高血压、肠胃病、便秘等疾病有特殊疗效。用五步蛇、竹节人参、金钗、扣子七、延龄草等多种名贵动植物药材炮制的药酒，治疗风湿、腰酸腿痛等痼疾效果显著，深得患者的喜爱。还阳草是一种稀世的贵重药材，山民们采之以为宝，留于急需时使用。

后河有三怪。一怪是夏天也把被子盖。后河是避暑胜地，不用电扇，不用凉席，天然空调来得舒坦自然。二怪是"火坑"四季飘烟来。"火坑"即火笼，火笼是当地家庭的政治、文化、经济中心，大事小事都围绕着火笼进行，架着柴火，烧着沸水，喝着浓茶，抽着旱烟，或闲扯、或议论、或嬉闹、或商定、或决策。当地人认为无火即无主，火笼即为"活龙"，那是一年四季不能断的。在火笼里你才能真正体验到什么是土家文化，什么是"闲时竹板敲明月，醉后山歌闹夕阳"。三怪是陌生人却当亲人待。民风纯朴的后河人热情好客，有道是来的都是客，不管认得不认得。

二、漳　河

漳河位于湖北省荆门、宜昌、襄阳三市交界处，地处古三国战场的中心地带，是张家界、古隆中、长江三峡等旅游热线的黄金腹地。漳河水库是拦截长江中游北岸支流沮漳河的东支——漳河及其支流建成的水库群，通过3段明槽串联成整体。水库承雨面积2212平方公里，总库容20.35亿立方米，水域104平方公里，最大水深61米。漳河水库工程宏伟、水面宽阔，库中岛屿36座，半岛164个，库汊240个，库岸曲折悠长，沿山坳水面绕一周约800公里，库区群山起伏，风景如画，是湖北省省级风景区。

漳河的美在于水。它清澈透明，晶莹如镜，俯瞰水景，岸边垂柳，水中游鱼，天上飞鸟，水底云天，皆历历在目，清晰可见。它柔波微皱，置身水中，消夏避暑，烦恼全无，抚水作歌，别有一番风韵。它水质纯净，口感纯正，掬水入口，润喉无声，其味无穷。

漳　河

漳河的美在于山。水库两岸青山逶迤，山峦叠翠。远眺群峰，有如丹青巨匠抹在天边的一道水墨画，浓抹淡写，意境深远。步入画中，身临其境，采杜鹃，追野兔，听牧笛横吹，看牛羊相戏，也许你会生千古幽情，发万般感慨。

漳河的美在于山、在于水，更在于山水和谐的统一。两岸青山，一河绿水，山俊秀，水柔美，相辅相成，相映成趣。库中近两百个孤岛、半岛，或依山带水，或跃水而出，或苍松挺拔，或果香四溢，各具情态，风格迥异。

漳河风景区内除了优美的自然景观外，还有众多的人文景观和名胜古迹，如今已成为人们旅游的极好去处。观陡石崖，游观音岛，让人引出一串观音菩萨游历漳河的神奇传说；登鸡公尖，望插旗岭，令人牵出许多武圣公横刀跃马的英雄故事；上伍峰寨，攀乐天处，使人仿佛看到历史长河中泛起的阵阵云烟。还有那龙口湾、青蛙岩、杜甫沟……一个景点就有一个感人肺腑的故事。下面，就让我们一边欣赏漳河的自然山水，一边品评漳河的历史人文。

渠首景区 渠首闸为漳河水库最大的引水闸。总、二、三、四干渠均由此闸配水，最大引水流量121立方米/秒。渠首闸于1958年2月动工兴建，1962年4月基本建成。闸前闸后环境优美，可观览遨游，可休闲娱乐。

洪山古寺 洪山古寺，坐落于漳河风景区南部的漳河镇陈井村洪山余脉，古称关帝庙，又名柏树庵，始建于清嘉庆元年(1796年)，占地2000平方米，坐北朝南，分前后两殿，两殿各由三间砖木结构的大堂组成，高两丈有余，寺门的门楣上，镶嵌着“洪山古寺”四个魏体大字。寺庙相映，风推松涛，给人以一种神游仙境之感。

洪山寺自修建以来，一直香火未断。现在寺内仍住着两个僧尼，她们每天除了按时上殿念经、操持佛事外，剩余时间就是种菜养花，从事轻体力劳动。

该寺自修建以来一直得到较好的保护。据记载，古寺曾进行了8次修缮。起初，该寺只有后殿大堂，光绪五年(1879年)扩建前殿，构成完整的四合院式建筑；光绪十二年(1886年)，又进行一次维修；1917年、1931年也曾进行过维修。每次维修，均有碑文记载，大都是当地富裕人家捐款捐物资助的。1984年，荆门市政府拨款近万元进行了第7次修缮。此次是在不改变原有结构的前提下，进行了整体修复。1994年政府又组织修建了僧尼的生活用房，完善装饰了寺内的塑像，更增加了寺庙的知名度，每年接待观光游客近千人。1985年，日本教授、佛教学者河本博道先生到该寺参观，看到寺里保存完好的塑像及几部经书后，给予了较高的评价。而今，这座乡村名刹已成为漳河风景区的主要景点之一。

宏图景区　宏图景区位于漳河水库东南岸，它与漳河水库最长的坝——副坝隔河相望。景区内的宏图飞机制造厂始建于1971年4月。当时主要是利用漳河水库宽阔的水面进行水轰式飞机的科学试验，其后又进行过水上飞机、水上飞艇、地效飞行器等科学试验，现已由军工企业转为民用企业。景区内现有水轰五飞机陈列可供参观，还有小型飞机可供游客空中游览。在这里乘上小型飞机翱翔蓝天，您可饱览荆门无边秀色，俯瞰绮丽风光。在景区北部沿岸半岛上，坐落着一栋栋别墅，主要有避暑山庄、天鹅别墅、锦绣山庄。这里林深幽静，冬暖夏凉，是休闲度假的好去处。

观音岛　观音岛位于漳河水库岛屿群之中，岛上林幽花香，百鸟争鸣；一岛浮渚，四面环水，置身其中，俨然如仙。传说此岛原为一巨型岩石，突兀嶙峋，寸草不生。一日观音菩萨到此小憩，拂尘一展，香汗入石，于是林生草长，百花争艳，百鸟争鸣，后人据此传说将此岛叫作观音岛。岛高18米，岛中有位中南5省之首的双面滴水观音，净瓶滴露，滋润红尘逆旅，杨柳轻拂，点化众生迷津。众多佛家名士前来弘法，为善男信女祈福。观音显圣为这个休闲避暑的人间福地增加参禅祈福的好去处。观音岛集休闲娱乐与生态观光于一体，泛舟漳河，乘兴登岛，穿过古色古香的观音岛牌坊，拾级而上，探幽径，采芳草，观百花，赏奇景，猎野鸡，或攀爬，或休闲，其乐融融。这里真是人间仙境，世外桃源，有诗形容："一岛浮渚歌上下，众香摇曳水中央。霓云芳菲鸣翠鸟，青黛玉簪赛天堂。"

鸡公尖　漳河水库有观音寺、鸡公尖、林家港、王家湾等四座挡水坝，以观音寺大坝为最高，以鸡公尖大坝为最长。

鸡公尖大坝，它位于鸡公尖山附近，系拦截漳河支流育溪河而成，1958年冬动工兴建，1965年8月基本建成，最大坝高58米，坝顶长度1950米。鸡公尖又名祭公剑，相传这里曾演绎了一段关公怒劈青山的故事。三国时，镇守荆州的蜀将关羽率兵攻打襄樊，水淹七军威震华夏。不料东吴都督吕蒙乘机偷袭了荆州。关羽闻讯后星夜兼程，沿漳河古道向荆州疾行。曹操得知关羽退兵樊城，回救荆州，便修书东吴，欲两军夹击，将关公困死途中。在这危急关头，关羽急中生智，叫部下在山岭上，遍插旌旗，尽书"关"、"刘"、"孟"字，魏、吴两军见漫山遍野旌旗飞扬，以为上庸守将刘封、孟达的援兵已到，故不敢近前，各自退兵。自此，这山岭便叫"插旗岭"了。关羽在插旗岭施疑兵之计，退了魏、吴追堵两军，聚兵来到鸡公尖。关羽十分痛恨东吴背叛孙刘联盟，圆睁凤眼，对天盟誓，要与吕蒙决一死战，复夺荆州，他面对鸡公尖山，挥舞青龙偃月刀，一刀将山劈为两半，一半倒向观音寺，一半朝天耸立，形如宝剑，刺破青天。后来，关公失了荆州，败走麦城，在回马坡被吕蒙部将马忠用绊马索所获，断头归天。人们为了祭奠关羽，便称“鸡公尖”为“祭公剑”。

鸡公尖大坝建成后，形成了库容12亿立方米的鸡公尖水库。站在鸡公尖大坝上，追忆悲壮关公，远眺烈士陵园，看鸥鹭翔水，听渔歌互答，万千感慨，油然而生。

观音寺 漳河第一坝——观音寺大坝，它是漳河水库枢纽的主体工程，系拦截漳河主河道而建。1985年7月动工兴建，1964年10月基本建成，最大坝高66.5米，顶长度630米。坝体为黏土斜墙砂石组合坝，是中国土坝建造史上少有的杰作，目前在世界上也极为罕见。它如利剑，腰斩漳河，首立其功；它似铁壁，锁住孽龙，造福黎民。放眼库内，青山苍翠，绿水扬波，万千美景，尽收眼底；俯瞰坝外，厂房林立，电网纵横，这里有漳河水库最大的水力发电站，有漳河茶场，这里也有虹鳟鱼、鳗鱼等珍稀鱼类养殖场。

说起观音寺，还有个传说哩！很久以前，这里有个发财老板叫付天龙，娶了六个老婆，一个也不生育。一天，他遇到一个从四川来的乞丐，付天龙得到了乞丐的点化。他启开母墓，往下凿井，直至发现一块石头，并将石钻破，破了这颗“杏子籽”，果然他的第六个老婆生了三子：云乔、海乔、兰乔。后来，付天龙才得知这是观音娘娘送的子，于是筹款建庙，曰“观音寺”，大兴香火。铁铸大钟悬挂在大刺槐上，一撞，十里八里听得一清二楚。斗转星移，观音寺大有改观，青砖瓦房，石板小街，热闹非凡。

观音寺烈士陵园坐落在大坝对岸青山上，其上有烈士纪念碑。1959年3月29日，荆门后港、烟墩两区因洪水暴涨，有四座桥被水淹没，仅二号桥可以通行。下午7时，民工收工回营，约千人拥挤其上，将桥压塌，571人落水。经奋力抢救，412人脱险，159人不幸身亡，其中因舍己救人而牺牲的有11人，省长张体学得知噩耗，即赴现场处理，召开了万人追悼大会，并拨款修建纪念碑。登上59级石阶，便到了烈士陵园。首先映入眼帘的是高高耸立的烈士纪念碑。碑的正面刻有“万古长存”四个大字，碑的背面刻有总指挥长饶民太所作《漳河魂》，蓝底白字。蓝底象征水库，白字犹如白花。

小漳河景区 从小青岛向西北航行，水面越来越窄，库岸山势陡峭，便不知不觉进入小漳河景区，人们还叫它“小三峡”。

从小青岛沿漳河故道西行，首先映入眼帘的是陡石崖，约150米高，如神刀砍，奇斧劈，从云霄直插水面，气势宏大。传说很早以前，这里是一道高岩山岭。有一年遇百年大旱，禾苗干枯，黎民百姓结队岩下，焚香跪拜，对天祈祷。祈求天降甘霖，以解人间干渴。观音大士见此情景，挥舞天斧，左砍右劈，高岩成为两半。霎时，乌云滚滚，电闪雷鸣，大雨倾盆，一会儿云开雾散，彩虹映日，一条大河如彩带从岩下涌出，美丽极了，人们取名为“漳河”。今天“西江石壁”上两堵岩，传说就是观音大士留下的天斧神迹。这则神话传说，寄托了古代劳动人民神奇的幻想，希望四方通渠，五谷丰登。如今，梦已成真，当代“观音大士”移山修库，引漳河水灌溉当阳、钟祥、江陵等地260.5万亩良田，形成了庞大的灌溉网络，粮丰林茂，人民富裕。

小漳河入口处的河西岸有一伍峰寨。寨不高，海拔约240米，一刻钟可登顶。寨有东、西、南、北四门，西门刻有“伍峰寨天保门”，其他三门均为天字门。寨墙周长约1500米，全为夹墙，里外均由青石条砌成。外墙高，有石垛，可供眺望、射击、镇守。内墙略低。中间填土，其上可行战车。每隔数丈，有石梯登寨墙、寨门，整个建筑，坚如磐石。

伍峰寨犹如一个椭圆形的运动场，可分南、北两区。北区设有指挥机关(房宅旧址犹存)，门前辟有水塘；南区是个练武场，为宽阔的草坪，比篮球场还大，近前有一水塘。整个寨区，除了那片绿茵茵的草坪，全被古老的松柏覆盖，显得古朴、清幽。站在伍峰寨，人们却发现根本就见不到五个峰，这是为什么呢?相传古时，为了建寨，多少人在“西江石壁”那块地方顶酷暑、冒严寒，劈岩凿石，肩扛背驮，也不知多少人流血牺牲。可以说，伍峰寨是古代劳动人民智慧和力量的结晶。伍峰寨五个峰则是被就地取土，填在了1500米长的夹墙里了。

在小漳河故道北岸有一巨石，房间那么大，形似蛤蟆，两眼圆睁，警惕地防范着什么，似攻似守，呈欲跃之势，名曰蛤蟆石。其后，仅隔一条溪沟，有一条长岭，活像一条爬行的大蛇，正向蛤蟆追捕而来，这就是青蛇岭。故道南岸，又有一条活像蜈蚣的蜈蚣山，欲飞身过江向青蛇扑来。蛤蟆石、青蛇岭、蜈蚣山呈三角鼎立之势，这里便流传着一个“三怕”的故事，即蛤蟆怕蛇、蛇怕蜈蚣、蜈蚣怕蛤蟆的“一物降一物”。

民间传说，癞蛤蟆打呵欠，大口出气，张口一喝，从它面前过的飞蛾、飞虫、蜈蚣，全被喝进它的大肚里，蜈蚣是最怕癞蛤蟆的，怕它大口大气的一张嘴。爬行动物蛇怕节肢动物蜈蚣，论块头，大青蛇怎么会怕小蜈蚣呢?可自然界大怕小不乏其例。蜈蚣爬行时，21 对足像划桨，配合默契，第一对足像铁钩，能分泌毒液。小小蜈蚣只要叮到大青蛇的身上，放它一箭，以毒攻毒，准叫大青蛇死亡。这时，小蜈蚣便舒舒坦坦地躺在大青蛇的肚腹上喝它的冷血，补养自己。癞蛤蟆怕蛇，这是妇幼皆知的，毋庸赘言。

相传很久以前，这里是一片沼泽地。一天，阴云密布，忽然，草丛中呼呼啦啦响，青草直往两边分，一条大青蛇向一对蛤蟆母子窜来。小蛤蟆怕极了，跳到母蛤蟆背上，大蛤蟆驮着小蛤蟆一蹦三尺高，急于逃命。逃命途中，恰遇一条大蜈蚣划动着 21 对双足尾随大青蛇，紧追不舍。蛤蟆心想：它要吃我，我要吃你，死也不当饿死鬼。于是，张开大口，纵身一跃，向蜈蚣扑去……就这样，甲追乙，乙追丙，丙追甲，追得难分难解。正在此时，观音娘娘由此而过，见这些生灵互相残害，便抽出金簪两划三点。两划：一划一条河，二划一条溪，把三个生灵隔开。三点是定身法，把三个生灵定在原地，让你想爬也爬不动，想跳也跳不起，想吃也吃不到。就这样，过了很久很久，大蛤蟆变成了蛤蟆石，大青蛇变成了青蛇岭，大蜈蚣变成了蜈蚣山，并为后人留下了这个富有哲理的传说。

沿鹰子沟上行三四里，便到了杜甫沟。首先映入人们眼帘的是一棵造型古朴的千年松，人们叫它“杜甫松”。这里(今当阳市育溪镇同明村)早先住着杜甫的胞弟杜观。杜观是因逃避战乱而从陕西蓝田南迁当阳的。唐大历二年 (767 年)，杜甫 56 岁，住在夔州。春末，胞弟杜观曾到夔州省亲，看望其兄杜甫，不久回到陕西蓝田娶了妻子，返还江陵，寓居当阳。杜甫于唐大历三年(768 年)夏，来此探望胞弟杜观，并小住数日。此地故名“杜甫沟”。

据郭沫若《李白与杜甫》一书中载：“大历三年，杜甫 57 岁。正月初旬仍在夔州，中旬出峡，……三月抵江陵。”在此逗留数月，“秋移居公安，暮冬离公安，舟近岳阳已迫岁暮。”郭沫若的这段记述，把杜甫是年行踪表述得十分清楚。可以推测，杜甫从江陵乘舟溯漳河而上，来到杜观居住地。杜甫沟有一墓碑上记载：“命系嘉庆年间,生于南漳周岁畈,亡于当阳漳河杜甫沟。"可见杜甫沟这个以诗圣命名的地名由来已久。

杜甫沟的山腰有一奇石,曰"杜甫石",其上有双脚印。传说,杜甫在此立足观书、吟诗,专注久时,留下深深的脚印。杜甫沟有名之始,迄今已有1200多年历史了。历史悠久,风景如画,山峦叠翠,鱼米丰腴,令历朝墨客骚人凭吊古迹,流连忘返。

乘船沿漳河故道前行,前面山势起伏,活像一条游龙戏水,把整个库面拦截,这就是龙口湾。龙头张开龙口,终年流水潺潺。龙口下有三个盆口大小的圆臼,晶莹闪亮,酷似三颗宝珠,久而久之,龙口下积水成潭,三颗宝珠在碧潭中日夜放光。龙口湾是一块富饶之地。古时说:"龙口湾里出白米,姐儿口里出砂糖。"这里人杰地灵,水也甜美,人也漂亮。如果龙口下面真有珠宝,那么这片叶绿果红的橘园就是今天的龙口明珠。

龙口湾对面是碗米岗。传说,从前岗上有一个舂米的碓臼,这个碓是一个神碓臼,每天晚上只要从龙口湾里取一碗米放到碓臼里,第二天清晨就是满满的一碓窝白花花的米,可供湾里的人吃一天。一天,一个贪心的财主,霸占碓臼为己有,并强迫一个石匠,把碓的窝窝钻大,让它多装些白米,结果呢,第二天这个财主挑着箩筐去取米,一粒米也没有了。

三、徐家河

徐家河风景区位于随州广水市长岭镇风光绮丽的徐家河库区，是湖北省首批省级旅游度假区，汉丹铁路、316国道从西部穿境而过。1956年，在长岭镇修筑大坝，拦腰截断徐家河水，形成库容5亿多立方米的人工湖。徐家河水库是湖北省第三大水库，水面面积达7000公顷，总蓄水量达7亿立方米，是集防洪、灌溉、养殖、发电、旅游多功能为一体的水利枢纽。

徐家河一号坝兴建于1958年，全长1000米。大坝斜坡上“徐家河水库”五个大字苍劲有力。每当夜幕降临，大坝在灯光的照耀下像落地的彩虹，又像浮出水面的蛟龙，景色蔚为壮观。

徐家河白毛浮绿水

徐家河河面宽广，水质清澈，素有“水上乐园”的美誉，是天然的游泳池。春游徐家河，这里波光粼粼，阳光融融，绿林成荫，空气清新。人们可以乘快艇飞驰湖上，体验直挂云帆济沧海的畅快；也可投身碧波，体验“春江水暖你先知”的感受；还可乘一叶小舟垂钓湖边，细细品尝鱼儿上钩的雅趣。或者漫步柳堤，或者闲坐沙滩，静静地享受春天的气息；也可荡舟去湖区深处的人家，住农家客栈，吃香喷喷的瓦罐鸡汤、锅巴稀饭……

每逢盛夏时节，这里游人如织。湖北省曾在这儿举行多次游泳比赛，也曾孕育出许多游泳健将。1982年9月，曾获得中国、法国、瑞典三国国际潜泳邀请赛女子100米蹼泳第一名的长岭镇农家女子余建玲，就是从这里游向世界泳坛的。

整个徐家河水库库面呈枫叶形，内有108个岛屿，就像108颗珍珠镶嵌在或红或绿的缎面上，让人产生无尽的遐想。随着主体河道伸进群山丛中，出现了众多有名无名的岛屿，离大坝较近的有鹿角岛、白鹤岛、情人岛、桃花岛、鳄鱼岛、梅花鹿岛、鸟岛及龙凤岛等。

桃花岛四面环水，面积约2公顷多，因岛上遍种桃花而得名。每当春暖花开，这里桃红满枝，幽香四溢，远望似云蒸霞蔚，近观如置身画中。漫步岛上，头上桃红点点，脚下落英片片。“世外桃源”也不过如此了！

鳄鱼岛是银龙集团投资数千万元引进500多条非洲尼罗鳄在此养殖而得名，它是我国唯一的尼罗鳄养殖基地。养殖场内有中国的扬子鳄、泰国的湾鳄、美洲的短尾鳄、非洲的尼罗鳄等。尼罗鳄尖齿利，性情凶猛，长度均在2米以上。它们平时神情慵懒、动作迟缓，可一旦投入食物，便张开大嘴，竞相捕食，动作迅如疾电，争食的血腥与残酷绝对令人毛骨悚然。

梅花鹿岛上养有梅花鹿100多头，其中最大的梅花鹿体重达200公斤以上。这里是湖北省著名的梅花鹿研究中心，食用肉鹿人工驯养技术正有待全省推广，这给山区农民脱贫致富又指点了一条新路。

鸟岛孤立湖心，植被繁茂，空气清新，环境幽静，食物丰富，每年吸引数百只白鹤在此栖息。夕阳西下，一只只白鹤或扑腾着翅膀在林间低飞，或悠闲地站在树枝上梳理羽毛，或傲立在枝头警觉地凝视远方……勾勒出一幅渔舟唱晚的景象。

徐家河渔舟唱晚

龙凤岛是徐家河水上旅游集散地及游客度假中心，主要建筑有游客中心、文化广场、旅游码头、水上高尔夫球场、热气球升降坪、水疗保健中心、儿童乐园、烧烤营地等。

徐家河水库库区周围有应山"三台八景"之一的云台观。云台观山势陡峭，白云缭绕，气势恢弘。站在山顶极目远眺，百余里内的湖光山色尽收眼底。山上还曾发生过当年新四军为保卫根据地人民的利益与日本侵略者的战斗，那主峰上40多米高的烈士纪念碑，是新四军与日寇浴血奋战的见证。库区周围还有雷打石、断腰岗、仙人桥等奇特的景点。

徐家河年产银鱼近百吨，远销东南亚、日本。徐家河银鱼是淡水鱼，长约7～10厘米，体态略圆，细嫩透明，色泽如银，也俗称"面条鱼"。中国是世界银鱼的起源地和主要分布地区，在中国东部近海和各大水系的河口共分布有世界17种银鱼中的15种，其中特有种6种。银鱼营养价值和经济价值均很高，是重要的经济鱼类。

四、道观河

道观河原叫倒灌河，为新洲境内三大河流之一——沙河的一条支流。清光绪《黄冈县志》记载："道观河，源自大崎山，西南流为高家河，折而北为倒灌河，即道观河（此地有紫霞寺道观因名）。"民间传说对道观河名称变换则赋予了传奇色彩。很久很久的时候，道观河东向西流，悖于西向东去的一般江河流向，为倒流，当地人称这条河为倒灌河。相传东晋年间，有一著名道士，看中此地山水，便在此筑观炼丹修身，后得道成仙飘然而去，人们便把倒灌河改为道观河，并延续至今。

道观河

道观河，干流长 31.2 公里，新洲境内河流长 12.6 公里，流域面积 148 平方公里，年径流量为 0.98 亿立方米。建库前，因河道弯曲，山洪急骤，历史上曾多次发生大水灾。明嘉靖三十二年（公元 1553 年）五月二日，道观河山洪暴发，"溺死千人，毁田千顷，道观河街湮没无遗。第二年又大水。"建国后，党和人民政府领导人民治山治水，变水害为水利，造福于子孙后代。1958 年 7 月中旬，省水利厅副厅长漆少川率水利专家张志诚、毛维超等，勘察了道观河山势地形条件，确定兴建道观河水库。1968 年春建成蓄水。水库大坝位于道观河街东首，为黏土心墙坝。自岩基高程 13.8 米起，坝体总高 72.5 米。坝面长 345 米，坝底长 135 米。河床高程 50 米。副坝位于舍儿岭南端，为黏土心墙混合坝，坝面长 129.5 米，坝基高程 55.3 米。溢洪道位于天子坳。

道观河水库是一座以灌溉为主，兼顾防洪、发电、养殖、旅游等综合利用的多年调节水库。库区面积 108.84 平方公里，总库容为 1.096 亿立方米，兴利库容 0.691 亿立方米，死库容 0.09 亿立方米。库内常年水面约 6000 亩。水库有南北干渠两条，南干渠长 1.76 公里，北干渠长 30.3 公里。整个水库酷似一个巨大的银钟，镶嵌在群山之中，库水清澈见底，碧波荡漾。

自改革开放以来，道观河水库管理处在巩固和发展现有水利工程效益的同时，积极利用工程管护范围内的水土资源和技术设备条件，全面开展农、林、牧、副、渔、工、商、旅游等行业的综合经营，先后兴办和扩建了养殖场、园林场、罐头厂、瓦楞厂、五金厂、副食品加工厂、水电站、建筑队、综合商店等 10 多个企业。曾招来美国、日本、法国、加拿大、荷兰、新西兰等 10 多个国家 30 多位友人造访，被誉为“东山明珠”。

道观河风景区位于新洲县东部，东与黄冈接壤，北与麻城毗邻。占地面积 48 平方公里。风景区内有一湖、二洞、三寺、三潭、四泉、六岩、十溪、七十二峰等名胜古迹。将军山主峰海拔 675 米，是武汉山峦最高峰，现被列为国家级森林公园。

相传东晋时，一老道四海云游，寻觅“洞天福地”，用以修身。一日寻经大崎山下的龙潭，但见飞瀑高悬，如神龙布雨。缘溪行，夹岸青山叠翠，朝夕云生。向前去，高岸宽河，天光云影，当即感悟到此地便是道门，遂结庐、建庙，吟诵法事，惠施济民，终于得道升天。道观河由此得名。今日的道观河风景区，位于新洲城关东北部，大别山余脉南端。这里山随水转，水复山重，山不高而秀气，水明净而幽深。湖光山色，有近影，有远衬。登高而呼，山鸣谷应，回响悠长。登上道观河群峰之首的单凤岭，一览众山，始知一山一坳，一湾一潭，概由 72 座山峰迂回交织而成。舟行湖上，顿觉头上有个蓝天，水里有个蓝天，相互媲美，而水中蓝天更多彩。但最令人叫绝的则是主湖两岸相对排闼且高度无差的两座青龙山，宛若两条飞龙从天而降,尾扫苍山,首扑湖心,作抢夺湖心“珠宝山”状。

当地言传,这青龙山的来由是:某年大旱,赤地生烟,百姓不得活。玉帝派济民使者驱两条青龙下界行雨,不料济民使者暗地里收了青龙的宝珠贿赂,便闭上眼睛任其在道观河中恣意行乐,造成沿河百姓死者十有八九。玉帝闻之大怒,以九天霹雳将济民使者击得身首异处,两青龙亦毙命河中,成为现今的青龙山。相传还有“铭山官箴”,藏于道观。

旧说:“道观河中不是水,全是仙女抹头油。”今说:“天上好水道观有,道观好水天上无。”其水源于林泉,积于深潭,溢于河渠,四时代谢,年年更新。所以冰清玉洁,甘爽宜人,饮之清心解闷,沐之祛病提神,故游者无不尽情一饮,畅怀一浴。这正是:青山不老,明镜不疲,道观山水秀色可餐!

钵子山:汉子山下水库之滨,有一圆形山丘,似覆盖着的巨钵,周围无山丘岩石,独立库畔,与库水相辉映,别有一番情趣。民间传说,在很久很久以前,这里出了一个妖魔,鼠头蛇身,吞噬过往行人,而且常兴风作浪,淹没房屋庄稼,百姓怨声载道。太上老君闻此,乃施法道,用镇妖钵将妖怪压盖在此,后来,镇妖钵化为山丘,故名钵子山。

天子坳:位于道光河水库溢流坝。相传这儿是“龙仙地”,后世出皇帝。唐太宗李世民曾巡视到此,唯恐有人夺天下,乃兴师动众,将这里的山脉层挖断,因故而得名。1967 年,修建道观河水库溢流坝时,从岩石里挖出一宝剑,传说是李世民留在此的“青龙剑”。此剑当时很多人见过,现流落民间。

螺丝咀:汉子山下,有一座山丘矗立于水库之滨,状似巨大的螺丝。这里流传着一个悲壮的故事。相传在很久以前,有一个穷苦农民在道观河捕鱼,一天,风大浪急,从早捞到晚,一条鱼也没有捕着,看看日已西沉,正准备打捞最后一网回家。这一网仍没有捞到鱼,却捞起一个螺蛳壳。他看到这个螺蛳壳很大,就带回家用来装米。说也奇怪,用这个螺蛳壳装的米总也吃不完,当日看见米还不满,第二天就又装满了,家里因此总有饭吃。这位农民十分善良,他想村里很多人都靠吃野菜过日,人人面黄肌瘦,我何不救济救济他们呢?于是,他将螺蛳壳的秘密告诉了大家,从这天起,家家都来他家领取粮食。从此,全村穷苦人都有饭吃,人们过着温饱的日子。这一消息传到了官府,县官听说有此宝贝,立即将这个农民押到县衙,逼其交出螺蛳壳。农民想:这个宝贝是全村的命根子,我宁死也不交给官府。尽管县官严刑拷打，他还是不交。他在牢里关了很久，料定官府不会轻易放过他，在一个风雨交加的黑夜，他费了很大周折，终于从大牢里逃了出来，找到了藏在岩洞里的螺蛳壳，紧紧抱住它，从悬崖上跳进了波涛滚滚的道观河。此时，一声霹雷，大地抖动，巨响过后，水面上恢复了平静。第二天，人们看到道观河畔平地矗立起一座状似螺蛳壳的山丘，这就是今天的螺蛳咀。从此以后，人们为了纪念这位善良的农民，经常到螺蛳咀烧香膜拜。但人们世世代代还是受苦受穷，因此，当地流传着这样一首歌谣："螺蛳打了咀，渔船翻了底，钵子（钵子山）没了米。"

道观河不仅山水优美，其人文景观亦十分悠久。诸如"鄂东第一寺，道观庙显灵"；"唐皇李世民，御笔紫霞寺"；"古堡城楼寨，抗清名节关"等等，无不给人以历史的纵深感。此外，道观河系我省革命老区之一。革命战争年代，周德顺、刘天元、陶子玉等先烈，长期在此领导武装斗争。老一辈革命家李先念、张体学等都在这里从事过长期的革命斗争活动。

道观河有街，原为古韩城驿，是一座古老的集镇，历史悠久，相传兴建于战国。韩国大臣韩公使楚，曾在此逗留于驿站，邀请知名人士了解民情，关心百姓疾苦，深受爱戴。为纪念这位大人，道观河人将他下榻的驿站更名为"古韩城驿"，并用汉白玉石雕四个大字嵌在门额上。

红杨树：在桐子岗村李家后湾。北宋时期，系外国使臣向朝廷进贡的一种名贵树种，大臣李阁老（桐子岗李家后湾人）将此树带回老家栽种。此千年古树，需三人合围，至今仍枝繁叶茂。树表面呈红色，将树枝锯成木板，亦呈天然红色，实属稀有植物。曾有白鹤成群结队来树上筑巢，密密麻麻，数以万计，白鹤环绕村旁的两条山冈，活像巨凤腾空而起的两个翅膀，人们说此地是"观凰地"，红杨树长在冈的头上，酷似凤冠。

"奇石牛"：位于油麻岭村石牛岗。传说很久以前，救苦救难的观音菩萨，见民间田地荒芜，生灵涂炭，乃发慈悲，遣神牛下凡，并赐金犁金耙，命神牛为百姓耕种。但神牛下凡后违背菩萨意愿，不仅不帮百姓耕种，还到处危害庄稼，一天就要吃掉十亩田的稻谷，百姓怨声载道。于是，菩萨决定惩治这个害人精，在一个深秋的夜晚，突然雷电交加，一阵紧一阵的闪电朝正在危害庄稼的神牛劈来，神牛被从江南赶到江北，最后被赶到新洲的汉子山中，在油麻岭一带被击毙。从汉子山到油麻岭约5公里的路上，有一堆堆牛屎状的灰色石块。说是神牛被击中后，沿途拉下的粪便所成。在其倒下的周围，也有同样的灰色石块。神牛的舌头被雷电击断，飞落在一里远的枫树坳上，变成一条舌状石条。神牛的头部飞至黄冈县铁冶乡，这里因此而得名牛头咀。菩萨所赐的金犁金耙，尚在汉子山山腰中。清乾隆皇帝曾来此地游览，闻此传说，挥笔题诗，并刻在石块上。诗曰："石牛如何在新洲，江南来此几千秋。狂风阵阵无毛动，细雨涔涔有汗流。青草成堆唯下口，金鞭敲断不回头。山河永固君常在，镇守河山万古留。"惜因年代久远，现字迹模糊不清。

紫霞寺：位于道观河大桥附近，始建于唐代。相传寺内原有唐太宗李世民亲笔所书"紫霞寺"匾额。民间传说，一天早上，李世民来到这里的天星沟，从天星沟向西北方向远眺，见今道观河大桥一带霞光满天，气象万千，感到奇怪，即召风水先生到此勘察，风水先生说，这里是风水宝地。李世民当即御批，在此处修建一座寺庙，并赐名"紫霞寺"。惜此名寺在"文革"期间被毁，名匾亦流落民间。1985年经有关部门批准已在原址修复，现每逢农历初一、十五及节假日，朝拜的香客络绎不绝。

报恩寺：原报恩寺始建于今新洲仓埠镇，"文革"期间被毁。1987年原报恩寺僧人，现广东佛教协会会长释本焕大法师投资在道观河重建报恩寺。此处依山傍水，气势天然，风景绮丽，处境幽静，堪称丛林佳境。

1989年11月，一代高僧释本焕大和尚回故里新修祖庙报恩寺，选中道观山水福地。于是，兴修庙宇拉开了开发道观河山水旅游资源的序幕。本焕法师时年81岁，故乡新洲。60多年前出家修行，为中国佛教禅宗临济宗第44代传人。德高望重佛法精深的本焕法师，其弟子达十数万之众，遍及海内外。他的出家之寺原为报恩寺，地在新洲仓埠，后因故毁坏。他的众多高徒建议他兴修祖庙，本焕法师听从徒议，派人到道观考察山水，择地修寺。当时的新洲县政府给予老法师大力支持，修通一条长达4公里的山道。经五年建设，1994年10月重新修建的报恩禅寺落成开光。报恩禅寺坐落于青龙山腰，依山傍水，占地134亩，建筑面积15000平方米，殿堂巍峨，气势磅礴，建有山门、天王殿、大雄宝殿、观音殿、地藏殿、方丈室、钟鼓楼、斋堂等，玉佛殿供奉有从佛国缅甸请回的重9吨长6米的整块汉白玉雕成的释迦牟尼卧佛。万佛宝塔，塔身9层48米高，供奉一万尊青铜阿弥陀佛像,堪称世界第一佛塔。

从此,人们游览道观山水,瞻望佛门圣地,天缘、佛缘、人缘聚于一处。

孔庙和问津书院:在道观河风景区下首,有一条小河名孔子河,相传春秋末年孔子周游列国时到过此地,留下一串串历史珍闻。古人钟爱邹鲁文化,早在此建起了规模宏大的孔圣庙和问津书院,至今胜迹犹存。孔庙在“五四”运动以前,全国各府州县,处处皆有,后来有的改作他用,然而房舍犹存。可惜十年动乱期间,一股批孔狂潮,它们大都难逃劫难,新洲孔庙可能是极少数幸存中的一座。

五、索子长河

相比出名甚早的荆门漳河、随州徐家河、新洲道观河，也许蔡甸的索子长河久在深闺人未识，但她一出场就以其澄静、纯美、丰厚赢得了不少“窝边游”爱好者的青睐。而且，随着蔡甸区“大好河山”整体旅游项目的逐步推出，索子长河也逐渐在武汉市内外声名远扬，成为荆楚名水中的“后起之秀”。

索子长河

索子长河以其曲折悠长而得名，它南起沌水向北延伸，纵贯蔡甸区的西部，一直到蔡甸的城头山（今西湖泵站），全长约百余华里。索子长河涨水季节与周围的湖汊连成一片，枯水季节变成一支细长如索的河流。有趣的是，索子长河流水既可向南流，也可向北流，向南从青滩口入侏儒河经东荆河流入长江，向北经龚家渡入汉阳河流入汉江。

索子长河景区

索子长河景区荟萃了沿河两岸渔家文化特色和莲花水乡风景。

索子长河没有什么动人的历史与传说，却以其清清亮亮、婉转悠长的本色荡涤着人们的心胸，陶冶着人们的情操。在河中摆渡、戏水、垂钓，夏日赏荷、摘菱，在河岸品尝渔家风味小吃，是都市人爱不够的天然游乐。

划船：这里的农家用的都是双桨木船，有的上面还有船篷，可以遮阳避雨睡觉。一个船可以载5人左右。一般人不太会划船，搞不好会原地打转转，不过没有关系，着急发疯一下，你就慢慢会了。湖水很清，也很平静，划船会是一种非常浪漫的情趣，着急打转也是更有趣的风景，因为有很多笑声相伴。到了莲区，双桨划船就不行了，一定要用上撑篙，否则你将寸步难行。

采 莲

采莲：索子长河的莲很多，纯属野生，没有任何污染，绝对上乘佳品。每年六、七月份为最佳采莲季节，莲子非常饱满，也有的会成非常坚硬的“老阿莲”，品种繁多，不计其数，一定会“让你一次吃个够”。

踩藕：很多人只知道挖藕一说，踩藕根本不懂。踩藕是湖边长大人的专业做法，找一根粗大的老荷叶，双手抓着荷梗，用脚顺着荷梗往泥里踩，直到感觉遇到莲藕，继续踩松其周围，然后再潜水，用手慢慢把莲藕顺着拉出来。不过要提醒你的是，要会水，还要会潜水至少30秒左右。另外踩完藕后，你的手脚都会因为淤泥而变黑。

摘菱角：河里的菱角也是野生的，成片的，个头较一般人工养殖的要小，要有耐心，慢慢摘。

游泳：河面总是澄清，空气充满宁静……船划到河心，你就很想下水了，河水非常清澈，河底清晰可见，如果你会游泳，不想下去才怪。河水最深处也不过3米左右，最好是船上所有人都会水，来到湖心，左右摇晃，把船弄翻，全部落水，很是刺激。

金莲湾景区

索子长河水质优良，曾被中科院水生所长江水质检测中心评测为一类水质，水源可直接饮用。2004年被湖北省农业厅认定为湖北省无公害水产品产地，其内渔业产品品质优良，品种繁多，主要鱼品种有草鱼、青鱼、鲢鱼、鲤鱼、鳙鱼、鲫鱼、鳜鱼、蟹。目前，经过反复的实地勘察、调研，索河政府在惠农政策的扶持下积极向农业部绿色食品管理协会申报索河渔业绿色食品认证。该地区旅游资源丰富，自然环境秀美，适合发展渔乡、渔韵、渔人家等系列旅游项目。

"渔家欢乐"项目位于索河镇渔业村刘家嘴为主体的地区，坐落在索河镇境内索子长河河畔。渔业村是蔡甸区唯一一个以养鱼和捕捞为主导产业的渔村，该村河段有"两山夹一河"的美名("两山"即江汉平原第一峰九真山，蔡甸名胜龙霓山；"一河"即呈南北贯穿索河镇境内的索子长河)。刘家嘴河段河面幅员广阔，风景秀丽。如今，"索子长河水产品"等农产品已享誉区内外。依托索子长河优势，推广新、特、优鱼苗，改造现有鱼池，形成藕、鱼套养模式，即饲料喂鱼，鱼产生粪便为莲藕提供养分，改良土壤，通过节约成本，提高了效益。

嵩阳寺景区

紧邻索子长河的嵩阳寺景区集群汇集了嵩阳寺、莲池庵、嵩阳山庄、黄金洞等众多景点。"少林情系嵩阳寺，归元脉承莲池庵。"两大名寺的僧众每年都来寻祖朝宗，开发后吸引来了香客和游客。黄金洞因四季泉水不断，古人视为风水宝地，称为黄金洞。洞外沟谷连绵三公里，两边树木形成千面佛像，千姿百态，栩栩如生，蔚为壮观，颇具神秘感。明代赵弼曾吟诗赞叹：山顶云根不计年，高僧会此坐枯禅。春风桃李花开处，绝胜西方七宝莲。

嵩阳山 嵩阳山位于蔡甸区西部，距武汉市汉阳区30公里。嵩阳山又名天皇山，《湖广通志》记载："因天皇山下有嵩阳寺，故又名嵩阳山。"主峰海拔233米，该山峰峦叠翠，山势逶迤，绵延20公里，风光秀丽迷人，具有冬暖夏凉的气候特征。1990年被批准为国家森林公园。

嵩阳山历史上是一座佛教名山，被称为武汉佛教发祥地。相传隋末，李渊率子世民南征，进驻復州的汉阳县，登遍诸山，唯得梅子洞西侧的一峰，向北能远眺汉江蜿蜒东去，向南可俯视长河悠悠西来，是洞悉敌情的理想窗口，遂以此为制高点，安营扎寨。因此山地处长河之北，汉江以南，山高水低，光照充足，故名为"嵩阳山"。李世民登基后，为追念当年在嵩阳山一带收编、为其征战的十八员战将，于贞观年间派遣大将尉迟恭在嵩阳山建寺，并赐匾一块，名"嵩阳寺"。嵩阳寺虽历经千年多次遭战火劫难，香火依然十分旺盛。清人龚台《嵩阳寺记》："素闻东南禅林，嵩阳最著。……林吞山光，泉流林影，四山迴抱，一寺雄踞。寺后松竹交荫，郁郁苍苍，虽秋冬时，有春夏之气。四面多浅溪，萦回澄澈，……鱼皆从石罅中出……"清末至民国初年，嵩阳寺被损毁。

莲池庵 莲池庵属中国佛教禅宗五家之一的曹洞宗。莲池庵沿袭到曹洞宗正传三十世，成为废墟。明代汉阳府台殷德明弃官隐居，重修莲池庵，起法号白光明，他为僧房作联：两扇门摇青竹叶，一池水照白头僧。为庵院书联：莲随风舞妙香远，池映天空正觅仙。白光明崇拜八仙，在庵内遍绘八仙神像，满刻赞颂八仙的诗词。传说铁拐李曾仙游莲池庵，很赏识白光明，欣然带他远游修仙，他却在半途想起两锭银元宝，欲转去取来当盘缠。铁拐李窥见他财心未泯，修仙尚欠火候，哈哈大笑，飘然而去。白光明悔恨交加，回庵为大雄宝殿书联：富贵念头到此地才知有错，神仙洞口留不住却晓无缘。白光明在山中继续修炼。适逢其弟来庵拜访，白光明为了表明了结凡缘的决心，将所积香火钱全部交付其弟，嘱其选址修一寺庙，于是就有了归元寺。白光明送走其弟后，发现还有一块银元宝失落在地，便拾起来随手投进庵前池中，激起金光璨璨的浪花，接着一朵五彩缤纷的莲花伸出水中。此后，池水中长出了秋冬不凋的香莲，故得莲池之名，莲池庵也因此闻名于世。

金龙水寨

虽然传说不能当作信史来看，却有确凿的考古发现证明归元寺与莲池庵有先后的继承关系。考古人员曾在嵩阳山发现一块幸存的古碑，碑文虽有缺损，但清楚记载着归元寺的开山祖师白光明在创建归元寺前，曾一度结茅于嵩阳山下。当年，为了弘扬佛法，白光明带着在莲池庵积下的香火钱，到汉阳修建了“归元禅寺”，他让主峰昆当住持，自己则重回莲池庵。这就是今天细心的人们在归元寺内的翠微泉碑记上，看到的“却是莲池功德水，分来香积结清缘”这两句诗的典故。

金龙岛景区

金龙岛景区集群由金龙湖、仙女滩、撮金山等景观组成。金龙湖躺在嵩阳国家森林公园的怀抱里，湖周林木葱茏，湖面碧波荡漾。湖畔兴建起了生态植物园，园内遍布奇花异草珍果稀木，供游人观赏采摘。进入金龙村范围之后，就能看到一排排灰瓦白墙的徽派建筑——金龙水寨。经过一片茂盛的园林，一个巨大的玻璃房子呈现眼前，走进房子，眼前的景象十分令人赞叹：这里郁郁葱葱的树木和怪石嶙峋的假山装扮的其实是金龙水寨的一个特色餐厅，游客们既可坐在湖光山色中品茗聊天，又能在凉亭水榭里品尝当地的特色美食，与大自然和谐地融为一体。据了解，这个能容纳500人同时进餐的餐厅是以“绿色环保”为主题的，不仅在装饰上保留了自然风光，而且还采用了地下水湿帘控温系统，一年四季都能留住春天的温度。餐厅后面的徽派建筑则是与之相配套的厨房和宾馆，既发挥了其实用功能，又为景区增添了一道亮丽的风景线。

“金龙水寨”占地300余亩，欲建成集农业观光旅游、农业科普科教展示、优质水禽科研养殖、花卉苗木种植及绿色生态餐饮于一体的综合生态旅游园，届时广大市民可以前往该园采摘蔬果、垂钓捕鱼、荡舟湖中、品尝天然无公害的农家饭菜，真正做一回闲居山林的“隐者”。

九真山景区

被誉为“江汉平原第一峰”的九真山处在蔡甸区腹地，九座山峰起伏相连，最高峰海拔262.6米，总面积2万余亩，自西向东连绵16公里，森林植被率达92%，1995年被批准为国家级森林公园。九真山历史上曾被赞为蓬莱仙境，游人登临，莫不心旷神怡，飘飘欲仙。有明代潘文奎所作的《九真山》一诗为证：“潜峰削翠高插天，岧峣观宇临层巅。藤萝络石紫芝秀，琼琚玉佩飞群仙。烟霞缥缈接平旷，香火万千为楚望。霓旌几度空中回，笙鹤冷冷九霄上。凭高极览思莫穷，袭人香气霁空濛。酒酣耳热霄壤窄，恍疑置身神仙宫。”

曾经，九真山是江汉平原及周边地区的道教圣地，香火十分兴旺。建国初期，九真山上有大小道观500余座。九真山曾名“仙潜山”，“五藏山”，史称“郡城祖龙，汉阳之镇山”，很早这里就流传着一些神奇美妙的传说。相传曾有九位仙女在此各据一峰炼丹，后皆成“真”，故名九真山。山上有炼丹台、飞升石，下有炼丹井、菖蒲洞。炼丹井中九泉涌溅，清澈甘洌，秋冬不枯。谚语说：“九真龙泉香十里。”因有龙泉滋润，山下稻米味道也好。民间传说，井上若有蛟龙盘绕，则风雨大作。山下菖蒲洞，长年受着龙泉的滋养，生成的菖蒲很奇异，一寸九节，吃了能延年益寿。九真山南麓，旧时有座仁显庙，据说受香火的是大王菩萨。相传楚昭王时宫中发瘟疫，曾在此设坛禳灾。还有大王菩萨显灵，飞砖飞瓦上山的佳话传奇，说的是巍峨壮观的殿、庙、观、寺等雄伟的宗教建筑均由传说中的“飞砖飞瓦”等“飞”来的建材所构筑。相传汉代真人刘百通曾证道于此，其圣像作黄冠道人模样。

在知音文化已经泛化的今天，九真景区引进了知音文化的因子，子期庐、试斧石、山人居、知音同心锁等一系列富有创新的人文建筑，引领着现代人们去感悟这一传统文化的延伸。知音同心锁长9米、高6米、宽5米，仿《红楼梦》中贾宝玉佩带的灵通宝玉形状制成，是景区内龙霓山的镇山之宝。锁内供奉着月老、送子观音。据说虔诚敬拜，可通灵犀，圆美梦，牵姻缘。柱上一联作得非常好：金锁，银锁，同心锁，锁住天下有情人；亲情、爱情、友谊情，情系人间众知音。

无法抗拒的美食

寻一方美景，品一方美食，方能活色生香，快意提神。蔡甸的特色风味小吃许多由来已久。因其湖泊众多，水产丰美，蔡甸旧时便有“南湖的喜头(鱼)高湖的鳊(鱼)，沉湖的野鸭烹菱角；小奓湖的米虾焙(kù)粉坨，莲花湖的才鱼焖鲜藕”的歌谣。此外令美食者津津乐道的还有：黄陵的藜蒿清香脆，侏儒的‘三蒸’才有味；大集的豆沙包炸金黄，索河的鱼汆鲜嫩白；柏林庄的“鸡蛋泡”大又圆，消泗的粉条拉丝长；常福的胖头汤中汤，如今是新农的牛骨头走四方……皆为游人止步停车品尝的风味佳肴。

蔡甸素有“莲藕之乡”的美誉，“荷叶田田，藕芨连连”；“接天莲叶无穷碧，映日荷花别样红”是蔡甸一道独特的风景，蔡甸以莲藕为主题的饮食文化发达，莲藕入菜五花八门，藕丸、藕海（蟹）、藕夹等系列藕食品甘香酥脆，适口爽心；排骨藕汤更是美名远扬，如今已进驻武汉各大超市。在诸多藕菜中，蔡甸人自创的“才鱼焖藕”堪称一绝，“才鱼焖藕，吃了莫走”也成了蔡甸人挽留宾客时常说的一句俗语。

“才鱼焖藕”一菜的起源与蔡甸莲花湖有关，相传是从前莲花湖一位挖藕老板为挽留外地的挖藕能手“现编”出来的渔家菜。时值冬季，挖藕工人无菜可吃，纷纷嚷着要回家。老板苦思冥想几天无计可施，直到有一天看见湖内的鱼儿围着枯藕梗游弋，突然灵机一动，让人将挖上来的新鲜藕和捕捞上来的几条才鱼混在一锅焖，然后加上少许作料，一开锅，居然香味四溢，吃起来也美味可口，不仅留住了工人，还让该菜在民间流传开来，走进了千家万户。“才鱼焖藕”做法其实很简单，将新鲜才鱼剁成大小不等的鱼块，倒入油锅煎炸后与剁成细长条的藕块混煮，中间加入各种作料，待到藕块焖煮烂后即可起锅。不过如果要做得味道醇正地道，则要用蔡甸本地产的藕。蔡甸的莲藕个头大，品质好，周期长，口感滑润、粉脆微甜。在 2005 年首届蔡甸区“莲藕节”上，一支长 1.64 米、重 6 公斤的“莲藕王”被卖出了 6 万元的天价。蔡甸一年中只有 4 月无藕，据说在武汉人的餐桌上，每三根藕里就有一根来自蔡甸。

蔡甸，这座濒临汉水的古镇，清末张之洞曾评说为“市厘繁荣，水陆便利，实为‘小汉口’矣”。据不完全统计，蔡甸区内大大小小的湖泊有六十多个，且大多莲藕成片、鱼虾丰富，在这样一个山水之乡，厨师们做出来的与“水”有关的菜肴也显得美味无比。

第三章 湖

一、东 湖

“只说西湖在帝都,武昌新又说东湖。一围烟浪六十里,几队寒鸦千百雏。野木迢迢遮去雁,渔舟点点映飞乌。如何不作钱塘景,要与江城作画图。”南宋诗人袁说友这首《游武昌东湖》,充分抒写出了几百年前的东湖独特的风情韵致。

岁月悠悠,今天的东湖更是风情万种,如诗如画。下面就以孙桂庆的一首《东湖晚唱》来揭开我们游览东湖的序幕。

月光哟,明晃晃,溶入绵绵东湖浪。
楚天台,钟悠悠,传来阵阵蔷薇香。
北方的小伙南国的妹,轻轻荡起桨。
湖水碧波浩渺含深情,
楼阁张灯结彩挂琳琅。
青山影跟随,翠柳舞霓裳。
梅园传来琴瑟唱。
柔情胸中装,阿妹问小伙:
这是进仙境,还是入画廊?

星星哟,闪闪亮,撒下珍珠泛银浪。
珞珈山,风送爽,吹开扇扇明月窗。

五湖的亲朋四海的客，纷纷来观赏。
湖面七色绸缎抖金玉，
岸边车灯流彩作装璜。
水杉牵手笑，莲花吐芬芳。
湖心亭上歌飞扬。
豪情唱凤凰，远客问亲朋：
这是逛都市，还是游湖乡？

东湖以其方位而得名，它犹如一颗明珠，镶嵌在武汉市的东部，景区面积80多平方公里，其中湖面面积约33平方公里，不仅是中国最大的城中湖，还是毛泽东同志在解放后除中南海外居住时间最长的地方。1982年东湖被国务院列为首批国家重点风景区，1999年被国家授予“全国文明风景旅游区示范点”，2000年成为国家首批AAAA级旅游景区，2002年通过ISO14001环境管理体系认证。

游一方美景，得先品一方文化。东湖的历史文化，最早可追溯到春秋时期。《史记·楚世家》记载，楚王熊渠在开疆拓土之后，趁着周王室衰微，不仅自立为王，还封了自己的三个儿子为王，其中第二个儿子熊挚红为鄂王。鄂，在今武昌，《括地志》记“武昌县，鄂王旧都。今鄂王神即熊渠子之神地。”在今梅岭内有饮马池，相传为鄂王筑池饮马之所。九女墩后有楚王墓，传为鄂王死后的墓葬。

“三年不鸣，一鸣惊人。三年不蜚，蜚将冲天。”春秋五霸之一的楚庄王，其豪言壮语与伟烈丰功一直为后人津津乐道。在东湖磨山东有鼓架山与清河桥，传说为楚庄王击鼓督战的地方。据《东周列国志》载：楚庄王巡猎途中，令尹斗越椒在宫廷发起政变，追杀楚庄王至此，两军隔桥对望。楚军神箭手养由基隔桥与斗越椒比箭，一箭射死斗越椒，庄王在山头击鼓督战，平息了叛乱，从此，鼓架山因此而得名。

“登大坟以远望兮，聊以舒吾忧心。”（屈原《九章·哀郢》）“乘鄂渚而反顾兮，唉秋冬之绪风。”（屈原《九章·涉江》）这是战国时期楚国的爱国主义诗人和杰出的政治家屈原，遭放逐时写下的诗句，印证了其足迹曾到过东湖。“大坟”即现在的龟山，“渚”，水中小岛也，而龟山附近的“鄂渚”，相传为东湖之中的小岛。

群雄纷争，战乱不断的三国时期，魏、蜀、吴三军在东湖都留下了遗迹与传说。据《湖北通志》载，刘备郊天台在磨儿山。磨儿山即今磨山，刘备郊天台在磨山第三峰，相传赤壁之战时，刘备为祈求上苍保佑，在磨山设坛祭天，郊即祭的意思。珞珈山有曹操庙，相传曹操曾寄宿此处。白马洲有鲁肃的马冢，传说鲁肃以吴国赞军校的官职助周瑜破曹后，骑白马转回夏口，马陷泥中而死，葬马于此洲。伏虎山东麓有卓刀泉，相传关羽接应刘备，从长坂坡来夏口，屯兵于伏虎山，一日军中无水，关羽卓刀于地，水即涌出成泉。

至隋唐，东湖优美的自然环境吸引不少文人墨客聚会于此，并留有摩崖遗迹。唐代贞观年间在洪山建有弥陀寺和正心书院，相传系鄂国公尉迟敬德的读书处。山上有东岩石刻诗："几处稻粱喧鸟雀，数声钟磬起渔樵。"山的西南麓有唐代著名文人李北海的故居，诗人李白亦曾居此作诗吊念李北海。

放鹰台是东湖边的一个著名风景点，位于武汉城内武昌水果湖畔，面积约1万平方米。放鹰台得名于传说李白于唐乾元三年(760年)曾在此观放鹰捕鱼。"八月边风高，胡鹰白锦毛。孤飞一片雪，百里见秋毫"；"寒冬十二月，苍鹰八九毛。寄言燕雀莫相啅，自有云霄万里高。"这是李白的《观放白鹰》二首，描写了秋冬两季在东湖边放飞白鹰的情景。1965年和1997年两次考古发掘，证实为一处新石器时代遗址，属屈家岭文化类型，距今5000～6000年。遗址上层还发掘出20余座唐宋时期墓葬。

宋代庆元元年(1195年)荆南参军赵淳在洪山建有东岩阁，作《东岩阁记》刻于石上，依据山上奇岩怪石的形态，分别命以：云根、云肩、飞雪、栖霞、半霄、清啸、爽垲、翠屏、堆云、狮子峰等名，用各种书体刻于石上。南宋著名抗金英雄岳飞三次北伐均从武汉起兵，在东湖的洪山曾有岳飞读书处，山上有古松，相传为岳飞驻军武昌时亲手所植。南宋理宗端平年间(1234—1236年)，朝廷将随州大洪山的幽济禅寺迁至武昌东山(即今洪山)弥陀寺，赐名"崇宁万寿禅寺"。历经几朝的建设，东湖的洪山成为市人踏青的佳处。元代在洪山建有灵济塔，因在洪山，又俗称洪山宝塔。

民国以来，随着私家园林的崛起，东湖之滨相继建设了一些别墅山庄，最早多集中在东湖西北岸和珞珈山一带。民国初年，有石星川在洪山营造的"官园"，夏斗寅在珞珈山营造的"夏家花园"(亦称养虎山庄)。1930年，民族资本家周苍柏在东湖创设海光农圃，建游泳池、游船码头、动物园等，为广大市民提供了娱乐场所。1949年5月，武汉解放。9月24日，根据周苍柏先生要求，报请周恩来总理批准，将海光农圃作为民族资本经济接收，随之“海光农圃”更名为“东湖公园”。1950年“东湖公园”又改称为“东湖风景区”，成立以陶铸为主任委员，张执一、郑绍文、周苍柏为副主任委员的东湖建设委员会，负责东湖风景区的规划建设。1963年，武汉市人民委员会对东湖风景区的建设和管理作了新的决定，并成立以刘惠农为主任委员，夏世厚等为副主任委员的东湖建设委员会。毛泽东同志和刘少奇、周恩来同志等老一辈无产阶级革命家曾经多次到东湖视察、休息，朱德同志在视察东湖后还专门为东湖题了词。叶剑英、董必武、宋庆龄、郭沫若、何香凝等党和国家领导人也都为东湖题词、题诗、题字。1982年11月8日，国务院将东湖风景区审定为第一批国家重点风景名胜区。根据武汉市总体规划，对东湖风景区的范围重新划定。1985年4月13日，为了加强东湖风景区的规划、管理、建设，经武汉市委、市政府研究决定，将东湖风景区管理处升格为东湖风景区管理局。

东湖风景区属湖泊型风景名胜区，以大面积自然水景为主题，兼有山丘、园林、建筑，融合浓郁的楚文化地方风情，是具有现代精神的国家重要风景名胜区。东湖原由郭郑湖、水果湖、汤菱湖、小潭湖、团湖、喻家湖、菱角湖等组成，关于东湖的形成，较为普遍的说法是由于长江汛期洪水泛滥，泥沙在两岸发生不等量淤积作用所形成的河流壅塞湖。东湖原是由青山港和长江贯通的自然湖泊，水位受长江水位涨落的制约。自青山港建造武丰闸后，东湖由天然湖泊成为人工控制的湖泊。东湖属浅水湖，但在江汉湖群中又相对较深，相应最大水深近6米，全湖平均深度为2.18米。东湖最大宽度为8.1公里，平均宽度为2.9公里，最大湖容为7250万立方米。东湖的南部，山冈起伏，层峦叠翠，有大小山峰34座，东西走向，断断续续，呈雁行排列成三行，一般高度在70～120米之间。最高峰喻家山，高度为149.5米；最长为磨山，长约2.5公里。东湖的东、西、北三面为平原。平原上岗地起伏，湖泊星罗棋布、江河纵横。由于受湖区地质地貌条件影响，东湖沿着断谷侵入陆地，形成众多的湖汊，构成湖湾交错、湖岸曲折的特点。全湖岬湾交错，有大小岬湾120多个，岸线长111.5公里，形成时隐时现、时狭时阔、错落有致的水景，湖光山色，秀丽多姿，素有“九十九湾”之称。东湖风景区地形起伏，环境条件优越，适于多种植物生长发育。有植物318万株，其中树木38万株。东湖水面辽阔，港湾曲折，环境幽静，宜于鱼类和鸟类繁殖和栖息。常见的水鸟有雁、野鸭、沙鸥、樟鸡、白鹭。鸟类多为百灵、黄莺、蓝雀、白头翁、鸠、八哥、啄木鸟、喜鹊等三十多种。湖中鱼类有五十多种,有鳊鱼(武昌鱼)、鲤鱼、鳜鱼、青鱼、鲫鱼、红鲤等。

东湖风景区依自然环境,结合当地传说故事,划分为六个景区,规划建设华亭双月、疑海听涛、泽畔行吟、碧潭观鱼、水天一色、曲堤凌波、湖光浮阁、朱碑耸翠、雪海香涛、翠帷蕴谊、珞珈书香、绿湾春深、枫都秋叶、楚天极目、天台晨曦、常春花苑、芦洲落雁、鸢飞鱼跃、曲水荷风、征帆挂月、双峰夹镜、空山幽笛、烟波渔歌、龙舟竞渡等二十四景。现已建成对外开放的有听涛、磨山两个风景区和华亭双月、疑海听涛、泽畔行吟、碧潭观鱼、水天一色、曲堤凌波、湖光浮阁、朱碑耸翠、雪海香涛、翠帷蕴谊、珞珈书香、枫都秋叶、楚天极目十三景。东湖之美,美在自然。东湖之胜,胜在人文。东湖之水,烟霞似海。东湖之山,清秀妩媚。

东 湖

步入东湖的大门,就是听涛风景区,只见沿湖垂柳拂岸,湖岸绿树成荫,让人不由吟咏起杜甫的《绝句》"两个黄鹂鸣翠柳,一行白鹭上青天"。而此地就取名为黄鹂湾。在东湖烟波浩渺的水边,还有一些笔直挺拔的高大树木,这就是被称为活化石的第四纪冰川时期的古老植物水杉,在三百万年以前它们曾广泛分布于北半球的各个地区。水杉曾一度被世界各地的植物学家认为已经灭绝了,但1945年我国森林工作者却在湖北省利川市发现了水杉林区,成为轰动一时的世界新闻。为了纪念这一古老树种在湖北省首次被发现，武汉市将水杉定为市树。

修建于1955年的行吟阁，为一座三层绿瓦圆柱的楼阁，是听涛游览区的中心，为了纪念战国时期著名的爱国诗人屈原而建。屈原名平（约前340-前278年），战国时期秭归人，是一位杰出的政治家，伟大的爱国诗人。初辅楚怀王，做过三闾大夫。他向楚怀王提出一系列正确的治国方针，对内实行"举贤授能"的进步政策，对外实行"联齐抗秦"的战略主张，使楚国雄踞南方，一度强盛，后遭小人谗言离间，楚怀王疏远屈原，将其放逐汉北。楚襄王继位后更加昏庸，将屈原放逐到更远的江南，永远不得过问朝政。公元前278年，秦国攻破楚国都城，屈原目睹国破家亡，满怀悲愤，于农历五月初五，投汨罗江而死，以身殉国。武汉人民为了纪念这位伟大的诗人，特意为他修建了这座行吟阁。它四面环水，由荷风、落羽两桥与陆路相连。阁名出自《楚辞·渔父》："屈原既放，游于江潭，行吟泽畔。"阁系钢筋混凝土仿木结构，高22.5米，平面呈正方形，三层四角攒尖顶，古色古香。行吟阁雄健俏丽，颇富民族风韵。阁前立屈原全身塑像，像高3.6米，基座高3.2米，造型端庄凝重，屈原翘首向天，款款欲步，流露出诗人被放逐后悲愤郁结的心情。在行吟阁里有屈原的画像及生平简介，还展示了他的一些著作。现代著名的对联名家白雉山有一副对联就是写行吟阁的。上联："且立且行，问泽畔诗人，底事低眉吟鄂渚？"下联："此山此水，想湖边渔父，定当笑语赞神州。"

东湖游船

从行吟阁往南我们可以看到沧浪亭，黑瓦飞檐，其名也是出自《渔父》里的“沧浪之水清兮，可以濯吾缨；沧浪之水浊兮，可以濯吾足。”由于行吟阁过落羽桥是一块天然的三角洲，依地势建有一个扇形的长廊，因临近湖岸，所以取名为“濒湖画廊”。画廊后金桂夹道，可直达屈原纪念馆。

“水天一色”为东湖的二十四景之一。长天楼为其中心景区，这是一组具有民族特色的建筑，1956年修建，为砖木水泥结构，翠瓦飞檐，分上下两层，面阔七间，进深两间。全楼可容纳千人同时就餐品茗，游人凭窗远眺，碧波万顷，有“落霞与孤鹜齐飞，秋水共长天一色”之感。而长天楼正是得名于此。这里的小桥号称九曲十八弯，在这里可以享受碧潭观鱼。东湖以盛产淡水鱼而著称，其中又以武昌鱼最为名贵，别看这只是一条小小的鱼，它身上的典故还真不少。三国时，吴王孙皓想从建业迁都武昌，就是现在的鄂州，陆凯上书以“宁饮建业水，不食武昌鱼”来加以劝阻，以后元朝的马祖常也有“南游莫忘武昌鱼”的诗句，由此可见武昌鱼的名声在很久以前就已经传开了。解放后，毛主席经常到武汉来视察，大都住在东湖风景区内，他曾在当时的听涛酒家吃过武昌鱼，1956年他的《水调歌头·游泳》中也留下了“才饮长沙水，又食武昌鱼”的名句。

长天楼右侧有鲁迅广场，鲁迅半身像在苍松翠柏的掩映下显得格外的庄严肃穆，令人油然而生一种敬意。行吟阁在听涛景区的南面，而这鲁迅广场则是在听涛景区的北边。一个是纪念伟大的爱国诗人屈原，另一个是纪念新文化运动的先驱，一南一北，遥相呼应，可谓是天作地合。

位于东湖西北小山丘上的九女墩，1956年为湖北省定为省级文物保护单位。太平天国占领武昌时不少妇女参军，后清军攻陷城池大肆屠杀，有女兵九人，不为敌威所屈，在此英勇抗击，壮烈牺牲。乡人仰慕她们的英烈，将其遗骨合葬于此，为避清廷耳目，故不称坟而称墩。建国后，加以培修，在岗顶墓前建有70平方米的层台，周有护栏，南有36级台阶，中立雄伟纪念碑，上镌董必武、宋庆龄、郭沫若、何香凝等所写碑记和题词。碑顶悬挂银铃，风振铃鸣，配以拍岸怒涛，颇具当年女英雄们英勇抗敌的意境。四周繁花环拥，树木拱卫，更显庄严美观。有一副对联这样歌颂缅怀九女，上联是“舒袖舞千秋，嫦娥素有清辉魄”，下联是“抚弦歌九女，巾帼常赋义烈篇”。1952年董必武特作诗一首，题为《武昌东湖九女墩》：“自求解放入天军，巾帼英雄著义声。荀灌秦良玉相比，有名曷若此无名。

埋玉深深未敢传，万千幽愤欲回天。清朝覆后来袁蒋，寂寞荒坟已百年。湖光山色各悠悠，共伴块然土一丘。群众最怜英烈女，口碑传出足千秋。人民咸庆大翻身，国势峥嵘气象新。九女有灵如不昧，亦当含笑享明堙。”此外，宋庆龄女士也为九女墩赋诗《谒九女墩》：“鄂中巾帼九英雄，壮烈牺牲后世风。辛亥太平前后起，推翻帝制古今崇。”

湖光阁建于湖心小岛上，由十里长堤与陆地相连，原名“中正亭”，1931年为纪念蒋介石五十寿辰而建，后改称“湖光阁”。阁为三层六面，飞檐绿瓦，登阁四顾，游船轻移，景象万千。雾日，水天一色，湖光高阁，似蓬莱仙境，无不令人向往。

寓言园是全国第一座以中国古代寓言故事为题材的雕塑园，位于东湖听涛区的南端，占地4.4公顷，已建成“狐假虎威”，“愚公移山”，“自相矛盾”等十一组寓言雕塑。

磨山位于东湖东岸，三面环水，六峰相连，山水相依，素有“十里长湖，八里磨山”之称。山北有以楚文化为内涵的楚文化游览区；山南有以湖水地区植物为主的十三个植物专类园；西部山头有纪念朱德为东湖题词的朱碑亭。磨山景区从北开始，依次建有楚天极目、天台晨曦、常春花苑、朱碑耸翠等四景。

东湖不仅自然风景美，而且还是一个知识密集区。湖滨的珞珈山，坐落着具有百年历史的武汉大学，一组组气势恢宏的古典风格的建筑物，掩映在茂密的丛林之中。素有“小清华”之称的华中科技大学、世界闻名的中国地质大学位于东湖南岸并与中国邮电科学院、武汉体育学院等诸多高等院校连成一片，形成一个规模宏伟的大学城。中科院水生物所、湖北省博物馆、毛泽东旧居——东湖梅岭、湖北日报社、新华社湖北分社等著名机构，都分布于东湖之滨，全国最大的高新技术产业开发区、被誉为“武汉 · 中国光谷”的东湖新技术开发区，也与东湖相依。此外，东湖还是水上运动基地，是划艇、帆板、潜水等运动项目的训练基地。中国数位奥运会划艇金牌得主，就是从东湖划向了世界。东湖由此而成为全国独有的集风景旅游、科技文教、体育运动于一体的风景胜地。

二、洪　湖

洪湖水呀,浪呀嘛浪打浪啊
洪湖岸边,是呀嘛是家乡啊
清早船儿,去呀去撒网
晚上回来,鱼满舱啊啊
四处野鸭和菱藕,
秋收满畈稻谷香,
人人都说天堂美,
怎比我洪湖鱼米乡啊啊
洪湖水呀,长呀嘛长又长啊
太阳一出,闪呀嘛闪金光啊
共产党的恩情,比那东海深
渔民的光景,一年更比一年强啊

——《洪湖水浪打浪》

一提起洪湖,很多人马上会联想到《洪湖赤卫队》的革命故事,并哼唱上面这首曾经家喻户晓的《洪湖水,浪打浪》。

洪湖是中国第七大淡水湖,湖北省第一大湖。洪湖面积现在只有348平方公里,而其在历史上最大的面积为734平方公里,人类的开发是造成洪湖面积缩小的主要原因。全湖呈多边几何形,湖岸平直,湖底平坦,湖水呈淡绿色,大部分湖面绿水荡漾,清澈见底。洪湖是湖北所有湖泊有机物含量最丰富的湖水,是我国淡水鱼类的重要产地。鱼种类丰富多样,共有84种。沿湖四周渔场、养殖场密布。湖中种类繁多的水生植物共92种,其中莲籽每年出口均在20万公斤以上。水面辽阔,水草茂盛,鱼虾丰富,是野鸭飞雁等候鸟栖息觅食过冬的理想场所,越冬水禽共有39种,野鸭共有18种之多。全湖常年鱼产量多在30万公斤以上,曾占全省产量一半。洪湖不但水产丰富,而且景色绚丽,四季皆有特色,渔家风情别致,是理想的水上旅游风景区。

洪 湖

关于洪湖的来历,民间流传着这样一个故事。相传,洪湖以前是文泉县,县城就在洪湖中的清水堡。清水堡原先有一口井泉,水色格外清亮,味道也特别好,人们称它为“文泉”,文泉县就这样得名。好多年后,有个新任县官叫莫昭,把文泉改为官泉,还让衙役填平了其他水井,老百姓只能从官泉汲水,每汲一担,交铜钱五百文,莫昭一下发了大财。有个穷书生叫文云龙,屋里蛮造孽,没有钱买水,老母活活干死,文云龙又气又恨,跑到县衙门前,大骂县官莫昭。恰巧,这莫昭头天晚上做了个梦:梦见衙门口石狮子嘴里流血,想必有大难临头。他心里正焦急不安,突然听说文云龙点名骂他,气得鬼火直冒。当场吩咐衙役捉住文云龙,把他打了一顿,丢到一口枯井里,用铁板盖严井口,上了铁锁,还在井口上竖上一根铁柱,上面刻了八个大字:“铁树开花,逆龙归家。”事过三天,一个督粮官来文泉县催粮,路过官泉,正午他口渴难熬,就将花翎顶戴和大红官衣脱下,挂在铁柱上,到官泉喝水。就在这时候,百姓们一齐拥到县衙门前,要求放出文云龙。莫昭正要抓人,有人用荷叶包了一块污血,一把向他扔来,不料打中了石狮子的嘴巴。只听得轰隆一声,一道白光从枯井中冲出来,原来是文云龙变成了一条神龙。跟着一声炸雷,大雨直淋,文泉井水也涌了出来,淹了县衙,莫昭和衙役们统统被淹死。从此,文泉县就变成了一望无涯的洪湖。

洪湖特产之一——洪湖野鸭

洪湖野鸭种类繁多,通常泛指雁形目、鹤形目等野生水禽,共396种,分属8目9科。分青头鸭、黄鸭、中野鸭、八塔鸭等,每年春去秋归,可在冬春捕获。蒲鸭、黑鸭等适应了这里的气候条件,已经安家落户,可以常年猎取。洪湖野鸭一次可以猎取成百上千只,常年产量多达25万公斤以上,占湖北省野鸭产量一半以上,最高的年份达到40多万公斤。

对于野鸭、野雁,洪湖民间素有"九雁十八鸭,最佳不过青头与八塔"之谚,以"青头"和"八塔"为代表的洪湖野鸭可说全身是宝。洪湖红烧野鸭已有200多年的历史,被选入《中国菜谱》。洪湖野鸭亦可精制入药,用它制作的"黄鹤"牌水鸭精,已成为新加坡、马来西亚和港澳等地区家喻户晓的名贵滋补品。它含有氨基酸和多种维生素,有补虚暖胃、行气活血之功,没有一般飞禽常有的腥燥味,是一种气质纯和、食味清隽的滋补佳品。一般"虚不受补"的人都视其为圣品。《中国药学大辞典》记载:"用冬虫草三五板,老雄鸭一只,去肚杂,将鸭头劈开纳药于中,仍以线扎好,加酱油、酒如常,蒸烂食之,其药气能从头中直贯全身,无不透浃……每服一鸭可抵人参一两。"经常服用,可以补肺益气,滋肝养肾,增强体质,抵御疾病,对气血两亏,须发早白,病后欠补,产后体弱,食欲不振,精神疲倦,健忘失眠等,都有独到的功效。

野鸭不仅肉味鲜美,羽绒更珍贵,可制成高级衣、被,供登山及其他特种装备。取野鸭的体毛、精羽可制成羽毛扇,是我省著名的传统工艺品,其毛质柔软,色彩丰富,造型美观,精巧轻便,具有送风柔和的特点,最适合老人、产妇和病患者使用,还是戏剧舞台上理想的道具,同时也是一种珍贵的礼品。细绒则能做羽绒服、羽绒被,具有"轻、软、暖、弹"等特点。

洪湖特产之二——洪湖莲藕

莲藕是一种水生作物,俗名莲菜、莲根、藉瓜等,属草本植物。洪湖莲藕种植历史悠久,名扬荆楚大地。莲藕具有香、脆、清、利等可口特点,采用炒、烧、炸等方法,可制成多种美味菜肴,还可制成精细洁白、口味纯正的藕粉蜜饯等滋补珍品。莲藕通身都是宝,种子叫莲子,有养心益肾之功效,治脾虚泻痢,夜寐多梦等症。莲子中央绿色的芯称莲子芯,可清热泻火。莲子、荷花都可入中药,有清肺、利气、止血、下奶等功效，口味纯正，香脆可口，利于存放，是一种很好的水生蔬菜。

洪湖的莲藕有九孔，在盛夏的时候，随手挟起一片莲藕细数，个个都是九孔。初夏，洪湖人喜食藕头，细细的嫩嫩的藕头，切成寸段用青椒爆炒一下，新鲜、脆嫩可口，吃在口中略带一丝甜味，是天然的无污染的绿色食品。等到莲蓬上市时，刚采摘下来的莲蓬生吃是绝好的零食。刚采摘下来的莲蓬清香、甜润可口，然而，放上一晚后的莲蓬则是不同，有些生涩难吃，不过洪湖人绝不会把天然的食品给浪费掉的，他们剥掉莲蓬的外皮，放到锅里清炒一下，又是一道味道鲜美的佳肴。当莲蓬再老些的时候，还可以用水一煮，去皮糖拌或炒着当菜都是不错的菜蔬。当莲蓬真正成熟后，可以晒成干莲子，这样就可以煨汤，是滋补佳品，四时皆宜。

藕的吃法同样多。不同段的藕其做法和吃法也不相同。第一、二节藕可以切成薄片，加醋清炒。这时对于醋有特定的要求，一定要用白醋，炒出的藕片洁白如雪，入口脆嫩，鲜美爽口，带着藕的清香。到了洪湖有道汤一定要尝，那就是排骨莲藕汤。洪湖莲藕富含淀粉、蛋白质、维生素等成分，最适合炖汤用。买些小排或大骨头，加上生姜，放入沙锅最好放在煤炉上细火慢炖，炖到七八成熟时，加上切好的藕块一起炖至排骨和藕都酥烂，汤里有藕的清香，藕里则有排骨的肉香，口感绵软舒适。还有吃法是做成藕丸。在冬季选用上好的藕，去皮洗净用专用的擂钵把藕给擂成碎泥，沥水加上适量的生姜、盐，不要放其他的调料，否则破坏了藕的清香，轻团成圆形，外裹芝麻，放入烧开的油锅炸至外表金黄捞起，趁热吃清香可口，味道鲜美，食后口齿留香。

虽然莲藕的吃法还有很多，但是洪湖人最喜欢的还是把莲藕给做出原汁原味来，做出莲藕的本色。其中之一便是粉蒸藕。选用略老一些的莲藕以刀面拍碎，如能放上些五花肉味道更佳，加上炒香磨碎的米粉和调料，放到蒸笼中，上旺火沸水锅蒸，蒸的莲藕粉烂，浇上一些准备好的汤汁，爽口鲜香。洪湖人对于莲藕的吃法，真是五花八门，还有凉拌莲藕、醋熘莲藕、糯米藕、炸藕盒，等等。

赏荷

洪湖上专门建造了观荷长廊，它全长100米，是集我国目前长廊建筑之精华，结合洪湖水乡特色而精心建造的。漫步其中可以观赏远处荷花盛开的美景，也可以抬头细细观赏廊匾上描绘的《洪湖赤卫队》故事情节和人物组图，重温一下那段“激情燃烧的岁月”。横跨在湖中的是观荷桥。关于观荷桥，有一则凄美动人的爱情故事。相传很久以前，一个叫渔郎的青年以打渔为生，十分勤劳。有一天，天宫魔王的孙女荷花下凡到湖中采莲子，和渔郎一见钟情，两人便结为夫妻，恩恩爱爱过上了甜蜜的小日子。但好景不长，婚后 14 天，天宫魔王得知此事，大发雷霆，令荷花速回天宫。荷花天命难违，只有忍痛别夫，走时留下一句话说自己会化作一朵荷花，来年花开之际会与渔郎相见。第二年，洪湖上的荷花全开了，渔郎就是见不到自己爱妻归来，他日以继夜等了 48 天，终因悲伤过度而离开了人世。为了纪念这对苦难夫妻，人们修建了这座观荷桥。洪湖中最美的地方是莲花源。莲花源是百里洪湖的一个岛屿，为了让游客体会到四季荷花的风姿，洪湖蓝田公司仿荷花造型，设计建造了莲花源建筑群。整个建筑采用明清古建筑风格，内设娱乐、客房、餐厅等。在莲花源的楼顶上还有一个观湖平台，内设有一个放大 30 倍的望远镜。站在这高高的观湖平台上，远远望去，广阔的洪湖水连着天，天接着水，碧波浩渺，气象万千。

瞿家湾明代一条街及革命旧址群

瞿家湾镇明代一条街位于洪湖市西北部，南临洪湖，北靠内荆河，始建于明代弘治年间，是一个集明代古街与革命历史名胜为一体的风景点。老街主街道宽 4 米、长 500 余米，是湖北境内罕见的明代古街，属国家级重点文物保护单位。街面上百家商户店铺，从建筑到经营方式，皆古色古香，一派古朴典雅风貌，被专家们誉为“传统建筑之宝”。

瞿家湾弹丸小镇，在革命战争年代却容纳红军、赤卫队千军万马，吓得敌人胆战心惊，它在湘鄂西革命中独领风骚的历史地位，连同在这里发生的革命壮举一起名扬九州。第二次国内革命战争时期，这里是湘鄂西苏区的首府，是湘鄂西苏区政治、军事、经济、文化中心。现存旧(遗)址 22 处，主要有：中国共产党湘鄂西分局遗址；中国共产党湘鄂西省委员会旧址；湘鄂西省苏维埃政府旧址；湘鄂西省革命军事委员会旧址；中国共产党湘鄂西省第三次代表大会旧址；《工农日报》社旧址，等等。

洪湖景区瞿家湾明清老街

湘鄂西区是形成较早、规模较大、坚持时间较长的苏区之一，而瞿家湾是湘鄂西苏区的红色首府，是第二次国内革命战争时期重要的革命根据地。中共中央湘鄂西分局是中央特派机关，湘鄂西苏区的最高机构。1931年1月，在党中央召开的六届四中全会上，王明的"左"倾路线在中央取得统治地位，3月，夏曦受王明派遣到达瞿家湾，建立了湘鄂西分局；从1931年3月至1932年9月，在夏曦错误思想的领导下，湘鄂西政治保卫局对湘鄂西苏区进行四次"肃反"，17000多名优秀的革命将士在错误的思想下被诬害牺牲，使曾经发展到两万多的红军，到与六军团会合前只剩下4000人。这是湘鄂西革命史上最惨痛的教训，给湘鄂西的革命事业造成了巨大的损失。

1932年1月22日，湘鄂西省第四次代表大会在瞿家湾召开。选举产生了以杨光华为首的中共湘鄂西省委。这次大会从政治上、组织上巩固了王明"左"倾机会主义路线追随者在湘鄂西的领导地位，为其全面、深入地推行"左"倾错误创造了条件，特别是借"肃反"之名，利用各种借口打击和杀害坚持正确路线的红军将领及地方干部，造成了群众与党、与红军的关系疏远，甚至导致不信任，妨碍了第四次反"围剿"准备工作的进行，使革命力量受到严重损失。王明"左"倾路线的推行，加之国民党政府实行经济封锁，洪湖中心区出现了难以克服的困难，粮食、食盐和其他副食品严重短缺，财政收入锐减，物价上涨，军政人员供给紧张，洪湖中心区面临严峻的考验。

瞿家湾从军事方面来讲,可以说是中国工农红军二方面军的发祥地。早在1927年“八一”南昌起义失败之后,贺龙、周逸群、段德昌等在党中央的领导下,紧紧依靠人民用梭镖加土枪,以暴动的形式在洪湖地区拉开了武装革命的序幕,逐步扩展到湖南和湖北西部的广大区域,建立了革命根据地,后因湘鄂西苏区“肃反”的错误行为和洪湖苏区发大水,革命队伍被迫从这里撤离,迁至监利县周家嘴,后转移到江南公安、南平,与王震、萧克领导的部队会合整编成二方面军,最后经历了历史上最艰难的二万五千里长征,至此,瞿家湾作为湘鄂西首府的地位也暂告一段落。

湘鄂西苏区革命烈士纪念馆

湘鄂西苏区革命烈士纪念馆又称烈士陵园,落成于1984年11月10日。馆址坐落于中心城区西南缘的长江之滨,陵园占地面积300亩,原国家主席李先念为纪念馆题写了馆名。纪念馆以烈士祠、陈列馆、纪念碑为主体,辅以牌坊、人工湖、花坛、假山组成。整个建筑错落有致,气势宏伟。纪念碑居陵园的核心部位,通高23米,碑身正面镶嵌“湘鄂西苏区革命烈士纪念碑”12个黑色磨光花岗石的立体行书大字。碑身背面浮刻有贺龙元帅1957年书写的“革命烈士们的业绩鼓舞着我们永远前进”的题词。底座正面是国务院1957年12月为洪湖纪念碑撰写的碑文。1987年10月,该馆被国家民政部定为全国重点烈士陵园。1996年3月27日,由江泽民主席亲笔题写“贺龙元帅”的贺龙铜像落成于该馆。

洪湖湿地自然保护区

洪湖湿地自然保护区,以洪湖为主要保护区域,成立于1996年。保护区面积37088公顷,以水生和陆生生物及其环境共同组成的湖泊湿地生态系统、未受污染的淡水资源以及湿地生物多样性为主要保护对象。洪湖湿地的恢复和重建已被列入“中国湿地保护行动计划优先项目”和国际湿地公约数据库。据调查,洪湖湿地保护区内现有各种植物472种21变种1变型种。隶属于116科、303属。另有列入《国家保护的有益的或者有重要经济、科学研究价值的陆生野生动物名录》物种131种。保护区是各种水鸟重要的越冬地和迁徙驿站,每年来此越冬的雁鸭类等水禽都在百万只以上,已知有各种水鸟8目、13科、65种。列入《中华人民共和国政府和日本国政府保护候鸟及其栖息环境的协定》的物种69

种;列入《中华人民共和国政府和澳大利亚政府保护候鸟及其栖息环境的协定》的物种 16 种(兼属《中日候鸟协定》和《中澳候鸟协定》的物种有 12 种)。洪湖湿地于 2000 年 12 月升格为省级湿地自然保护区,目前正在申报国家级湿地自然保护区。

洪湖蓝田生态旅游风景区

2006 年 11 月,洪湖被世界环境基金会世界生命湖泊大会授予“生命湖泊最佳保护实践奖”后,该湿地已开始申报国家级自然保护区。目前,洪湖的开阔水域水质明显好转,部分水域水质已由治理前的Ⅲ-Ⅳ类上升到Ⅱ-Ⅲ类,水草覆盖率恢复到 80%左右,到洪湖越冬的鸟类种群数量由治理前的 2 万多只增加到 30 多万只,成为中国湿地保护的一个亮点。从 2006 年起,每年 4—7 月实行封湖禁渔,以保护生态。

三、梁子湖

梁子湖地处武汉市江夏区西部，东南与大冶市交界，南与鄂州市毗邻。位于武汉、黄石、鄂州、咸宁、大冶、江夏六市一区的中心地带。从梁子岛至武汉65公里。

梁子湖东西长82公里，南北长22公里，由316个湖汊组成，湖面面积42万亩，流域面积3260平方公里，常年平均水深3米。北有45公里长港与长江相通，梁子湖水经长港注入长江。梁子湖是湖北容水量最大的淡水湖之一，湖面面积位居全省第二，是驰名中外的武昌鱼的故乡。梁子湖湖面浩渺无际，湖水清纯洁净，湖中有鱼类多达百种，湖面有鸿雁、野鸭、鸳鸯等水禽。梁子湖已被列入亚洲湿地保护目录。

梁子湖

梁子湖以水称奇，令人叹为观止。它同时具备四大特色：一曰“清”，水体清洁，水质纯净。每当风止日出，湖中清澈见底，“带天澄迥碧，映日动浮光”。二曰“秀”，湖山相连，水天相接，碧波白帆，交相辉映，正所谓“悠悠烟水，澹澹云山，泛泛渔舟，闲闲鸥鸟，洋洋大观”。三曰“旷”，梁子湖枯水时节水面方圆300平方公里，若至涨水季节，则广至700～800平方公里，烟波浩渺，白浪滔天，气势雄浑，开人胸襟。四曰“奇”，湖中有宝岛，岛上有奇湖，湖心又有岛，层次极为丰富。岛上无污染、无噪音，冬天无虱，夏日无蚊蝇，盛夏时日，气温要比周围城市低2℃～3℃，是极理想的避暑、疗养胜地。

相传很早以前，梁子湖是一块陆地，叫做高唐县。县城繁华热闹，百姓生活安乐。有一年来了个县官，名叫何海仁。他一上任就不做好事，天天泡在酒缸里，不理民事，见到美貌女子就往县衙里拖，见到黄金白银就往腰包里塞，闹得鸡犬不宁，怨声载道。百姓给他取了外号叫“活害人”。一天中午时分，大街上突然来了个疯疯癫癫的老道人，手里拿一把破伞，口里高叫：“换伞哪，破伞换好伞！”人们只当他是疯子，谁也不理他。后来，道人看见一位姓樊的母子两个站在门口，赶忙上前稽首讲道：“天马上要下雨了，贫道的伞遮不住雨，挡不住风，求您广结善缘，换把好伞我赶路。”姓樊的妇人见他造孽，叫儿子将家里的一把好伞换给他了。道人谢过以后跟妇人小声说道：“几天以后，高唐县要沉入湖底。您叫儿子每天去望望县衙门口的石狮子头，要是石狮口里流血，您母子就朝高山上跑，不然就会淹死的。”妇人还想问个清楚明白，老道已不见了。妇人想，这老道必定是异人，他的话虽不可全信，但也不可不信。第二天，妇人叫儿子去看石狮子，儿子回来说，没见口中流血。第三天，儿子又去看了，正看得入神，来了个屠户，奇怪地问：“昨天你在这看狮子，今天又来这里看狮子，莫不是有么名堂？”他老老实实回答：“我娘听人说，石狮子口里流鲜血，高唐县就要沉，叫我天天来看是不是真的。”屠户哈哈大笑：“哪有石狮子口里会流血的呢？”说完就走了。屠户是个哈里哈气、爱开玩笑的人，当夜杀完猪后，把一碗猪血泼在石狮子口里就开溜了。天刚麻麻亮，樊伢子看见石狮子口里真的有血，赶快回家告诉娘。娘说：“快去告诉左邻右舍往山上跑！”母子二人，家家送信，等百姓都跑光了，娘儿俩才朝山上奔。跑过县衙门口，看见里面灯火辉煌，“活害人”还在饮酒作乐。娘说：“儿哪，行个善，喊他们一声吧。”儿说：“‘活害人’害了多少人，莫管他们！”话刚一落音，一时天崩地裂，几丈高的水头翻滚过来，衙门转眼就不见了。儿子忙把娘背在身上，但四处无路，突然看见很大一片荷叶，浮在水上，娘儿俩赶紧爬了上去。说来也怪，这荷叶便将母子二人托住了。水涨荷叶高，叶不动茎不摇，稳稳当当。这时，"活害人"正在水里挣扎，大喊救命。樊伢说："你残害了多少百姓，今天让龙王收拾你吧！"恰好一个浪头打过去，把"活害人"卷下水底喂了鱼。从此高唐县就变成了百万亩的大湖泊，樊家母子坐的那片大荷叶，变成了一个湖上洲子，就是传说的"沉了高唐县，浮起荷叶洲。"人们为了感谢这娘儿俩的报信之恩，就将大湖取名为"娘子湖"，后来叫白了，就叫梁子湖。年深月久，荷叶洲上住的人家越来越多，逐渐形成了今天的梁子镇。

梁子岛状似鞋形，四面环水，面积 3 平方公里，小巧娟秀，犹如蓬莱仙境，又具有夏威夷的异国风韵。梁子岛特多长寿老人，故人称长寿岛。梁子镇有一条繁华的街，纵贯其间；两条恬静的小巷，古色古香，整洁幽静。

来到梁子岛，主人一定会以武昌鱼待客，而且还会指点着告诉你，武昌鱼也叫"缩项仙人"。你看它头团颈短，体侧扁，呈菱形，横视如圆盘，竖看如长梭，其状似仙人。早在三国时即已誉满江南的武昌鱼，是指在梁子湖生长的团头鲂、长春鳊和三角鲂，这三种鱼味美无比，外形又很相似，很难分辨，故有"鳊鱼三姐妹"的美称，而以团头鲂荣膺桂冠。武昌鱼春季在梁子湖里肥育成长，到了秋天，腹内长满了脂肪，肉质肥嫩，美味可口，历代诗人墨客都赞不绝口，如宋范成大《鄂州南楼》："却笑鲈乡垂钓手，武昌鱼好便淹留。"明代诗人王格写下诗句："武昌城外汉江头，万古乾坤万古流。可笑孙郎鱼不食，年年血战取荆州。"清同治《江夏县志》上也载有"得失任看塞上马，依栖且食武昌鱼"。

梁子岛是个名副其实的宝岛，现存 20 多处名胜古迹，大体可分以下几类：

一类景点与神话传说有关。如岛北山上有一石洞，内有石桌石椅，相传当年仙人为孟玉红母子避难藏身所辟，故名"仙人洞"。附近有"两包盐"和"扁担洲"，据说是一仙人挑两包盐路经此地，扁担忽然折断，盐包掉入湖中，形成两座小石山，后人将其谓之"两包盐"；折断的扁担扔入湖中，形成一块长条形草地，故得名"扁担洲"。

一类景点与历史人物有关。史载，三国时，蜀国名将关云长屯兵樊口，曾到过梁子湖，在湖边石矶磨过他的青龙偃月刀，故有"磨刀矶"之名；又因他曾在湖边下马观赏风景时系马于湖边一石上，因有“下马湖”、“绊马石”两处地名流传至今。此外，张家楼房是梁子岛上的革命遗址之一，抗日战争时期，湘鄂赣军区副司令员张体学曾在此居住几个月，组建了军区医院，免费为当地群众治病，深受广大群众的赞誉。

第三类则是体现大自然巧夺天工的奇妙景观。如镇北有座山名“卧牛望月”，站立岛顶俯瞰，山形酷肖一头卧牛。岛南渡口有处“黄莺嘴”，这块“莺嘴”形沙石地灵活多变，起北风沙石地会笔直地伸向水中；刮东风，沙石地则弯向西方，刮西风又会转而弯向东面。“芦花地”虽是水中一块草地，但在特殊气候条件下，经常可见草地上闪烁着五光十色的火焰。还有那“蛤蟆石”、“蛤蟆颈”、“蛤蟆口”等地名，无不惟妙惟肖。据说，岛上之所以夏日无蚊子，都是被这石蛤蟆吃光了的缘故。

此外，岛上还有许多独具特色的古建筑。漫步于街南那为纪念孟玉红而盖的“玉红阁”，游人定会想起千余年前高唐沉陷的惨剧。登临岛顶那三层六面的魁星楼，则更会理解梁子湖人民对幸福的追求和对理想的憧憬。楼顶魁星菩萨一脚踏鳌头，一手执金笔，这个造型有两层寓意：一是“魁星点斗，独占鳌头”，既纪念了当年的状元刘满江，又期待着岛上人才辈出；二是因民间有“鳌鱼眨眼，地动天颤；鳌鱼翻身，地裂天崩”的传说，故遣魁星菩萨镇压巨鳌，不许高唐悲剧重演。岛上闹市之中的大观台，远观则气势雄伟，不负“万年台”之誉；近睹则会赞美其雕工之精细，结构之华美。这座戏台系全木结构，登台演唱，有“响遏行云”之妙，故又名“停云台”。此外，还有那闻名遐迩的瓦窑48座古窑址，显示了梁子岛古代陶瓷工业的发达。这里出土的上千件各式陶瓷制品，曾作为国宝到伦敦博物馆展出。

解放前，由于陆上交通不发达，梁子岛成为梁子湖水系的水上交通枢纽和商品集散中心。岛上居民最多时达到5000余人，设有粮行、鱼行、麻行、磨坊、货铺、茶馆、戏园、当铺等各种铺面100多家，“白日千人拱手，夜晚万盏明灯”，有“小汉口”之誉。抗日战争爆发后，梁子岛成为兵家必争之地，日寇几次进攻失利，便出动飞机狂轰滥炸，以致人民流离失所，岛上商业也萧条冷落。1949年，全镇工商业总产值不到10万元。解放后，在党和人民政府的领导下，梁子镇的经济面貌日新月异，由过去的商业消费镇日益发展成为工渔业生产粗具规模、旅游业蓬勃发展的新兴集镇。

今日梁子湖，已成为鄂东南著名风景旅游胜地，南岸，5万亩杉木林气势磅礴，连同那郁郁葱葱的茶山、橘园、湿地松基地，成为著名的人造森林公园。联合国粮农组织曾先后组织30多个国家的专家来此考察，誉之为人工造林的典范。全国战斗英雄赵怡忠的故乡毛塘村，就在林畔湖边。东岸，雄伟挺拔的沼山，环湖逶迤起伏，山上古木荫翳，山下稻棉飘香，依山傍湖的龙塘村，就是清著名文学家、书法家张裕钊的故里。蜿蜒如带的百里长港，北通梁子湖口，南接万里长江，绿阴行行，扁舟列列，渔歌阵阵，笑语频频，步移景异，可观可游。湖、山、港珠联璧合，浑然一体，真可谓得山水之清气，集天地之大观。

四、木兰湖

“木兰湖畔风光好，鸟语花香醉游人。”木兰湖是湖北省级旅游度假区，名列全省十大旅游度假区之首。同时也是武汉市的后花园，每年接待中外游客达60万人次，每日可接待3500人住宿、8000人用餐。木兰湖的生态旅游被联合国开发计划署列为《中国21世纪议程》优先发展项目。整个景区面积50平方公里，其中，湖面17平方公里，这里水丰鸟美，人杰地灵，是旅游观光、休闲度假的理想之地，被中外游客称为荆楚明珠。

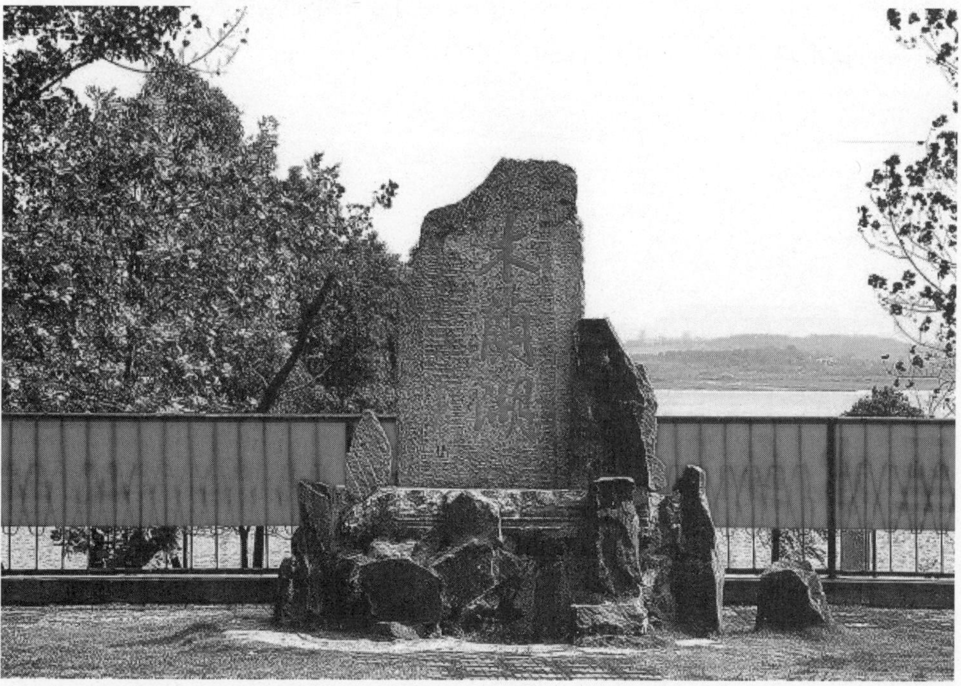

木兰湖景区

木兰湖相传是木兰将军自幼操戈习武、饮马驰骋之湖塘，又名天堰，因木兰女扮男装，替父从军的故事诞生于此，人们为了纪念巾帼英雄木兰将军，便将天堰更名为木兰湖。至今，这里仍保留着木兰将军庙、将军墓及唐代木兰将军墓碑石。木兰，这个传奇的女子，还留下了许多动人的故事传说，撒播在木兰湖的山山水水之间。接下来,让我们一边游览木兰湖,一边隔着时空去触摸这位英雄女子非凡的人生。

"碧湖绿抱"是木兰湖第一道自然景观。木兰湖是武汉市内最大的人工湖,自北向南,酷似一条巨龙躺在荆楚名岳木兰山右侧。3万亩湖面由108个大小湖汊和57公里的湖岸线组成,湖水一碧万顷,清澈如镜。湖岸线的东南和东北延伸到了全国闻名的将军县——红安县境内,并与李先念故居连接。木兰湖常年蓄水3亿立方米,湖水最深处达28米,湖面高程一般在海拔50米左右。湖中32个岛屿星罗棋布,错落有致。湖周青山环抱,绿树掩映,万木参天,连绵起伏的群山将木兰湖团团围住。木兰湖除承接天然雨水外,湖底还有几十口泉眼。经科学验证,湖水中含有10多种对人体有益的微量元素,其水质始终保持国家二级标准,是木兰泉纯净水厂的直接水源。由于天然雨水过多,木兰湖每年有三分之一的湖水经过大坝溢洪道排向母亲河长江。

木兰湖

位于木兰湖中段的"白马仙石",是木兰湖水面最宽阔的景观之一。相传,木兰荣归故里后,总觉有桩心事未了。一天,木兰蓦然想起了幼时习武的天堰和两棵千年银杏树，当即呼唤了随从，骑着凯旋的白马，慢步到天堰旁，回味幼时习武的境况。午后木兰休息时，随从把白马拴在银杏树旁，这匹战马有些“居功自傲”，以为将军不在身边，便扯断缰绳，跑到田头去偷吃百姓的庄稼。木兰知道此事后，一气之下，拿起马鞭狠狠地将自己心爱的坐骑打了几鞭，马背被打出了道道伤痕，流血不止。从此，这匹“战功赫赫”的千里马病倒了，不吃不喝，不几天就死了。看着死去的战马，木兰难过得流出了眼泪。说来也奇怪，不知过了几朝几代，在木兰游览过的天堰旁慢慢地长出了一块像白玉一样的硅石，其形状就像当年木兰的坐骑，白硅石的背面刚好有一明显的鞭痕。一天，一个老道路过此地，看了白硅石后说，这是木兰将军坐骑的化身啊！后来当地老百姓为了纪念木兰将军，就在白硅石旁修建了一座庙，取名“白马寺”。1959 年，为了扩大蓄水面积，当地政府组织群众兴修木兰湖大坝，湖水增高，从此，白马寺被水淹没。千百年过去了，如今，只有白马仙石依然静静地沉睡在木兰湖畔。每当人们到木兰湖旅游时，都要好奇地到白马仙石旁留影纪念。

木兰湖鸟岛不仅是木兰湖最大的自然景区，也是木兰湖独特的生态景观，这个宝岛被中外游客称为华中地区最大的“鹭鸟森林公园”。鸟岛的面积有 3000 亩，岛上林木繁茂，松、杉、枫、槐等绿叶林和阔叶林漫山遍野。每年 4—9 月，鸟岛上有 10 余万只鹭鸟栖息，经武汉大学禽类教授考证，这些鹭鸟共有 9 目 19 科 31 种，其中黄嘴白鹭属国家二级保护珍禽，另有池鹭、牛臂鹭、白鹭、中白鹭、夜鹭、黑冠虎斑鸠等名鸟。每当晨曦漫谷，鹭群不约而同地翩翩起舞，展翅翱翔，成群结队，奏起一支以木兰湖的天地为舞台的晨光曲。夜幕降临时，渔歌四起，倦鸟归巢，绿油油的万顷林海中云集着 10 余万只鹭鸟，一片白茫茫的银花景象，好不壮观。

为了让游客直接观赏木兰湖的胜景，木兰湖边特修建了木兰楼。木兰楼始建于 2001 年 8 月，2002 年 10 月开始对外迎宾。穿过绿色长廊，登上海拔 25 米高的木兰楼，极目四望，湖光山色，鹭岛银花，尽收眼底。木兰楼的楼阁上配有高倍望远镜，可助游人观看千姿百态的鹭鸟。游玩木兰楼后，可以到离木兰楼 200 米处的地方，乘坐高空飞降活动，即从山顶至湖心岛的钢缆绳上飞快滑索，3 分钟飞降 400 米距离，享受到腾云驾雾的感觉。从木兰楼往前走 300 米，有一林间小道，通向木兰湖太阳岛国际俱乐部。这是一个四面环水的孤岛，岛上具备日式建筑风格的白鹭山庄，别有风味，在这里游人可以享受骑马、射箭、攀登空中铁塔、天然沐浴等活动，如果觉得累了，也可以在岛上一边品尝美味佳肴，一边领略人间蓬莱风光。

木兰湖八仙岛是木兰湖的另一传奇景观。相传5000年前，木兰湖是一片汪洋，与大海相连，中国神话传说中的八仙，就是从这座岛上开始渡海的。八仙岛，是一个四面环水的孤岛，远看活像"神龟驮仙"，龟头向着东南方向行驶。千百年来，老百姓一直称这个岛屿为八仙岛。1995年，湖北省建设银行根据木兰湖八仙岛的地形地貌，在该岛上建造了八栋别墅和一座28米高的观景塔。当你登上观景塔顶峰，"八仙渡海"的幻影立即浮现在你的眼前，八幢别墅犹呈现如八仙各显神通的姿态。

顺着八仙岛乘船再向南行驶，便到了木兰湖大坝。这座大坝构成了木兰湖又一道亮丽的风景线——"长堤观海"。木兰湖大坝是1959年开始修建的。当年在黄陂这个百万人口的大县，修建这样的人工湖是前所未有的。几十万农民肩挑背扛，用了两年时间建成了1.5公里长、35米高的大坝，使木兰湖的蓄水量达到了3亿立方米。许多人为修木兰湖大坝献出了宝贵的生命。如今，木兰湖水不仅能为下游30万亩农田提供灌溉，而且可开发水上旅游系列项目。当你登上大坝，向南眺望，是一片绿色的海洋，丰收的景象。向北透视，如临大海，"一片汪洋都不见"，独有木兰湖中打渔船。每到双休日，湖中百舸争流，湖岸游人如织，共享和谐景象。

在木兰湖西岸，沿着曲曲弯弯的山间公路，向西行三里许，便是人们瞻仰巾帼英豪的将军庙。据《木兰古传》载："上嘉其孝，赐内厩千里马，使驰以归。木兰卸戎服，理旧装……寿九十以疾终于家。家在木兰山将军墓下。"将军庙原有三座宏制巧构的殿宇，依翠傍壑，曲径通幽，庭院相连。正殿上方高悬"忠孝节烈"的金字匾额，笔力雄劲；正门两边各有一石刻马夫，着鞭牵马。门左边一匹枣红马抖鬃长鸣，右边一匹雪白马腾蹄欲驰。这些出神入化的雕刻，勾起人们的无限遐想。一殿的南首还有一巨大石室，四壁雕刻有望乡台、奈何桥、十殿阎王等浮雕。二殿供奉一尊木兰将军鎏金塑像，高达三米。凯旋的木兰将军仗剑而立，英姿飒爽。三殿供奉的是佛教诸神。将军庙后有一高大坟台，相传为木兰将军葬身之地。坟下山塘如镜，杂花错落，松枝湿翠，清风习习。历代文人墨客，怀古探胜，多有题咏。史载张涛在《木兰将军歌》中写道："木兰山上青草发，将军冢里埋香骨。……君不见汉寝唐陵卧鹿麋，故都禾黍叹离离，唯有木兰山不改，青山独自属蛾眉。"将军坟有高大墓碑，上刻"木兰将军之墓"六个大字。现存的将军坟始建于唐代，明清曾多次修葺。如今，还保存着庙前的一对石狮子和几经沧桑的一棵千年银杏树。

木兰将军像

邑人王士毅先生作《木兰湖赋》，读来别有情趣：

木兰湖者，西陵之胜概，荆楚之明珠也。为花木兰女将军饮马之遗址，系黎黄陂大总统出生之故园；地处武汉市北，濒长江而控九派；位居木兰山下，枕大别而锁中原。是以声噪江汉，誉溢瀛寰。水丰岛美，人杰地灵。阡陌纵横千里，灵秀钟毓一湖。波光潋滟，极目一平如镜；山色葱茏，仰瞻万木参天。杂树屏藩，翡翠盘中泻玉；层峦环抱，嶙峋堆里怀珠。若夫春雨霏霏，悦锦鳞之戏水；夏风拂拂，纵画艇以乘风。秋晴水天一色，晶莹剔透；冬阴霜雪双侵，冷冽澄清。而或晨曦出谷，耀金沉璧，皓月当空，溢彩流光，是则春夏秋冬，俯仰百态；风雨晦明，绰约千姿。吉期假日，偕情侣以泛舟，佳节良辰，会高朋而开宴，则逸兴遄飞，流连忘返矣。

湖东之夹水高丘,珍禽之天然王国。丛林万株,栖鹭十倍。雪发霜衣,洁身自爱;黄嘴蓝睛,交颈相亲。拂晓翩翩起舞,宛如雪花六出,遮天蔽日;垂暮飒飒归巢,恍若棉树千林,覆地笼山。亭亭独立,傍水窥鱼;款款斜飞,越峰觅贝。闲淡差比渊明,孤高欲追阮籍。列国家二级之保护珍鸟,诚世界一等之罕见奇观也。

且湖周岛屿参差,岛上琼楼栉比。诸如八仙之渡南海,七星之拱北辰。大阳暖烘大地,月亮柔照中天。江城花团锦簇,阳光室雅席丰。金沙陈氏,皆度假之山庄;合丰百林,亦休闲之别墅。此乃各具一格岛屿之名,争列三星宾馆之号。夜幕降临,华灯清涟辉映;荧屏初放,轻歌曼舞婆娑。

至若信步以沐朝晖,爽气沁彻肺腑;倚栏而赏夜色,繁星笑瞰湖山。坐柳荫以垂钓,穿花丛而低吟。游泳水域辽阔,健身球场宽松。无噪音之乱耳,有雅乐以怡神。诚世外之蓬莱仙境,人间之玄圃洞天也。况出有车,食有鱼,何劳弹铗;冬亦暖,夏亦凉,天造空调。且万商云集,百货星罗。红柿紫栗,土产名驰遐迩;金鲤银鳜,水鲜味美盘餐。起居舒适,饮食咸宜。古云:“仁者乐山,智者乐水。”仁智之士,曷兴乎来!

予尝三游其湖,五宿其馆。深感美不胜收,兴犹未尽。千禧年春,适学子受命塔耳,邀朽夫偕游胜地,浼予作文;第以意诚未可却,情深不容辞,急就成篇,聊以纪略云。

五、汤逊湖

云落湖中湖如天，飞鸟浑然不识岸。
西子怎能同我比，我是天上蓝水仙。
汤逊九岛十八弯，打个水漂煮鱼丸。
西子怎能同我比，我是人间福乐园。

——《西子怎能同我比》(选自《诗泉》)

汤逊湖位于武汉市江夏区，总面积36.6平方公里。微风起处，烟波浩渺，鸥鸟戏水，渔舟轻荡，一派恬淡和谐的迷人景象。湖周绿树芳草，湖心清波荡漾，岸亲着水，水吻着岸，平敞的堤岸托着银色的湖水，那情景，就像一匹巨大的荷叶兜着滚动的露珠儿，让人赏心悦目。

汤逊湖

"假如你安上翅膀,在汤逊湖上飞翔,丢块石头下去吧,鲤鱼会变成新娘,裁块蓝天做衣裳,驾只小船当新房,吸口空气也清凉,溅起水花也芳香,渔民的日子胜天堂"。乘上快艇游览汤逊湖,驾驶快艇的师傅会唱起这首当地流传的歌谣。

汤逊湖中有一小岛,名为藏龙岛。知名文化学者冯天瑜特为之撰写了一篇《藏龙岛记》:"碧波万顷的汤逊湖畔,有奇岛隐于水天一色之间。父老云:昔天龙吞吐呼吸,湖泊充沛而不满溢,草丰鱼肥,民乐陶陶,竞相膜拜天龙。恶神嫉之,诬于玉皇大帝,帝贬龙为木,限时腐烂,民群起掘潭,隐其木于潭底,令其休养生息,回复龙形,继续施泽于民。此地因名'藏龙岛'……龙聚蛇身、马首、鹿角、鱼鳞、鹰爪于一体,乃中华先民崇拜的多种图腾之统合,透现出华夏族集众部落而成的历史真实。……千百年来,……藏龙岛,沉睡于一片水乡泽国,鲜为人知。时至新世纪,改革开放春风暖,吹绿江南芳草地,藏龙苏醒,有因风奋烈、舒卷九天之慨。……"岛上有一片水柳林,为传说中的"情人林"。密密匝匝的水柳林里,长着许多歪脖子树,有的歪脖子树上挂着被风雨侵蚀、字迹难辨的木牌。传说当年许多有情人不满包办婚姻的桎梏而又难以同宗亲势力抗争,便选择来这里殉情。那众多的几近黑色的木牌上,一块块上写着一对对殉情者的名字。当今许多浪漫青年闻听了情人林凄婉动人的故事,纷纷来到这里,为他们投掷下一枚枚硬币,以表感佩之情。

湖边一字排开着十几座断桥,这是专门供垂钓者垂钓的水上平台,垂钓者可以在那里专心致志地同鱼儿斗法。夏天,靠岸的湖汊会长满一大片蓬蓬密密的野荷花,红色的、白色的荷花怒放着,在波光潋滟中,像无数少女的手挥动着彩色的纱巾,正在向远方的客人致意。

汤逊湖鱼丸

汤逊湖鱼丸远近闻名。

在汤逊湖边,建有汤逊湖鱼丸一条街,那里空气新鲜、风景秀丽、绿树成荫,又和武汉民族文化村相邻,被武汉人称为"市"外桃源。

汤逊湖鱼丸

汤逊湖的鱼丸子,已成为江城的一道名菜。上世纪九十年代初,汤逊湖养殖场改制分流出的人员,在湖边办起了第一批鱼丸子餐馆。如今,这里的餐馆达到四十多家,布满了一条街,汤逊湖养的鱼几乎全部就地消化。天南地北的客人络绎不绝,每家酒楼平均一天可以做十条活鱼鱼丸,高峰期达二三十条,隔三岔五,外国朋友也来光临捧场。该地区处在武汉市禁鞭区外,故餐馆门前设有烟花专柜,客人们吃着鱼丸子,放着鞭炮,好不惬意。近年这里的烟花销售额直线上升,每年春节前后的烟花销售额相当于餐饮销售总额的三分之一。

汤逊湖鱼丸全是纯鱼肉所制,鲜、香、白、嫩,含有丰富的蛋白质、钙质,低脂肪、低胆固醇。其特色表现在三个方面:首先是主要原料鱼非常独特,所选的胖头鱼是生活在无污染的、被国家定为二级饮用水的汤逊湖里,而且完全以藻类和微生物为食,最独特的是生长达 4 年以上的时间,因此鱼丸的味道独特鲜美;其次,它的汤选用的是汤逊湖水,既纯净,又是胖头鱼生活过的,然后加上鱼头、鱼骨和白萝卜慢慢地熬成汤料,保证了自然的原汁原味;最后是加工过程中,不能用生粉,只用蛋清使其黏连,然后配上各种精致调料和准备好的鱼骨汤料。鱼丸的具体做法是这样的:一条 4 斤左右鲜活的胖头鱼(又称大头鱼、鳙鱼、花鲢),骨架、鱼皮和鱼头长时间地煨制成鱼汤,肉剁碎成鱼浆,加入姜汁、盐、蛋清,顺一个方向用力搅打,手抓鱼浆握拳,利用食指和拇指挤出球状鱼浆,用小勺迅速舀到微沸的鱼汤中,加入青菜若干,即成。鱼丸嫩而有弹性,一口汤一个鱼丸,鱼鲜味体现得淋漓尽致。

如果你没有空闲专门去汤逊湖品尝新鲜的鱼丸,不用遗憾,汤逊湖灌汤鱼丸同样能让你一饱口福。汤逊湖灌汤鱼丸为一种新型的淡水鱼深加工食品,是以汤逊湖出产的无公害优质鱼为主要原料,经精心加工制作而成,它有色泽如玉,口感细腻滑爽,味道鲜美,营养丰富及独特的烹调工艺等特点。其脂肪含量低,而且富有钙、磷、铁和多种维生素、氨基酸、蛋白质,是“食鱼不见鱼”,强身健体又益智的营养佳品。采用高温杀菌,冷冻包装保鲜等现代化技术处理的汤逊湖灌汤鱼丸,涮、煮、炸、烩、拌食,随心所欲,是筵席、快餐、居家旅行的方便食品。

图腾文化广场

汤逊湖度假村位于美丽的汤逊湖畔,占地面积近32万平方米,是全国首家以图腾文化为主题的度假区。主要景点有白塔(傣族)、龙王庙、百龙长廊、图腾广场、观音岛、水上酒吧、和平鸽广场、情人树、九曲桥等,是按照"天人合一、返璞归真、回归自然"的思想组建成的。村内经常举办各类大型图腾文化表演、古神祭祀、焰火晚会、假面舞会、篝火晚会、民间杂耍等娱乐活动,备受广大游客青睐。

汤逊湖图腾文化广场

被誉为"中国一绝"的图腾文化广场,占地1000余亩,是湖北省第一家中日合资兴建的主题公园。汇聚了我国56个民族的图腾文化艺术精华,是我国目前规模最大、内涵最丰的大型图腾陶雕广场,承载五千年中华文明,展示不同时代风格。68个各具特色的图腾,全部是由土陶烧制而成,是目前国内唯一和首创完整齐全的56个民族大型图腾陶雕群。由2000余条龙图腾造型组成的龙文化艺术长廊，不仅是一部龙文化景点艺术之作，更是一部可观可品的龙文化演变史。龙文化艺术长廊是由考古学家、艺术家和民间艺人，共同按照新石器时代夏商到清朝各个朝代考古出土的龙的资料雕塑绘制的，展现了龙的演变史，是一部龙文化的经典之作，属全国首例。同时还参照史料恢复了明朝就有的龙王庙。此外，古老的龙王寺、全国最大的观音卧佛像连同新辟的观音文化岛，可以带领人们走进博大精深的佛教文化王国。

六、陆水湖

陆水湖的水，涟涟如雾地缠绕在山的肩头；陆水湖的山，隐隐作态地沉湎在水的怀抱——陆水湖的山水像一副涂抹在宣纸上的风景画，极构图之匠心，显线条之清丽；那么美轮美奂地舒展着，那么风情万种地起伏着。她用山的钟灵揽天光云影，她用水的毓秀成鉴湖风月。在这里，山上树木葱茏，青竹挺拔，百花竞艳；在这里，水上浮光跃金，沙鸥翔集，渔舟轻发。那千山入水的玩忽，是姿态万千的童趣，让人在叹为观止时顿生返璞归真之意；那积水成渊的幽深，是海纳百川的大度，让人在心潮起伏时顿悟了生命的丰富内涵……大小几百个岛屿，恰若水旱盆景一般镶嵌在粼粼的绿波上，灿灿地撩你的思绪，楚楚地勾你的魂魄……在陆水湖，只要你脑中有想，心中有象，你就会把许多朦胧的色彩读成明丽的神光！

——徐屏泰《生命之湖——陆水湖》

陆水湖

陆水湖位于赤壁市(原蒲圻)近郊。因三国东吴名将陆逊在此驻军而得名，湖北省首批公布的省级风景名胜区，总面积268.5平方公里，其中水域面积57平方公里，蓄水量7.2亿立方米。800多个岛屿镶嵌其间，错落有致，因此，又有“千岛湖”之称。最大的岛有100多公顷，最小的如一叶扁舟。这里“高峡出平湖”，群山环湖，湖中有岛，“湖似战盘藏百局，岛如棋子补千图”。湖面或开阔或狭小，狭似曲径通幽，阔成豁然开朗。可划小舟随碧波荡漾，也可乘飞艇直达水浒城及桃花岛、竹岛、麋鹿岛、鸟岛等众多岛屿。夏浴陆水湖，感觉湖水之温柔爽贴，更是妙不可言。

“湖似明镜水似银，山似画屏河似锦。”陆水湖美，美在一湖碧水、千座翠岛、两岸青山，更美在湖中的三国文化遗址，水浒城中的梁山好汉佳话！

三峡试验大坝 这座大坝是三峡试验坝，开水工技术革命之先河，在中国水利水电建设史上写下了光辉的一页。1997 年 11 月 8 日，当国内外瞩目于长江三峡工程截流现场时，许多知情人都不会忘记，曾为三峡工程早期试验工作作出贡献的鄂南陆水蒲圻枢纽工程的建设者，也就是建造眼前这座三峡试验坝的人们。1958 年 3 月，中共中央成都会议确定积极准备兴建长江三峡工程。经毛泽东、周恩来等中央领导人圈阅同意，鄂南陆水“三峡试验坝”动工兴建。当时，国家副主席董必武在湖北省省长张体学和著名水利专家、长江流域规划办公室主任林一山的陪同下，亲临陆水工地考察。工程实验将“三峡试验坝”主坝设计为混凝土重力坝，将现场浇灌的传统施工方法改为预制和安装两大步，使大部分水化热在块体预制和停放过程中提前散发。这种施工办法可在外地制作 50 吨至 100 吨的混凝预制块，运到工地后组装，能加快筑坝速度，解决大坝施工现场场地狭窄等困难。这是在当时生产力条件下的伟大技术创新。“三峡试验坝”1967 年 7 月开始蓄水，1969 年第一台机组发电，1974 年全部机组投入运行。经过 20 多年的运行和洪水考验，这座用混凝土安装建筑的三峡试验坝质量安全可靠。此项试验成果获得 1978 年全国科学大会和湖北省科学大会表彰。但是，因为后来碾压式混凝土技术等新型科研成果建坝速度更快，所以现在的葛洲坝和三峡主坝施工就没有采用预制块安装筑坝方法。巍巍大坝缚苍龙，清清河水润良田。陆水大坝建成几十年来，以防洪为重点，并发挥着供水灌溉农田、发电等作用，为国家和地方经济建设注入了生机与活力。

中华水浒城 中华水浒城是电视连续剧《水浒传》的外景拍摄基地，主要由聚义厅、梁山后寨、郊野一条街三大景区组成。如今，已成为传播中华传统文化、集山林、湖、岛野趣、风景优美的多功能旅游区。

“郊野一条街”坐落在雪峰山北麓陆水湖南岸，是仿古建筑“江州城”的一部分，由大小不同、造型别致的二十五间房屋组成。它以有限的空间浓缩和再现了北宋时期的街屋店铺风貌。“王婆茶馆”、“狮子楼”、“潘金莲宅”、“武大郎炊饼店”、“西门庆生药铺”、“镇关西肉铺”等景观伴随着脍炙人口的水浒传故事引人入胜。每逢节假、双休日，景区内还有水浒故事和民俗风情类的节目表演。

“梁山后寨”是梁山众头领及家眷居住之地。中央电视台《水浒传》剧组曾在此地拍摄了梁山好汉打下祝家庄以后举行庆功晚宴，王英与扈三娘武打，矮脚虎王英招亲，晁盖、宋江、吴用商量攻打曾头市等几场重头戏。

《水浒传》外景地

“聚义厅”是梁山好汉操练、点将、聚会之地。与“水泊梁山”发展有关的许多重要决策在此酝酿形成。厅堂内设有梁山首领塑像。正厅内两侧是梁山好汉依次排座的牌位。

金鱼岛 金鱼岛因岛屿的平面形状似一条栩栩如生的金鱼而得名。整个岛屿以“花、鸟、鱼、锁”为主题，可以让各位游客在游览陆水湖美景的同时，陶冶情趣、增长知识、亲近自然。

挂锁区。中国锁文化源远流长，早在新石器时代仰韶文化时期就已经出现，有骨质的叫“骨锁”，陶质的称“陶锁”，还有鲁班最早发明的“鲁班锁”。早期锁是用来防盗的，后来渐渐地也可以成为“吉祥物”。古时农村谁家生儿育女就募百家钱打制一把长命锁，挂于幼儿胸前，意为保百家平安，祈求吉祥如意。金鱼岛的挂锁区就是这样演变而来。“圆梦锁”由两把锁的造型连成一个挂锁长廊，游人可从锁心中进入。游客在这儿挂上把锁，上面刻上自己的心愿，就会“梦想成真”。“爱情锁”是两棵大树紧紧依偎在一起,象征着爱情的永恒。游人若把爱心纪念锁挂在爱情树上,就预示着将和所爱的人同心永结,白头偕老。“幸福锁”是三棵同根树长在一起,象征幸福的三口之家。“吉祥锁”则预示着事业兴旺发达,生活吉祥如意。

民俗乐园 以再现和重塑源远流长的鄂南民俗风情及返朴归真的农耕文化为主,集观赏、游乐、休闲、健身于一体。有民俗风情区、农耕文化区、民居度假区、烧烤垂钓区、神农百草区、水上娱乐区等六个游览区。

在“紫云画廊”观赏鄂南民俗风情画,会聆听到几个鄂南民间广为流传的青年男女凄美的婚恋故事。

“双合莲”。故事取材于1849年发生在与赤壁市相邻的崇阳县的一个真实的悲剧事件。青年胡三宝和郑秀英青梅竹马,日久生情。秀英的父亲门第观念极强,瞧不起胡三宝家,不许女儿私订终身。胡三宝和郑秀英几经私逃仍被抓回。就在郑秀英的父亲要把女儿嫁给另一个青年的前一天,胡、郑二人不约而同来到了村外的桂树泉边,望着清澈的潭水,相拥跳入水中,自杀殉情。第二天,人们惊奇地发现,桂树泉中长出了一朵光彩照人、含苞欲放的并蒂莲花,都说这朵莲花一定是胡、郑二人的灵魂生成的。它们相依相偎,自由自在,生死与共,从此永不分离。

“丫姑洞”。南宋时期,战乱频繁,很多人背井离乡,流离失所。不知什么缘故,遥远北方的辽国少年耶律春郎被卖到蒲圻,给一户员外做家奴。耶律春郎风华正茂,一表人才,生性善良,勤劳朴实,员外之女深深地爱上了他。耶律春郎也爱上了东家之女,并且勇敢地向主人作了表白。员外大怒,断然拒绝。两个相爱的人无奈之下连夜私奔。员外察觉之后带着家丁追赶。当两人逃到陆水河宝塔山上的丫姑洞时,被家丁们追上。他们不忍分离,双双跳下了高高的悬崖。

“荆鞭恨”。讲述的是清朝末年蒲圻发生的一段凄凉的爱情故事。一个叫春生的青年和一位叫莲香的少女相恋,但莲香自小与员外之子订下了婚约,这种婚约叫做摇窝婚——就是还在摇篮中的两个孩子被父母订婚,成年之后必须成亲。新中国成立之前的鄂南,这种现象非常普遍。员外之子身体有病,急于娶莲香过门冲喜。但完婚的当日,员外之子却暴病身亡。莲香守寡之后与春生偷偷相见,被员外的家人发觉,员外一声令下,家人乱棍齐出,把莲香活活打死。春生痛不欲生，抱着莲香的尸体日夜守候，直至绝食而亡。

“善缘会”。讲的是明末发生在蒲圻城关的一个故事。古代的人们把赶庙会又叫做善缘会。蒲圻城关的柳玉春和梅香从小订婚。后来梅香的父母却发现柳玉春是家族仇人的儿子，立即反婚。梅香誓死不从，命丫环弄来一套猪骨放在床上，然后放火烧了绣楼，造成自己葬身火海的假象，并在丫环的帮助下逃进水月庵里当了尼姑。柳玉春不知内情，以为今生再也不能和梅香相见，灰心之下在城外的树林里上吊自杀，幸被慧聪大师救下，收为弟子。在一次善缘会中，柳玉春巧遇梅香，二人悲喜交加，决心还俗，重结百年之好。二人向慧聪大师说明原因，得到应允，终于续写了美满的姻缘。还俗成亲那天，全城轰动，他们的经历也就成为流传后世的佳话。

三国故事区 陆水湖因古三国东吴大都督陆逊曾驻练水师于此而得名，因此，陆水湖景区内至今仍有很多三国人物活动遗址，这里的三国城岛就有以三国故事为原型的旅游景观二十一处，如孙权点将台、桃园三结义、铜雀楼、关帝寺等。

陆水湖两岸青山耸立，湖南岸的雪峰山临陆水湖而耸立，最高峰海拔618米。山上林丰竹茂，春秋季鸟语花香；夏季，气温比城区低5度左右，是理想的避暑胜地。冬季银装素裹。密林深处，常有獐、兔、斑鸠、野猪、野鸡等出没。最妙是晴天，风和日丽之时，当你登临雪峰山顶，鸟瞰山下的陆水湖，近千座碧绿的岛屿翡翠般镶嵌在银缎似的湖水中，气象万千、美不胜收。山上的岩石，因千百年风雨的侵蚀，形成了千姿百态的山石奇观：如“玉石骆驼”、“群狮观潮”、“照天烛”，而“青蛙洞”、“试剑石”则流传着有趣的三国文化故事。

雪峰山上，“照天烛”景观之下，有一石洞，洞前有一巨大的青蛙石，因此，当地人称此洞为“青蛙洞”。相传三国时，东吴青年将领陆逊接任吕蒙担任大都督意欲夺回荆州。蜀汉刘备手下大将关羽听到后，一边摇头，一边笑话孙权真会开玩笑，竟派一个毛头小青年为统兵大将，因而也就根本没把陆逊放在心上。当时，军中马良便向关羽进言：陆逊在江东孙权那里很有名气，不可小看。关羽转而一想，便派关平去陆逊军中，明为祝贺陆逊荣升，暗则刺探陆逊军中实情。陆逊足智多谋，早知关平来意，一番部署之后，稳坐青蛙洞中。待关平进洞时，只见陆逊像个孩子一样，正在一边喝酒，一边逗弄洞中的青蛙取乐。关平心中大喜，随即返回荆州向关羽复命。关羽闻知，放声大笑，从此更不把陆逊放在心上。陆逊乘其不备,瞅准时机,在一个风雪交加的夜晚,与吕蒙白衣过江,斩杀关羽,夺回荆州,为东吴立下大功。

雪峰山上,丫髻亭下东侧,有一九尺高的天然巨石,巨石中间那条一寸多宽的裂缝,看上去像是曾被刀斩斧劈过一样。相传三国时,东吴年轻将领陆逊在青蛙洞中戏青蛙送走关平之后,踌躇满志,步出军帐外,暗暗祈祷上苍曰:我陆逊今年若能为吴主孙权夺回荆州,剑下石裂。说罢,一剑砍下,只听得惊天动地一声巨响,眨眼间,9尺高的巨石就已一分为二了。因此,人们便将这块巨石叫做"试剑石"。

此外,雪峰山还是著名的道教文化圣地。东晋道学家葛洪曾在此炼丹成道,留下了道教遗址葛仙祠、丫髻亭的美妙传说。雪峰山上那座亭子——丫髻亭,传说东晋道人葛洪曾在那里建屋垒灶冶炼金丹。金丹炼成后,天上王母娘娘闻知,便令其侍女瑶华仙子下凡向葛洪索要金丹。葛洪则要求瑶华仙子带他去瑶池一睹蟠桃会盛况,瑶华仙子起先答应,但等她拿到金丹后,便背信弃约,独自飞升。葛洪一怒之下,口吐真气,重重缠绕,将瑶华仙子定在半空,使她不得飞升。起初,定在半空中的瑶华仙子日夜哭泣,后来,她渐渐爱上了此地的青山绿水,每日清晨,她以陆水湖为镜子梳妆打扮;傍晚,她裁剪雪峰山晚霞为霓裳,久之,瑶华仙子便变成了山上的丫髻亭,永远定居在这美丽的地方了。

竹岛 赤壁市共有楠竹28万亩,向来就有"竹乡"的美誉。赤壁市随阳镇有万亩竹园,是中国亚热带林业研究所的丰产试验基地。那里的竹子坡岭相接,连绵不断,葱翠茂盛,各类竹种应有尽有:楠竹、黄竹、慈竹、苦竹、水竹、斑竹、雷竹、梅花竹、金竹,等等,不胜枚举。而陆水湖中,竹岛的景色四季都美。春天,雨后春笋破土而出,竞相向上,生机勃勃;夏季,青青翠竹,在岛上撑起绿荫,人立竹下,清风送爽,心旷神怡,暑气全消;秋天,岛上的翠竹与枫树的红叶交相辉映,景致妩媚动人。冬天,竹林银装素裹,又是别样一番风景。

好运岛 位于陆水黄金水域,植被茂盛,空气清新。景区根据三国文化与中国民俗文化,设计表现为"福禄寿禧"四大主题的旅游项目。项目有:钱币展、鱼洗、百家姓、关帝寺、好运鼓、财神庙及三维太空房、水上降落伞、水上摩托车、水上自行车等丰富多彩的参与项目,惊险刺激、其乐无穷。它是游人探求知识、休闲度假祈福求财的理想之地。

七、涨渡湖

涨渡湖位于武汉市新洲区，湖泊面积约40平方公里，有37种10余万只鸟长年在此栖息。它与大江毗邻，西接汉口，东连黄州。过去的涨渡湖与长江混为一体，素有狭义和广义之分：即纯指主湖水面涨渡湖，和泛指其周围包括今天黄州、团风等县市数十个大大小小的子湖统称。

据有关史料记载，涨渡湖过去曾是一片沼泽地，远古时为古云梦泽的边缘，一派水乡泽国。由于新洲境内大别山余脉的分支，数条黄土岗、岭形成了举水、倒水、沙河三条长江支流，在河的入江口，涨水季节，江、河、湖混沌一片，水天一色，横无际涯，从而构成了水网交错的湖区。同时，深入湖中的岗地则成为一个个湖嘴（半岛）、孤岛、沙洲、泥滩、沼泽甚至还有一座小小的晒雨山。沧海桑田，自然变迁，江河湖之间冲积平原时见袒露，逐年拓展，分布着大片的沼泽、泥滩、草场、芦苇。年深日久，水土肥沃，水陆动植物日益繁茂。据近年考古发现，新石器时代人类活动的遗址在这里出现，汉代有大批移民寄籍于此，繁衍开发。史料记载，南朝文帝元嘉二十八年（公元451年），著名的“五水蛮起义”就发生在涨渡湖区。元、明之际随着大量移民迁入，人丁日趋兴旺，百业进展，湖区遂呈一派“鱼米之乡”景象。历史上涨渡湖区最大面积达280平方公里，现在水面面积5万亩。从地图上看，原来的湖区像一个乒乓球拍，现在只剩一个乒乓球大小。

武汉地区最完善的抗日根据地

新四军老战士、抗日战争时期曾任中共黄冈中心县委书记、中共长江地委书记的原教育部部长刘西尧，在他的很多回忆文章中都曾写道：“涨渡湖抗日根据地，是新四军第五师东进的基地，转战大江南北的桥头堡，同时也是东进南征的前线阵地。王震、王首道同志率领的三五九旅南下支队北返时，也是从这里北渡长江再次与新四军第五师主力会合的。这块根据地的人民群众，为抗日战争与解放战争提供了不少的干部、兵员及财力物力。”

1939年9月，国民党鄂东游击总指挥程汝怀勾结桂系一七二师师长程树芬在鄂东向我抗日游击第五大队机关驻守的麻城夏家山、芦泗坳等地发动进攻，制造了震惊中原、远播全国的“夏家山反共事件”。抗日游击第五大队在敌我兵力数倍悬殊下奋力突围，他们与国民党顽军斗智斗勇，一部分将士在张体学、文祥、漆少川、易鹏等人率领下冲破敌人重重包围圈，于9月6日前后来到涨渡湖莲湖畈。

莲湖畈当时是涨渡湖北面水域中一个似岛非岛的黏土洲，当地称之为“畈”。当年在中共黄冈中心县委领导下，开创了以莲湖畈为中心的涨渡湖抗日民主根据地。莲花畈是涨渡湖区的第一个湾子，在湖区公路旁有一棵古老的棠栗树，树龄有几百年，树身已有很大的空洞，但还是枝繁叶茂，生机勃勃。新洲人都知道，到了大树，就进入了湖区。棠栗树旁树立着“树下哨兵”四个大红字汉白玉石碑，“涨渡湖抗日根据地”纪念园就建在这里。据当地老人讲当年涨渡湖抗日根据地机关第一哨卡就设在棠栗树下，多名新四军哨兵的鲜血曾经染红了树下的这片土地。

根据当年新四军老战士和当地老人的回忆，涨渡湖抗日民主根据地，在以中共黄冈中心县委、新四军第五师领导人李先念、陈少敏、郑位三、张体学、刘西尧等人的正确指挥下，得到迅猛发展，仅在9个月时间内，开创了以涨渡湖为中心，面积2000多平方公里、人口近200万的抗日民主根据地及游击区。在涨渡湖抗日民主根据地，先后有长江地委、鄂东专署、黄冈中心县委、中心县政府、中心县宪促会、新四军第五师第十四旅等领导机构，在湖区魏家淌、南山咀、竹子咀、李牌楼湾和滨湖咀等地还分别办了党训班、干训班，并在赤脚寺正式成立直属中心县委党校。鄂豫边区税务总局、鄂东（长江）税务分总局、鄂东交通分局（鄂东分兵站）、日本在华士兵反战同盟第五支部、鄂豫边区建设银行和第三印钞厂、后勤被服厂、修械所、鄂豫边区洪山公学、实验中学等单位都曾设在这块根据地上。

这块根据地正是在平汉路东的日军占领区，它孤悬在长江中游北岸，是中国共产党在中原开展抗日战争必须开辟的最重要的地区之一。这块鄂东根据地，与鄂中、豫南两根据地互为犄角，构成鼎足之势，互为策应，是鄂豫边区连成一片的战略支点，北抵大别山，南扼长江，是东进鄂皖边的前进阵地和后方基地，是跨越长江，南下鄂南、湘赣进而对武汉实施战略包围的跳板；由王震、王首道、王恩茂率领的三五九旅南下支队长驱直下鄂赣湘粤，涨渡湖区是他们胜利回师北返的桥头堡，也是武汉地区最完善的抗日根据地。

从生态立体林业到世界湿地保护区

由于过去涨渡湖区时常发生洪涝，建国后的一次中央会议上，周恩来总理关切地询问涨渡湖区情况，当时任国务院副总理的李先念说：“我晓得那个地方，那里是有一条河(指倒水河)。”周恩来总理发出了“苦干两年，解决倒水问题”的指示。经过倒水河的改道直入长江和上世纪五十年代完善的长江干堤和举水干堤修筑工程，湖泊已与江、河隔离。改革开放以来，为了充分利用江河、湖泊资源，新洲区政府对涨渡湖制定了总体规划，综合开发。湖区农、林、牧、渔等生产、科研基地不断壮大，生态立体林业是这里一大特色。湖区运用半自然的生态林业湿地，成功创建农、林、鱼、鸭、鸟等多种立体生态林业体系，成功经验推向全国，被定为国家级科研成果，并成为涨渡湖湖区旅游景点之一。

整个湖区由于地势平坦，紧邻长江，水量充沛，生态环境尤佳，无污染，长期以传统的农作物种植为主，环境保护一直良好，长年有10余万只鸟在此栖息。2003年世界自然基金会将其列入世界湿地保护区，这也是该组织继湖南、江西之后，在湖北启动的又一个湿地保护项目。初冬之际，如果来到涨渡湖，数不清的迁徙的候鸟是这里的一大风景：高达二十余米的水杉和池杉，枝繁叶茂，遮天蔽日；树上百鸟啼啭，数以万计的各种鸟栖息其间；树下碧水微澜，成群结队的鸭鹅围绕在蓑笠翁的小舟旁欢歌。有游人赋诗赞曰：俯首观鱼跃，抬头辨鸟音。碧波浮绿树，水暖鸭先知。

涨渡湖湿地自然保护区总面积185平方公里。在保护区内耕地占39.10%，水面占39.17%，园地占0.12%，林地占13.2%，未利用地占4.13%。保护区由阳逻街、双柳街、龙王咀农场、涨渡湖农场、涨渡湖渔场、涨渡湖林场等6个街镇场组成，有46个行政村，284个村民小组，总人口三万余人。

上世纪30年代，涨渡湖水面面积155平方公里，现湖水面仅40平方公里，湖底海拔高程17.7米，最大水深2.3米。涨渡湖湿地属内陆淡水湿地类型，具有独特的自然景观和滩涂、沼泽、水域等多种生态系统，生物多样性资源十分丰富。涨渡湖是我国重点经济鱼类——黄颡鱼的原产地，是全国为数不多的人放天养的水产养殖基地。涨渡湖水质优良，达到国家二级标准，是我国生态环境最好的湿地之一。涨渡湖湿地具有调洪蓄水功能，是武汉城市生态安全的保证。

涨渡湖地区拥有国家二级保护的鸟类阿穆尔小隼、小鸦鹃、斑头鸺鹠，接近濒危的鸟类——丝光琼鸟、棉凫、灰头麦鸡，国家二级保护动物虎纹蛙、水獭、小灵猫，国家二级重点保护野生植物粗梗水蕨。

涨渡湖湿地

保护区内规划核心区 2 个，面积 29.99 平方公里。一为涨渡湖核心区：在涨渡湖南边和西边离岸 100 米以外的范围设立核心区，东边长 7200 米，宽 1000 米，西边长 8000，宽 1000 米，核心区面积 26 平方公里，约占涨渡湖水面的 65%。该核心区与晒雨山相连，是两栖动物交换生存场所的重要地方，也是洄游鱼类产卵繁殖的重要场所。二为双柳江滩核心区：在涨渡湖濒临长江边有一江滩，呈半月状，以护龙堤为界，面积约 10 平方公里。该核心区为林鸟栖息繁殖地，也是候鸟越冬场所。

涨渡湖渔话

狂风巨浪若山崩，对子船拖网二层。薄暮收网鱼万尾，月明不用点油灯。

——《打风网》

湖光瑟瑟鹜群飞，业艇如潮满载归。棚院银山拔地起，渔人笑逐晚霜飞。

——《鲜鱼收购站暮景》

历史上的涨渡湖，是举水和倒水两条河的汇流区，湖水量约30亿立方米。每到汛期，江水从南向北倒灌入湖，河水自北而南奔腾直下，方圆百里湖面，烟波浩渺，水天一色。多少年来，居住在涨渡湖边的人，大都以捕鱼为业。渔具精良，捕鱼效率高，鱼获量大，素有"涨渡湖开湖，鱼臭三县"之说。1954年水大鱼多，涨渡湖主湖西北面有个子湖叫大滩湖，在这里一网捞得鲜鱼20余万斤，要几日几夜运销完。渔家说："涨渡湖有一百种鱼，但只有九十九种业（渔具）"，意思是湖中鱼类资源丰富，但总不能将鱼捕尽，"鱼过千层网，网网都有鱼。"诸业司中，有的是一年四季下湖捕捞，有的是旺季才作业，"寒露霜降水推沙，鱼沉深潭客归家"，到了这个时候，渔人便从四面八方赶到渔场，竞相捕捞。最大的业司数巴网，五六十人同操一网，合围水面达数百亩，一天只能投下三四网。最小的"摸脚坑"单人下水，用手摸鱼。每次强劲的西北风过后，渔人谓之"赶风脚"，千船竞发，聚集于一湖，"八仙过海，各显神通"。那些操"合张网"的渔人，还不时在船上顿足、敲板，驱鱼入网，声震水天。有的业司则是"守株待兔"，等鱼上钩。别看那些络、篓之类的小司笨业，它们都有一种"请君入瓮"的本领。尤其令人叫绝的是跳栈，鱼儿游到跟前，自动地跳进拦网，使人眼花缭乱。唯大巴网独具"将军"气派，它下得湖来，摆开阵势，只听主艄公一声令下，数十人一齐吆喝起来，渔号子，哦嗬声，数里可闻。这时，远近鱼商鱼贩鱼行，纷纷赶赴湖场，搭棚架秤，喊唱行话："记账呀——记账！"接着便是报色、报价的字正腔圆的数码声，如唱如吟。如此产供销自然结合，构成涨渡湖渔业一幅幅立体图画。

涨渡湖渔业是悠久而丰厚的，涨渡湖渔人是淳朴而豪放的，他们的特点是：

劳苦——渔人不畏三伏骄阳，数九严寒，起早摸黑，沐雨栉风，特别是"脚坑业"，那种捕鱼方式叫人听来简直不寒而栗。鱼是变温动物，冬天水温降到摄氏零度以下，底层鱼就要寻找泥窝休眠。脚坑业者正是利用鱼类这一特性，越冷越下湖作业。先是脱光衣服下水，在水下泥上踩出一串串鱼窝，然后爬上船来，稍事取暖，再脱衣下水，探窝摸鱼。愈是滴水成冰的时候，摸鱼效率愈高。若问他们怕不怕冷，他们回答说："鱼头上有三把火，不冷！"

节俭——渔家大都是吃五更饭下湖，天黑回家吃饭，一天两顿，四日八餐。渔谚："打鱼人食鱼肠，买鱼人食鱼王。"即使不吃鱼肠，但上色鱼绝对是只卖不吃的。

勇敢、机智——涨渡湖渔家过惯了"开门见水，抬头见天"的水上生活，虽然湖大，风大，浪大，灾害多，可他们一点也不介意。有些业司如风网、拖子网、擂网，就是专门赶大风大浪捕鱼的。平日每条渔船上都备有两面巨帆，大风起时，便纷纷扬帆，赶到白浪滔天的湖域，追风下网。风推船行，船行网张。一趟到了终点，收网取鱼完毕，又奋力顶风划桨，将渔船划到起点，再度扬帆张网，也时有翻船闪失，不过这对那些号称"万能鹭鹰"、"天地菩萨"来说，只不过是"家常便饭"。坐落在涨渡湖心的并阜咀渔村，多数渔人是以风网、拖子为业司，他们在同风浪搏斗中，偶尔船要翻了，有的人竟能使出猴子般的绝技：一手操桨，一手提起正在烧饭的鼎罐，两腿一屈一伸，"哧溜"一声跨上了船底，可那鼎罐里的饭还在喷香呢。

随着科学的进步，生产的发展，涨渡湖渔业也早由单一的天然捕捞转入了人工养殖。渔业资源非但没有减少，且有许多新品种加入了大湖水族。过去那些遭人鄙视的蟹、龟、鳖、鳝，随着世风的改变，口味的更新，而一跃成为席珍，也成了涨渡湖渔场的拳头产品。每年重阳过后，蟹肥鳖壮，美食家们纷至沓来。有位教育界的先生尝过涨渡湖蟹黄滋味，诗兴大发，即席吟哦："西征蟹子别淞申，涨渡湖中扎大营。百万雄师一出阵，横行天下受欢迎。"

涨渡湖的渔家儿女不仅具有顶风搏浪的性格，更有水一般的柔情。听，他们唱起了新渔歌："教郎打桨莫轻狂，恐把晴波作恶浪。侬爱郎情鱼爱水，个中滋味一般长。""薄薄衫儿淡淡妆，扁舟一叶过前塘。鱼儿水底偷成对，侬伴郎君也作双。"

涨渡湖的黄颡鱼，跻身于武汉的"四个楚天第一"。黄颡鱼，俗称黄腊丁。体青黄色，无鳞，大多具不规则的褐色斑纹，肉质鲜美，闻名遐迩。到武汉来的人都一吃为快。新洲区的这一特产得益于历史上涨渡湖与长江相通，黄颡鱼自长江而来，在涨渡湖内生养繁殖。随着大规模"围垦"的进行，江湖间天然联系被人为隔断，黄颡鱼被拦在了湖内，生活习性已经发生一些变化，至少，它们没有办法再进行洄游。如今有很多渔民在养殖黄颡鱼，相比其他廉价的家鱼，黄颡鱼能卖到

10 元钱一斤，但是已难得见到野生的鱼种。目前，世界自然基金会已将新洲区涨渡湖纳入湿地保护项目，以引江纳苗来恢复江湖联系。通过打开闸门引长江水入湖来使长江的鱼苗或仔幼苗进入湖泊，以此补充湖泊内鱼类的种类和数量，从而提高鱼类的种类和产量。引江纳苗工程，使江湖在一定时间内得到联系，为洄游性鱼类提供了繁殖场、育肥场、产卵场和洄游通道，可以对维持整个长江流域现有鱼类的产量和多样性发挥重要作用。

今日涨渡湖，经过长期以水利为龙头的综合治理，虽然水面缩小，但留作专门养殖的主湖尚有 5.5 万余亩，仍不失其大湖风采。而且，在它周围又加筑了一圈长堤，从高处远眺，那平静的湖面宛若一盏玉盘，镶嵌在长江北岸与涨渡湖平原之间，三春杨柳，九夏芙蓉，四围香稻，五更渔火，是情是景，尽在“乎”(湖)中。

八、莫愁湖

莫愁湖边走，春光满枝头。花儿含羞笑，碧水也温柔。莫愁女前留个影，江山秀美人风流。啊……莫愁！啊……莫愁！劝君莫忧愁。

莫愁湖泛舟，秋夜月当头。欢歌伴短笛，笑语满湖流。自古人生多风流，何须愁白少年头。啊……莫愁！啊……莫愁！劝君莫忧愁。

这是电影《莫愁女》的主题曲，相信很多人会吟唱，也相信有很多人，曾怀着一番思古的幽情，行走在莫愁湖边，泛舟于莫愁湖上。中国比较著名的莫愁湖有两处，一处在南京秦淮河西，一处在湖北钟祥。不过今天按下前者不表，单说一说钟祥的莫愁湖。

欲说莫愁湖，先表莫愁女。

莫愁女的故乡在石城。“汉江紧贴石城流，石城高压汉江楼。石城湖上美人居，桃花片片诵莫愁。”“莫愁在何处？莫愁石城西。艇子打两桨，催送莫愁来。”石城在哪里？古郢钟祥，又名石城，《通鉴地理通释》中写到：“郢州子城，三面墉基皆天造，正西绝壁，下临汉江，石城之名本此。”三国时钟祥称作石城，至今仍有部分石城遗址。

莫愁湖畔莫愁女

莫愁女，姓卢，名莫愁，善歌谣，先歌舞于民间，后入楚王宫中，她历尽磨难，最后终于又回到了民间。两千多年来，围绕莫愁女和风景名胜莫愁村、莫愁湖、莫愁渡以及《阳春白雪》和阳春台、白雪楼等，在荆楚传诵着许多美丽动人的故事。

莫愁女居住的村庄，原名不叫莫愁村，因为年年桃花盛开，红如簇云，所以人们习惯地称它桃花村。与莫愁村毗连的莫愁湖，远古史称沧浪湖。桃花村与郢中石城西门渡口矶头绝壁上的白雪楼和楼东的阳春台隔江相望，城北的沧浪三湖跨江与村毗连。相传，莫愁女的父亲卢公，在汉江上靠摆渡为生，母亲在村中植桑种桃。在楚襄王初年的一个风雨天，莫愁女降生在桃花村头江岸渡口的船舱中。她刚生下地时，不住地啼哭，卢公抱她哄着："莫哭，莫哭，莫悲，莫悲，莫愁，莫愁！"听到"莫愁"二字，她的哭声竟一下停止了，卢公于是把她取名为莫愁。"金雀玉搔头，生来唤莫愁。"（明·张宁《莫愁乐》）莫愁女生在风波里，行走风浪中，喝着汉江河中水，吃着桃花村中粮，有时随村中姐妹在那碧波荡漾的沧浪湖中采菱摘莲，有时随父母进城卖桃，有时在江中、湖里摇艇打桨，有时在阳春台、白雪楼习舞唱歌。她有一副津甜清脆的嗓子，郢中的诸般曲，她一学就会。当她长到十五六岁时，出落得竟如沧浪湖中的芙蓉一般，纤纤腰肢，亭亭玉立，靥靥酒窝，笑缀樱唇。容颜似香荷新瓣，白里透红；行动如风送彩云，轻捷飘逸；金嗓一歌声嗽玉，霓裳一舞袖吐虹。莲荷透佳气，江涛涌玉音。后来莫愁女得到屈原、宋玉的指导、帮助，完美演绎了《阳春》《白雪》，并传唱入歌。莫愁女的歌舞声誉传进了楚王宫苑，楚襄王把她征进宫中作了歌舞姬女，把她的未婚夫东邻王襄哥放逐到了扬州。扬州距郢中数千里之遥，襄哥此放实是生离死别。古《莫愁乐》记述了莫愁女汉江泪别王襄哥的悲痛情景："闻欢下扬州，相送楚山头。探手抱腰看，江水断不流！"雪浪滔滔的汉江水，流不尽莫愁女的忧愁，她目送载着襄哥的船儿远去，含忿在白雪楼举身投进了汉江！据民间传说，莫愁女并未死，而是被一渔民所救。自此，她游历于楚国的城镇乡村，广泛采集各地民谣，并将楚国宫廷歌舞与民间歌谣相融合，成为楚国文化的传播大使。后人为了纪念她，便把桃花村改名为莫愁村，把沧浪湖改名为莫愁湖，她系舟登岩的白雪楼下的矶头渡，则称莫愁渡。

钟祥城北，一泓碧水明彻如镜，这便是驰誉千载的莫愁湖。湖上百岛俊秀，水天一色。阳春白雪岛上，白雪楼、阳春台隔水相望，仿佛莫愁再现；兰台宫内歌舞升平，襄王把酒行乐，再现楚国风韵。下里巴人岛上，男耕女织，捕鱼狩猎，山歌烂漫，情也陶陶。莫愁湖畔，年年阳春三月，湖岸桃花盛开；夏秋季节，姑娘们则成群结队，放歌泛湖，采菱摘莲。下面，就让我们走进莫愁湖。

十里画廊　是整个莫愁湖景区最为赏心悦目的地方之一。它由细窄逐渐宽阔，呈喇叭状，且九曲回转，湖汊众多。这里湖水清澈，水平如镜，两侧苍翠青山和着蓝天白云倒映在湖中，可谓湖光山色，引人入胜。快艇掠过水面时，不时惊起飞鸟串串。由于这里生态环境优异，引来各种珍奇飞禽不计其数，有鸳鸯、白鹭、野鸭、鸬鹚等数十种。湖岸上林木茂盛，花草丛生，时有一两处红瓦农舍掩映其间，恍若人间仙境。据全国人口普查资料反映，钟祥是全国三大长寿地之一，而莫愁湖又是百岁老人最集中的地方。人在湖上游，凉爽的湖风清新无比，看远山，层层叠叠，雾霭茫茫；观两岸，绿草青青，花木丛丛。

穿过十里画廊，就仿佛走过那时光隧道，把人们带进2000多年前的楚国。

阳春白雪岛　说起阳春白雪，不得不提起楚国著名的文学家宋玉。宋玉是战国时楚国郢中（今钟祥市）人，是楚国继屈原之后的又一位伟大辞人。他天资聪颖，精通音律，巧言善辩，其辞赋中"阳春白雪"、"下里巴人"、"曲高和寡"、"巫山云雨"等精彩词句已经成为历代人们引用的典故。《阳春白雪》典故出自《宋玉对楚王问》，其中"阳春"取万物知春、和风吹拂之意；"白雪"取凛然清洁、雪竹琳琅之意，是高雅艺术的喻称。阳春白雪岛也正是以楚国宫廷文化为中心，集中展现楚国高雅文化及名胜建筑，将楚国陪都郢中的诸多名胜精华浓缩于一岛。

踏上阳春白雪岛，首先映入眼帘的是这座滨湖而建的阳春台，相传为莫愁女习舞之所。阳春台与白雪楼隔水相望，相得益彰，并称"郢中双璧"。由清代书法家毛会健书写，清代最著名的工匠叶莲刻制的有"阳春白雪"四个大字的石碑，是国家一级保护文物。当然，真的文物现存于钟祥博物馆，这里只是原物的复制品。绕过湖汊，看到的是"白雪楼"。白雪楼最初是用于军事瞭望，战国时期得名白雪楼，之后就成为文人士大夫竞相登临吟咏作赋的场所，声名渐起。到宋代，白雪楼声名更盛，与岳阳楼、黄鹤楼、浮云楼并称中国四大名楼。从春秋战国到唐宋时期，屈原、宋玉、李白、杜甫、白居易、王维、孟浩然、李商隐、欧阳修、司马光、王安石等著名文学家都对此处情有独钟，游历白雪楼并留下了大量脍炙人口的名篇佳句。在一楼大门处悬挂的这副对联"已闻品藻传荆楚，更味阳春白雪篇"就出自宋代著名诗人曾巩的手笔。

进入大厅，对面照壁上的精美木刻作品即是著名的《风赋》，它是宋玉巧借"大王之风"和"庶人之风"，说明即使是自然界的凉风也不是王侯和庶民共有的，借以讽喻楚襄王不要只顾自己享乐，要体恤百姓的疾苦。

上二楼，在内厅可以看到唐代的大诗人李白在此写下的一首抒怀诗《郢门秋怀》："郢门一为客，巴月三成弦。朔风正摇落，行子愁归旋。"表现了诗人对郢中山水的流连和对故乡的怀念。内厅的屏风，再现了楚汉时期衣着华丽的贵妇人在侍女的簇拥下，登楼游赏，聆听乐曲，观赏美景的情景。穿过内厅，到回廊上观景，湖光山色尽收眼底。唐代诗人白居易的"白雪楼中一望乡，青山簇簇水茫茫"可以说是对此番景色的最佳写照。

兰台宫 它因舜帝南巡到此，亲手种下兰花蕙草而得名。兰台宫，是楚王常与臣下兴会抒怀的地方。相传宋玉的传世佳作《对楚王问》，就成就于兰台，"客有歌于郢中者，……其为《阳春白雪》，国中属而和者不过数十人。"其大意讲的是：有人在郢中唱歌，开始唱《下里巴人》，跟着唱的有几千人；继而唱《阳阿》《薤露》，跟着唱的有几百人；再而唱《阳春白雪》，能跟着唱的人就只有几个人了。这是因为"曲高和寡"的缘故。"阳春白雪"，"下里巴人"等成语便是源于此。兰台宫夏季凉风习习，是楚王夏季避暑的首选之地。里面的王座金碧辉煌，显示出了王权的威严。摆在王座前的一套礼器叫做"七鼎六簋"。鼎是中国古代食器中最多的一种。春秋战国时期，人们对鼎特别重视，在祭祀天神、地祇、先祖等重大仪式中，鼎供奉牲肉，簋供奉食粮，它们既是食器也是最重要的礼器。周礼规定，在仪式中，贵族按其身份等级享用单数的鼎和偶数的簋。周天子用九鼎八簋，诸侯用七鼎六簋，依此类推，与楚王身份相对应的则是七鼎六簋。此外，还有一些古朴厚重的青铜器皿，它们是楚王宫廷宴乐必不可少的食器和礼器。而环绕四周摆放的赐座，是楚王的文学侍从及重要官吏的席位，以便与楚王一起吟诗听乐赏舞。在大厅的边上，放置的是楚国大型乐器编钟。由于这些钟的大小不同，敲击发出的声音也就不同，因此可以演奏不同的乐曲，犹如天籁之音。在商朝中晚期，即距今约三至五千年前就已经出现了编钟的雏形，而在春秋战国时期，编钟进入了它的鼎盛时期，与其配奏的编磬，音色清脆，两者合奏更是"此曲只应天上有，人间难得几回闻"。

站在阳春台上，可将莫愁湖的美景尽收眼底。当春秋五霸之一的楚庄王问鼎中原后，回归郊郢，曾登临阳春台远眺莫愁湖。这个颇具楚风的阳春亭，是阳春台建筑的重要组成部分。亭柱上的一副对联颇有意思："遣愁愁向莫愁湖，愁向莫愁愁遣无"，意即来到莫愁湖，看到这里的湖光山色，将烦恼忧愁投向莫愁湖，这样忧愁就会随之消除。

楚王府 郊郢是楚国的陪都，而当时的楚王府是楚王暂理朝政的地方。走进门楼后，出现在眼前的是两尊楚国特有的门神。左边似人又不像人的神，名叫“羽化鸟人”，它人头、鸟嘴、鱼身、鸟尾、鹰爪，脚踩凤凰腾云驾雾。传说是楚国的保护神，有穿天入地的本领，为楚王保国泰民安。与之相对的右边，则是有点像兵马俑的楚国木刻武士俑，俗称木俑。正前方的高台，就是楚王处理朝政的宝座，其台阶共有七级。这台阶的级数也是和当时主人的身份相对应的，一般只有皇帝走九级的台阶，而诸侯只能走七级的台阶。王案后屏风乃手工彩绘木雕精品，上有三只凤和两只怪兽，凤是楚人的图腾，两只怪兽显示出王权的威严，不可亵渎。在王案两边各有一尊类似于鸟的装饰品“鹿角立鹤”，它由鹿的角、鹤的身子、鸟的翅膀组合而成。在古代，鹿是瑞兽，鹤也是吉祥、长寿之鸟，它既有吉祥如意的寓意，又有辟邪的用意。

万花阵 是楚王与后宫嫔妃们游戏的地方。它是一个迷宫，是当时楚国宫廷贵族所玩的一种游戏。它与别的迷宫不一样，中间有一个亭，名叫“鸳鸯亭”。据说，楚王和后宫的嫔妃在此游戏时，哪位妃子能先于其他的妃子走出迷宫到达鸳鸯宫，楚王就宠幸哪位。

阳春白雪岛上的最后一个景点是莫愁女雕像，此处也是莫愁古渡的渡口。这尊莫愁女的雕像高 12 米，被誉为荆楚大地上的“自由女神”。

下里巴人岛

来到下里巴人岛上首先映入眼帘的是简陋的渔民住房，以竹子为主要建筑材料简单搭建而成，朴素而充满野趣。房前晾晒的渔网和散布的各种渔具都不禁引人遐想：渔民们迎着清晨的朝阳出船打鱼，傍晚在夕阳下满载而归，那种收获的喜悦溢于言表，而他们嘴里哼唱的渔民小调也许就是《下里》《巴人》的源头呢。沿着绿荫小路往岛深处走去，可以看到山民的住宅，与渔民的房屋不同，山民的房屋就地取材以木材为主构建，简陋的房屋内摆放的镰刀、斧子、土铳等物品可以看出山民生活的艰辛，“日出而作，日落而息”是他们生活的真实写照。山民渔民的生活远远谈不上富足，每日的奔波也异常艰辛，但是他们的内心却是充实而乐观的，他们亲近自然、怡然自得的生活态度正是带有浓郁民风民俗风韵的

《下里》《巴人》的艺术基础。

沿着小路继续前行，峰回路转之处突现一座粗犷而雄伟的寨子，寨门之上三个猩红而苍劲有力的大字“黑风寨”，一眼看上去让人有种肃杀的气氛，这似乎很容易让人联想起水泊梁山一百零八位好汉聚集于此，劫富济贫，杀尽贪官污吏的场景。据说，此寨的寨主还在当小喽啰的时候，就曾在楚国陪都郢中探风时窥见过楚王的宫殿，为其富丽堂皇所震撼，并立志也要住上这样堂皇的府第。于是经过多年打拼，他用打家劫舍积累下来的钱财，做起了这样一座高大堂皇的黑风寨。走进寨门，两边兵器架上的十八般兵器一字排开，两侧回廊上悬挂的火把、铜鼓和牛羊头骨把剽悍野性的山寨匪气发挥得淋漓尽致。

下里巴人岛与阳春白雪岛一起遥相呼应，其间既有历史的求证，也有今人的臆想，不过，都能引人遐思无限。

九、太白湖

“太白湖水波连波，太白野鸭舞婆娑。太白湖景美如画，太白渔歌飞心窝……”

太白湖位于大别山南麓，长江北岸，鄂赣皖三省交界处，湖北省黄冈市黄梅县与武穴市境内。太白湖是长江故道遗留下来的天然湖泊，承水面积960平方公里，湖泊面积26平方公里，与庐山隔江相望，云水相通。历史上的太白湖，当地俗话云：庐山有九十九道凹，太白湖有九十九道汊。太白湖湖光山色美丽而富有灵气，四季风光旖旎，宛如长江平原上一颗光彩夺目的明珠。清朝诗人石灿在《太白湖晚渡》诗中写道：“波光如镜接遥天，极目平湖万顷连。断续渔歌随岸转，清闲鸥鸟聚沙园。淡烟斜抹舒城柳，夕照频催濯港船。更有隔山山色好，几回搔首水云天。”

“危楼高百尺，手可摘星辰。不敢高语声，恐惊天上人。”这首脍炙人口的《夜宿江心寺》，记录着李白与太白湖的渊源。相传唐天宝年间，如今太白湖的位置上有一条许家街。那年夏天，诗仙李白夜宿黄梅蔡山江心寺，见蔡山独立江中，一寺高耸入云，不由诗兴大发，令人拿酒来，准备饮酒赋诗。话刚出口，便意识到江心寺乃佛教寺庙，不敢违规。第二天一早，李白便让船主以最快的速度顺风顺水向黄梅县城划去，十几里后，便到了许家街。李白在街东头的一家酒店里，一口气喝了八大碗之后，醉眼朦胧中在酒店的墙壁上写下了《夜宿江心寺》。就在大诗人题诗后许家街便更名为太白街，白驹过隙，沧海桑田，后来太白街下沉变成了湖泊，太白湖因此而得名。

太白湖是神话故事的天地，这里每一处土墩和水域都散发着灵气，演绎着神奇。传说有一年发大水，太白街上有一位叫许嫂的女子救了一方百姓，于是便有了书沉寨、撂旗墩等一些地名。书沉寨兀立于湖中，好似一部打开的巨书。清代诗人王士禛游览太白湖后写下了著名诗篇《太白湖》：“浔阳东北白湖滨，雪汉纵横晓问津。何处云中庐岳影，满堤衰柳送行人。”中国是神话故事的王国，历史上勤劳勇敢善良的劳动人民，在同大自然的搏斗中给后人留下了许多美丽动人的传说，聪明的太白湖人，把太白湖的神话传说叙说得更精彩。黄梅的石头会唱歌，太白湖的湖水会唱歌，黄梅戏的故乡黄梅县流传至今的太白渔歌是黄梅戏的起源之一。史载：太白湖上"渔舟千艇，朝暮歌声不绝"。并有诗人闻归舟渔夫唱歌，禁不住触景生情写下了《太白渔歌》的诗作：萍叶芦花极望长，歌声缭绕水中央。夜来渔火还归棹，惊起汀洲雁儿行。

太白湖碧水蓝天，景色宜人，历史上的"太白十景"，享誉鄂东。

太白湖

太白渔歌：黄梅戏的起源之一，据史书上记载太白湖有"渔舟千艇，朝暮歌声不绝"的盛景，青山绿水之间，湖区百姓用采茶古调唱的太白渔歌流传至今。

濯港晚渡：黄梅十大古景之一。夕阳西下，波光粼粼，浮光跃金，渔港码头艄公催渡，湖面上云蒸霞蔚，水天相接。

郑公斜塔：这是一座建于后晋时代的七级八角古塔，青砖上浮雕栩栩如生古色古香，塔顶是葫芦状三级金属塔尖，塔身倾斜，享有"东方比萨斜塔"的美誉。

舒城春早：舒城寨又名书沉寨，形如一本从中间打开的书。传说太白街许嫂在这里撂下龙王送给她的神旗，打开《诗经》平放在水面上幻化出一座高地，从而搭救了被洪水围困的乡亲。

龟山渔火:华阳水道龟山脚下,古代渔舟商船多夜泊于此,远远望去,点点渔火宛若群星闪烁,这里是梦中的泽国,水上的仙境。

鸥聚沙园:太白湖是候鸟的迁徙地,沙洲观鸟自古有之,清代诗人石灿有诗为证“断续渔歌随岸转,清闲鸥鸟聚沙园”。

蛤蟆喝浪:太白湖滨风水宝地,天降神蛙禳灾灭洪。蛤蟆奉如来佛旨,不灭水患誓不罢休,头朝湖心长年吞吐恶流浊浪,保佑一方水土平安。

青螺戏水:移动游螺浮于水渚,地造天成自然奇特。千百年来,沧海巨变形依旧,一样悲欢向碧波,飘浮在太白湖边上,随波逐浪,逍遥自在。

鸭蛋仙洲:水落洲出,状如鸭蛋,鸥鹭群聚,上下翻飞,天鹅来兮,划波戏水,游人观之,乐而忘归。

匡庐倒映:更有隔山山色好,几回搔首水云天。晴空丽水,万里无云,波平如镜,隔江相望的庐山倒映在湖面上,水中庐山令人叹为观止。

太白湖水府洞天,周边祥云缭绕,名寺宝刹星罗棋布,沿湖北上是佛教禅宗祖庭四祖寺、五祖寺和横岗山佛教圣地,南岸是蔡山江心寺,东边是庐山东林寺,湖滨有太白湖水府寺。水府寺始建于东晋末年,原址在太白湖西庙儿咀上,为东晋宋飞仙来梅驻锡之所,是沿湖十三姓之公庙。明成化年间,居住在湖东的蒋姓因祭祀不便,于是招集乡邻在蒋咀西南蛤蟆喝浪右侧的高墩上又建起了一座庙宇,时称水府东寺,原西岸之庙称为水府西寺。后来沿湖两岸的群众把两寺合并,在湖南边龟山上建起了前后两栋万字垛大佛殿。当时太白湖襟连长江,上通江汉,下通皖浙,处在水上交通的繁华要津,龟山寺院犹如天灯,是来往船只的灯塔标志,自此水府寺香火日盛,朝拜者络绎不绝。新修的水府寺,北倚舒城,南接大港,占地宽广,佛殿巍峨。若风和日丽登楼四顾,仰双峰对峙,望庐山瀑布,观九牛烟霞,眺太白清波,无边美景目不暇接,令人心旷神怡宠辱皆忘。

太白湖所处的黄梅县和武穴市境内名胜古迹、文化遗存、人文景观、自然险胜颇多,这里有中华长寿梅之星晋梅、不可越雷池一步典故中的雷池、新石器时期的焦墩遗址、出土了长江流域第一龙卵石摆塑龙、南北朝大诗人鲍照的读书台和墓穴、岳飞之子岳震、岳霆墓,还有距今四千五百多年前的鼓山遗址,以及西汉的樊哙城,宋代的乱石塔,双善洞天然溶洞群等。

水府庙、郑公塔等古迹沿湖而建,体现了先人对太白湖的厚爱。郑公塔坐落在华阳水道太白湖滨,渐成为南来北往的点点帆船的灯塔标志。沧海桑田,点点白帆早已停留在历史档案,作为古时的灯塔,郑公塔却依然风韵犹存。这是一座后晋年代的七级八角古塔,外墙正壁嵌有古朴花纹图案,塔顶耸立着宝葫芦状的三级金属塔尖,古朴大方。山峦拥后,湖水绕前,湖光山色,情趣盎然。八角垂挂着金链,每角悬有紫铜吊铃,遇有微风拂过,发出清脆悦耳的风铃声,倘若一人静坐这寂静安谧的旷野中,静听风铃,仿佛天籁之音。文人骚客泛舟太白湖上,眺望绰约风姿中郑公塔,留下了"一塔犹今古,孤危耐雨风。湖山环锁外,烟月影笼中"的绝妙诗句。

太白湖北部是大别山南麓延伸的丘陵地带,南部是长江平原,总体地势北高南低,沿岸绿荫环绕植被茂密,这里气候温暖,降水丰富,是典型的过水型湖泊。丽日无风,波澜不惊,放眼四望,蓝天碧水,白帆点点,一平如镜。风生水响,白浪滔天,极目远眺,湖水如万马脱缰,浩浩荡荡,汪洋恣意,大自然充满了力量与雄奇。太白湖浅水区,湖水清澈,透明见底,你可能欣赏到一束束水草,舒展着柔肢在碧波里婆娑起舞。秋天的太白湖,沿湖丘壑平川,层林尽染漫山红遍,风中一望无际的芦荻,茫茫一派苍凉大气。湖面滩涂上,雁落平沙,鸥鹤翔聚,柔柔的碧水,暖暖的汀洲,这里是候鸟栖息的天堂。湖中沉水植物和浮游植物繁衍的各种藻类,是鱼的天然饵料。太白湖水产资源丰富,各种珍稀鱼虾蟹鳖人放天养,这一方琼池宝水为人类提供了大量原生态食品。各类蚌贝栖居湖底,这里是品质超群的天然珍珠粉原料产地。

太白湖现有养殖面积2万亩,是黄冈境内最大的渔业养殖基地之一,也是湖北省重要水产养殖基地之一。太白湖生物资源丰富,现有浮游植物7门23科38属,生物量以隐藻占绝对优势,达到70%以上;浮游动物达到31种,生物量以轮虫最多,达到50%以上;底栖动物有四门18科25属,以软体动物种类最多,生物量占99%。太白湖水产鱼类多达40余种,主要品种为鳙鱼、鲢鱼、鲤鱼、青鱼、草鱼、武昌鱼、鳜鱼、黄颡鱼、翘嘴红鲌、青虾等。太白湖翘嘴红鲌良种场、黄梅青虾原种场的建成,填补了黄冈长期无省级水产良种场的空白,改变了全市水产名特优苗种生产格局。

湖宽草茂,水质活爽的太白湖是青虾和银鱼生长的"天府之国"。黄梅青虾个头大、生长快、肉嫩味美，生熟食皆可，成为国内外市场十分畅销的水产品。黄梅青虾原种场每年能提供抱卵虾2万公斤，二茬自繁虾苗1.8亿尾，发展青虾产业已成为当地农业经济的支柱。太白湖银鱼也是蜚声海外。1872年出版的《广济县志·物志》目中载有："银鱼出太白、马口诸湖，细白者为银丝，味最鲜美。"现在马口已绝迹，太白湖年产银鱼五万多斤。每当捕捞季节，千船竞发打鱼，万米大网捕捞，欢快渔歌此起彼伏，拉网小调响彻云霄；游艇游弋于平静的湖面上，帆船穿梭于弥漫的水雾中，到处人欢鱼跃，一派丰收景象。

太白湖是一首人与自然和谐相处的抒情诗。一首黄梅诗人的《太白渔歌》，会让人的思绪在太白湖的波光水影中追寻桃源般的古韵遗风：

风吹湖水荡，鹤舞白云飞。
叶茂连天碧，莲红映日辉。
露寒芦荻瘦，浪急鳜鱼肥。
夕照歌声起，渔舟满载归。

十、洈水湖

洈水湖位于松滋市西南部，是亚洲著名的人工淡水湖，拥有37平方公里的浩渺水域和近6亿立方米的库容，湖面浩瀚，微波荡漾，春来水碧，夏来鱼跃，秋水悠悠，冬日雪霁，四季风姿迷人而浪漫。湖上散居10个居民点，周边发育港汊58处，450个“绿岛”在湖中崛起，妩媚迷人。洈水大坝蜿蜒如长龙般横亘在青山绿水之间，全长8968米，号称亚洲第一大人工型土坝。

洈水风景区地处长江三峡、荆州古城、武陵源三个著名风景区的中心部位，是“三峡—洈水—张家界”这条黄金旅游线路上的一颗璀璨明珠，风景区由洈水湖、洈水国家森林公园和溶洞群三大景区组成，既有江南山水的秀色，又有北国风光之壮美，是融山、水、洞、林、泉于一体的省级旅游休闲度假区。

洈水湖风景区

“山得水而活，水得山而媚”。秀气的洈水湖，她有西湖少女般的妩媚，但又不显得那么娇嫩，带有一种天然的野性美；有太湖的浩气，但又不那么浩荡无边，令人不可捉摸……洈水湖的水是湛蓝湛蓝的，洈水湖的灵魂是透明透明的……

洈水美，美在一湖水，美在湖中日出。清早从碧岛山庄入湖，晨曦洒落在白色的游船上。妩媚的浥水湖，犹如一位婀娜多姿的仙女，慢慢地撩开面纱，漾漾荡荡一片大水，忽然在眼前展开。天一色，水一色，蓝的晶莹，清的碧透，能见的格外分明了……这时候的湖光是乳青色——整个湖面蒙着一层薄薄的晨雾。而天空，也呈柔和的乳青色，仿佛是湖水倒映在旷辽的苍穹。天与湖之间是一抹褐色的远山，晨霭抹去了它嶙峋粗犷的线条，而给它以妖媚柔和的姿容。慢慢地，那暗褐向四下里浸漫出来，给山的边缘染上一层淡紫，须臾又漫出莲青、鹅黄。这色泽便都一一映入湖水，把湖水染濡成一种扑朔迷离的幻景。大地却依然恬睡着，晨风是它轻轻的呼吸，舒缓而又深沉；晨雾便趁着这黎明的宁静，把一颗颗透明的珠玑凝缀在一棵棵草尖上。在晨曦的戏弄下，湖光山色每一分钟都在神奇地相互浸透着，变换着。一座座小岛散布湖间，犹如一串串绿色的玛瑙在纯净的水面上发出异彩，又像一只只小船在湖上随风漂荡。刹那间，太阳跳出地平线，拨开云拦雾绕，活脱脱地站了起来。她张开巨大的金翅，舒缓地朝浩浩的晴空升腾。波涛一圈圈向游船涌来，在船的周身叠打、拍击，溅起串串水珠，水珠在阳光下闪烁着七彩的斑斓。扶栏远眺，一片丰茂的水草，一湖清澈的甜水，一宇澄碧的蓝天，一枚辉煌的太阳，青鬓似的细草，墨团般的岛屿，金黄色的浅岸，成片的橘林娉婷的秀影，酿出一派葱茏的诗意。

烟波浩渺的浥水湖

在浥水湖的旁边，有一口充满灵气的水井，名叫珍珠井。说起珍珠井，这里面还有一段凄凉的故事。据说很久以前有一个叫珍珠的美女，嫁到深山里当童养媳。她自小聪慧勤劳，尊老爱幼，远近数十里都夸她是个好姑娘。有一年春天，这里连续四个月没下一滴雨，村民们只好到很远的地方挑水，为了让全家人有水喝，珍珠每天等鸡一叫就去十里外的浥河渠挑水。有一天，她挑水回来，途中发现一位白胡子老爷爷，他看上去很久没喝水了，老爷爷吃力地伸出手向她求救。她没有说什么，把两桶水放到老爷爷面前，这位老爷爷一下子喝光了两桶水，珍珠连忙再去挑水，就这样老爷爷一下喝光了三担水。当她挑来第四担水时天就要黑了，那个老爷爷为她的善良所打动，送她一面镜子，并对她说只要她在晚上月出时捧在胸前，对着月亮站在这块平地上轻唱出她心中的歌儿，对老百姓会有好处，若听见鸡叫就必须收起镜子回家，第二天再来，不然会大祸临头。珍珠刚刚接过镜子老爷爷就不见了。晚上，她悄悄来到老爷爷指点的地方，将宝镜捧在胸前，对着月亮升起的方向，悄声唱起了歌谣："隔山隔岭隔个岩，山里的妹子苦等待，要问妹子等哪个，久旱禾苗盼水来……"没等她唱完这首歌，月亮就露出了笑脸，她胸前闪出一道银光，脚底也渐渐湿润了，清凉的泉水从脚底冒出来，流向小溪和河塘。鸡叫了，但珍珠还不想回家，她想为村民多蓄一些水，水淹没了她的膝盖、胸口，把镜子也淹没了。突然，轰的一声巨响，天塌了，地陷了，珍珠被陷于几米深的井底。清泉救活了庄稼，乡亲们得救了，珍珠姑娘却再也回不来了。人们到处找她，却见井内冒出无数的珍珠般的水泡，乡亲们说那就是珍珠在井底的回答。"珍珠仙姑"的故事就这样传开了，仙女井由此得名。现在，如果有人对着井大喊几声"珍珠姑娘"，井底就会冒出无数的珍珠般的水泡。据有关专家考证，这口井里的水质好，里面含有数十种对人体有益的微量元素，可以用来治疗多种疾病，具有极高的科研价值。

顺着弯弯山道，沿着淙淙细流，来到浥水边的神奇溶洞——新神洞。好一股溪流从洞口流淌出来，犹如大山挤出的乳汁，清澈、澄碧。溪水淙淙地流着，流过色彩斑斓的鹅卵石，流过古老的水车，流过树的倒影和山的雄姿，然后汇入深蓝的浥水湖。整个溶洞，因有水流而显得活灵灵的。

关于新神洞，这里有一个感人的传说故事，相传神农炎帝南巡路过浥水，这里正值酷暑盛夏，久旱无雨，老百姓苦不堪言，纷纷四处寻找水源，神农见此情景，泪流满面，急忙上山开凿了一个洞，从这洞里流出一股清泉解决了百姓的饮水问题，人们为了纪念他，就把这个溶洞称为新神洞。

新神洞的洞腔发育于寒武系的白云灰岩，距今已有五亿年的历史，它集秀、险、怪、雄、奇于一体，洞内空气清新，气温冬暖夏凉。抬头望洞顶，悬挂着琳琅满目的钟乳石，这都是亿万年前地壳运动留下的奇迹。洞中石幔、石柱、石笋、石花千姿百态、形象各异，地下河潺潺的流水声演奏着一曲古老而动听的歌，既有雄、奇、险、拙的阳刚之美，又有幽、静、清、雅的阴柔之美。新神洞一共有五处大的绝景，它们是瀑布、边石坝、天宫大幕、乾坤神柱和千佛塔；另外还有两大奇观，惟妙惟肖的石龙和水滴石穿的石笋。

洞中飞珠泻玉般的“神龙瀑布”，高 10 米，流水长年不断，在丰水季节，它的宽度可以达到 8 米左右。

边石坝

再看水中的边石坝，半环形如碟状，它是喀斯特溶洞中常见的地质类型，在其他的溶洞中一般被称为“千秋田”或“神仙田”，但是都很小，里面没水，而像新神洞这样形成了群体结构，花瓣完整的边石坝还是比较少见的，由于还有活水不断往外流，所以它还会生长发育。继续往前，还会见到更大更完善的边石坝体系。洞中有一个三层的边石坝，最高一级的高度已达到了 4 米，堪称“中华之最”。

“瑶池”是洞中的一泓粼粼清水，也是新神洞里最大的水面，碧水荡漾，清澈见底。新神洞的水清、甜、活、远,来自于群山丛林,也来自于神秘的地下水道,水温保持在20℃左右,有的地方能见度可以达到15米左右。

"水滴石穿"是新神洞中的又一奇观。洞中有一株石笋,石笋上有两个小洞,洞深度已经达到了80多米,它是由上面的水滴下来侵蚀形成的,这就是"水滴石穿",像这样的景观是相当罕见的。因为水滴下来后,石笋一般会继续往上长,但在这里出现了一点意外,由于水中钙化物的减少,这石笋不但没有长,反而被水滴穿了。

登上108步"吉祥之梯",新神洞的绝景——天宫舞台赫然呈现在眼前。它是大自然献给人类的一份厚礼,高度有16米,长27米,共有262道褶皱,面积达到了430多平方米。这里的石幔都很完整,迄今为止在世界上还是独一无二的。石幔中间有一道美丽的花边和一些裂缝,这是当石幔长到一定程度时,它的底部就承受不了它的重量,会往下坠,从而使中间的表皮拉开了一道浅浅的裂缝,由于上面的水不断往下流,钙化物在裂缝周围积聚生长,就长成今天人们见到的美丽的花边。不过这个洞是一个水洞,这些裂缝最终能够被缝合起来。

在如同舞台幕布一样的"天宫大幕"对面立着的是"乾坤神柱"。它的高度是16米,围长12米,直径有4米,一共由28片纵向的页片所组成。这也是新神洞区别于其他溶洞的一个方面。在其他溶洞中,所能见到的石柱都是上下相连的钟乳石和石笋,其结构一般是横向发展的。新神洞所独有的纵向结构的形成与它独有的条件有关。据专家介绍,要形成这种结构首先洞顶必须非常平整;其次,它四周的出水点必须呈辐射状垂直向外流,这样才能形成纵向形的石柱;第三,在石柱生长发育的过程中洞内不能有风,空气不能流通,如果有风,风就会把水吹向一边,石柱就不能发育成垂直状的了。走近看,这石柱的每一道页片都是透明的。这28道页片最初都是白色的,由于历史太久,水中的泥沙不断渗透到里面去,就给它穿上了一件黄色的外衣。如果仔细看,还能看到白色的钙化物,这说明它们还在发育。

在乾坤神柱旁边还有一座美丽的塔,它叫"珍珠塔",又名"千佛塔",它的上半部分看上去就像一颗颗晶莹透亮的珍珠,下面则像一尊尊神态各异的佛像,整个看上去就像无数神仙在围着它翩翩起舞。它的形成也是相当奇特的,是由溅水形成的,即上面的水,长年不断地滴下来,然后再向四周溅开,就形成了花瓣,科学上的名字又称为“花瓣状石笋”。不过这株美丽的石笋已经停止了生长，而“乾坤神柱”和“天宫大幕”的局部地方仍在继续生长发育。这三大绝景形成的年代已超过了千百万年，专家估测它每400年才长1寸，而目前已经知道这上下的高度有16米，至于这底下还有多深，至今还是一个谜。

据专家估测，新神洞的全长是5000米，目前开发出来的空中直线距离只有500米，脚下走的路是1000米左右。洞内景观造型奇特，浑然天成，大自然的鬼斧神工真是让人感叹不已，晶莹剔透的钟乳石一簇簇、一排排，有的拔地而起，有的洞顶倒悬，星罗棋布的景观无处不险、无奇不有。当人们以为脚下无路时，忽又觉得眼前豁然开朗、别有洞天。听水珠从钟乳石上滴落下来，如同珍珠落玉盘，叮咚清脆，宛如一座巨大的艺术宫殿，令人心旷神怡、流连忘返。

松滋市北闸村洈水水库码头

洈水湖边的灵鹫寺，历史悠久。灵鹫寺初建于晋代。据传在晋代，四川峨眉山高僧罗文秀，法号四维法师，按照师傅的遗嘱，身背仙师遗体，漫游华夏山川，足迹遍及大江南北，寻觅风水宝地。忽一日来到松滋洈水湖，眼看夕阳西下，正想坐在岩石上歇息，忽见天空中出现一只灵鹫鸟，口里衔着一片鲜花，飞过头顶，在空中转了三个圈，接着一声高叫，口中的鲜花落了下来，四维法师赶快跑过去，只见那花正好落在一块石头上，于是他想起师傅的遗嘱：“神鹊衔花落岩处，难得佛地藏吾身。青山从此有道场，晨钟暮鼓伴涛声。”法师十分高兴，知道自己终于找到了师傅圆寂的地方。从此，他在这里开辟道场，讲经说法，化缘四方，修建了灵鹫寺，并将师傅葬在荷花池旁，他自己担任了灵鹫寺第一任方丈。灵鹫吐花的岩石，就立在这洞口，据说当年建寺之后，灵鹫鸟常飞回来，在这块岩石上歇息，天长日久，与四维方丈朝夕相处，灵鹫寺由此而得名。

第四章　泉

一、汤池温泉

神女殁幽境，汤池流大川。
阴阳结炎炭，造化开灵泉。
地底烁朱火，沙傍歘素烟。
沸珠跃明月，皎镜涵空天。
气浮兰芳满，色涨桃花然。
精览万殊入，潜行七泽连。
愈疾功莫尚，变盈道乃全。
濯缨掬清泚，晞发弄潺湲。
散下楚王国，分浇宋玉田。
可以奉巡幸，奈何隔穷偏。
独随朝宗水，赴海输微涓。

这是唐开元十八年(公元730年)隐居安陆的李白慕名专程游赏汤池，写下的赞美诗篇《安州应城玉女汤作》。首句即点明是“神女殁幽境”的奇特掌故，才引发了“汤池流大川。阴阳结炎炭，造化开灵泉”的奇特佳境；又以“沸珠跃明月，皎镜函空天。气浮兰芳满，色涨桃花然”盛赞汤池的美好景色；复以“愈疾功莫尚，变盈道乃全”、“濯缨掬清泚，晞发弄潺湲”、“散下楚王国，分浇宋玉田”句，高度概括地指出了汤池水的神奇功能。诗仙李白以他浪漫的神来之笔，留给汤池的不朽文化遗产,成就了汤池千古不衰的灵气和诗韵。

汤池温泉位于应城市西约22公里的汤池镇，温泉区是一个四周隆起的盆地,整个温泉群共有20多个泉眼涌水,日产量达10400吨,属国内已发现的产量最大的温泉资源。其中最主要的泉眼有三个,当地人依水量的大小叫头池、二池和三池。高达72℃～79℃的热水从泉眼喷出,长年不断地在池中翻腾。冬春之际,很远就可以看到这里白烟袅袅、雾色漫漫,别具一景。温泉水中含有益人体矿物质48种,平均每吨水矿物质含量35千克之多。这不仅对心血管和消化道疾病具有良好的辅助疗效,而且还具有镇惊安神、清热怯痰、祛翳明目、解毒生肌、通脉活血等功能,对治疗糖尿病、神经痛、关节炎也有一定效果。丰富的矿物质和充沛的储量,使汤池温泉成为国内罕见的保健型温泉。

汤池温泉景区大门

据志书载,汤池"其泉热沸,野老相传,玉女炼丹之地"。这是一个很动人的神话故事:古代汤池原是一片沼泽,一条毒蟒在沼泽中兴风作浪,喷射毒液,使周围百姓遍生毒疮。民怨冲天,惊动了玉皇大帝,于是派玉女下凡除蟒救民。

玉女背剑踏云而来，蟒精吐雾而逃。玉女为了给百姓治病，在天灵峰上设炉炼丹制药。一天，蟒精乘玉女上天报告之机，将三座炼丹炉从山上掀翻到沼泽里。玉女赶来，刺死蟒精。沼泽深处的三座炼丹炉却继续熊熊燃烧，热水冒出，成为温泉三池。仙丹化在水里，百姓取热水沐浴，沉疴顿愈。而玉女横遭此祸，忧愤交加，遂自投泉眼。当地人民为感激玉女的功德，遂将此泉称之为“玉女汤”或“玉女泉”。

汤池温泉不仅储量丰富，而且有着悠久的历史。

汤池温泉内景

据史书记载，汤池早在两千多年前的战国时期，就受到王者的珍视，“楚惠王曾居汤池遥寄曾侯乙”。

而南朝刘宋时期的文学家盛弘之所撰的《荆州记》云：“……温泉，冬月未至，数里遥望，白气浮蒸如烟，上下采映，状若绮疏。又有车轮双辕形，世人传昔有玉女乘车，自投此泉，今人时见女子，姿仪光丽，往来倏忽。”把温泉的景观描写得恍如仙境：在数里外远远望去，那白气漂浮如云烟，直达云天。传说，还有一位仪态万方、艳丽照人的玉女乘车来到温泉沐浴，这更增加了汤池温泉的神秘色彩。

《荆州记》问世三百多年后，唐代大诗人李白寄居安陆，捧读了《荆州记》，被书中所描述的汤池奇特景观和玉女神奇故事所吸引，于唐开元十八年(公元730年)慕名专程游赏，写下了《安州应城玉女汤作》的赞美诗篇。有道是，"景引名人至，名人增景辉"。李白和李白的诗，把人们的目光吸引到了位于"穷偏"之地的汤池。明、清两朝的文人墨客，纷纷来此游览观光，争相吟咏汤池。如明代诗人陈士元吟咏汤池"乘兴远游丘壑胜，清秋此日浴温泉"。清代田园诗人万瑞旒的调寄浪淘沙《玉女温泉颂》："桃李满仙津，玉女遗真，何年罗袜浣纤尘，剩有温泉流不绝，赠与游人……"这些吟咏汤池的诗词佳作，推动了汤池的旅游文化。"玉女温泉"被列为"应城八景"之一，广为文人雅士游赏。

一些典籍，诸如《楚宝》《舆地纪胜》《寰宇记》等，无不详载着汤池的地理位置、泉区的自然风光、泉水的水量水温，以及有关泉的趣闻俚语、传说掌故。自明朝以后，汤池引来了许多达官贵人至此疗病养疾。据应城知县齐国治在《修筑候馆碑记》中述载："……远近官民及将卒，贵介戚属，或日数至，或经月不去，就此养疴，名曰'坐汤'。"明万历元年(1573年)，又将唐代的一座老寺庙扩建成圣德寺，为这里增添了佛教文化底蕴，成为敬佛观光胜地。据《光绪应城志》载："清康熙九年(1670年)于汤池设公馆一所，康熙二十九年(1690年)又扩充候馆，以招待四方游人。"可见，汤池在清代，即已形成旅游佳境、疗养胜地。

在战火纷飞的革命年代，人们虽没有闲情逸致来此长泡温泉，却在这碧水环绕下，又谱写了红色革命的壮丽诗篇。1937年12月，时任中共湖北省委工委宣传部长的陶铸来到汤池，举办了三期抗日骨干训练班，为湖北各地培养党员、干部和革命积极分子600多人，在鄂中敌后抗日根据地点燃了熊熊革命烈火。

在没有硝烟的和平建设年代，汤池成了中国人民解放军后勤部的156医院。在这里，数学家陈景润和汤池少女由昆培养出了他们的爱情之花，至今传为佳话。

汤池温泉度假村

如今在汤池温泉度假村里，绿茵铺地，林荫夹道，鸟声啁啾，花香四溢，古木参天，亭台楼阁，小桥流水，加上四周的仿古城墙，显得幽深典雅，蔚为大观。在度假村东端是“鄂中革命烈士纪念馆”，即“汤池训练班”旧址，占地面积约 15400 平方米。踏进纪念馆大门，一座高 7 米、宽 6.5 米的大理石纪念碑耸立中央，原国家主席李先念亲笔题写的“汤池是发动鄂豫边区敌后抗日战争的战略支撑点之一，为民族解放事业作出了贡献”，在阳光照耀下熠熠生辉。碑屏的右侧分别为“陶铸卧室”和“李范一卧室”，居室内照原样摆放着他们当时的办公用具和生活用具，并且还依旧保持着简陋的澡堂。左侧是原汤池训练班及鄂中特委工作人员办公的“工”字形庭院，现改成了“汤池训练班陈列室”。正门大厅内建有陶铸塑像。陈列室内珍藏着大量的图片实物，再现了汤池训练班师生学习、战斗与生活的情景。陈列室后面有烈士祠和烈士碑廊，记载着烈士的生平事迹。“鄂中革命烈士纪念馆”已被列为湖北省文物保护单位，同时，也是对青少年学生进行革命传统教育和爱国主义教育的基地。

二、咸宁温泉

中国的温泉文化

我国是世界上温泉最多国家之一，又是温泉利用最早的国家之一，温泉文化灿烂辉煌，五千多年的温泉文化史从未断裂过，这是中国温泉文化有别于外国温泉文化最为重要的特点。中国温泉文化的起源，远可追溯到五千年前“浮丘与轩辕帝”的时代。“一道出遥岑，潺谣古到今。雪天声泻玉，月夜影摇金。岁旱施功大，民疴被泽深。浮丘与轩帝，仙迹可追寻。”这是北宋元符进士夏津县令凌唐佐所写的《黄山汤泉》诗。传说轩辕黄帝曾在黄山汤泉浸泉七日，皱纹消除，返老还童。轩辕黄帝时代已开始利用温泉，使民众在劳作后恢复体力，是极有可能的。

孔子也是我国温泉文化最早的倡导者和实践者之一。孔子《论语・先进篇》：“暮春者，春服既成，冠者五六人，童者六七人，浴乎沂，风乎舞雩，泳而归”，“浴乎沂”，即在曲阜以南的沂水中泡浸温汤。

《水经注》是我国古代一本著名的地理学著作，作者是北魏时期地理学家郦道元。郦道元从少年时代起就喜欢研究水文地理、自然风貌，充分利用在各地做官的机会进行实地考察，掌握了大量的第一手资料。在《水经注》中，郦道元以水道为纲，将河流流经地区的地理、历史、经济、政治、古迹及风俗等均作了尽可能详细的描述，为后人研究古代地理和人文历史提供了宝贵的资料。《水经注》中载有温泉31个，按温度的不同从低温到高温分5个等级，依次为“暖”、“热”、“炎热特甚”、“炎热倍甚””和“炎热奇毒”。如“炎热特甚”的温泉，可以将鸡、猪等动物的毛去掉；“炎热倍甚”能使人的足部烫烂；“炎热奇毒”泉水可以将稻米煮熟。书中还对各个温泉的特点、矿物质、生物等情况进行了比较详细的叙述，如有的温泉有硫黄气，有的有盐气，有的有鱼等。

《水经注》多次提到温泉可以“治百病”，如鲁山“皇女汤，……可以熟米，饮之愈百病，道士清身沐浴，一日三饮，多少自在，四十日后，身中百病愈”，真实地记载了温泉的保健作用。又如“温水出太一山，其水沸涌如汤。杜彦达曰，可治百病，水清则病愈，水浊则无验”等，都说明早在当时人们对温泉的医疗价值已有了相当的认识和研究。

华清池是国内有文字记载开发利用最早的温泉之一，恐怕也是人们最耳熟能详的温泉之一，素有“天下第一温泉”之称。早在西周时这里的温泉便已被发现，叫“星辰汤”。幽王曾在此建“骊宫”，至秦始皇以石砌池，名“骊山汤”、“神女汤”。西汉武帝时扩建为“离宫”，东汉张衡在“阳春之月，百草萋萋”之时，“适骊山，观温泉，浴神井，风中峦”，大赞此地“览中域之珍怪，无斯水之神灵”，写下了《温泉赋》，赞美了温泉的“六气淫错，有疾疠兮。温泉汩焉，以流秽兮。蠲除苛慝，服中正兮。熙哉帝载，保性命兮”的功德，是当时赞美骊山温泉的名赋。

贞观年间，唐太宗李世民在骊山温泉营建“汤泉宫”(即今日之华清池)。新宫竣工，李世民率文武百官临幸新宫，亲笔御书《温泉铭》来颂扬骊山温泉，并命石匠制碑拓印以示群臣。《温泉铭》中说：“朕以忧劳积虑，夙疾屡婴，每濯患于斯源，不移时而获损。”李世民以帝王之尊而如此隆重地亲自为温泉立铭宣传，足见当时世人对温泉的认识和重视。《温泉铭》原碑已亡佚，现存唐代拓本残片。

至唐玄宗时，宫室扩建并纳汤池于其中，宫室改名“华清宫”，汤池从此也改叫“华清池”。华清池因为唐玄宗的爱妃杨玉环在此一濯芳泽，以及他们之间缠绵悱恻的爱情故事而从此蜚声天下。华清池现存的唐代汤池中有一个叫海棠汤，池内平面呈盛开的海棠花状，便是当年唐明皇作为爱情的礼物赐给杨贵妃的，也称贵妃池。杨贵妃有羞花闭月之貌，她的美更因温泉水的滋养而妩媚迷人。白居易《长恨歌》中“春寒赐浴华清池，温泉水滑洗凝脂。侍儿扶起娇无力，始是新承恩泽时。”记录的便是杨贵妃在海棠汤出浴后的娇态，为世人留下了一幅美丽的“贵妃出浴图”。

唐玄宗李隆基是中国历史上酷爱温泉、醉心温泉养生取乐的皇帝，他从唐开元年掌握了最高权力开始，除了五次去东都，几乎每年都到温泉宫。杨贵妃入宫以后，玄宗到骊山时日明显增多，每年往往在骊山住一个月以上。唐玄宗从开元二年(公元714年)到天宝14年(公元755年)41年间，先后去华清池达36次之多，杨贵妃有11年到过华清池养生、美容、浸浴温泉，以葆其青春风韵。

“桂殿与山连，兰沥涌自然。阴崖含秀色，温谷吐潺湲。绩为蠲邪著，功因养正宣。愿言将亿兆，同此共昌延。”这是唐玄宗李隆基的《温泉言志》诗。他在诗序言中说"唯此温泉,是称愈疾,朕不能独受其福,思与兆人共之"。唐玄宗的诗一出,群臣争相唱和,尚书左丞相燕国公张说写了《奉和圣制温泉言志应制》诗:"温泉媚新丰,骊山横半空。汤池熏水殿,翠木暖烟宫。起疾逾山药,无私合圣功。始知尧舜德,心与万人同。"而后名相张九龄也写了《奉和圣制温泉》,郑义真等大臣亦纷纷唱和,颂赞唐玄宗"吾君利物心,玄泽浸苍黔。渐渍神汤无疾苦,薰歌一曲感人深"。这一君臣温泉诗唱和的盛会,是中国温泉文化史上的一次盛会。

宋代是中国温泉文化的又一个发展时期,相传宋仁宗赵祯南巡时到过湖北咸宁温泉沐浴。北宋政府很关心庐山"黄龙温泉"的建设,宋真宗亲自赐其名为"灵阳净慧禅院"。当时禅院壁上有一首写温泉的诗:"祥庭谁化石龙头,龙口温泉沸不休。直待众生总无垢,我方清净混常流。"北宋大诗人苏东坡游览庐山行至温泉,见壁上诗,不由诗兴大发,索笔和诗一首:"石龙有口口无根,自在流泉谁吐吞?若信众生本无垢,此泉何处觅寒温?"一时传为温泉文化中的佳话。

明清时代是中国温泉的又一个大发展时代,有"天下第一汤"之称的云南安宁温泉,云南腾冲县热海温泉都是这个时期由著名地理学家、旅行家徐霞客和大学者杨慎亲自实地考察发现的。杨慎在《安宁温泉涛序》中指出安宁温泉有7种特色:"皓镜百尺,纤芥必呈;四山壁起,中为石凹;浮垢自去,不待拂拭;温凉适宜,四时可浴;掬之可饮,龙发茗颜……"安宁温泉遂名扬天下。

清代也开发不少名泉,如承德热河温泉、大连安波温泉都是此时期开发。

咸宁温泉

现咸宁地区行政公署所在地温泉镇,就是以温泉水而得名。温泉镇位于咸宁市区东侧,紧靠京广铁路和武(昌)长(沙)公路,北去武汉市92公里,南可达洞庭湖畔岳阳楼,又是游览三国古战场赤壁以及去鄂南避暑胜地九宫山和明末农民起义领袖李自成陵墓区的歇足点。

温泉镇是1965年咸宁行政公署成立后才兴起的城镇,自然环境十分优美。主要街道围绕着一座长形高山而建,一栋栋楼房大都依山而立,梯级向上,隐蔽于绿树山花中,整齐朴素,清静幽雅。温泉镇风光最美处在镇南淦水河一带,河上有精巧美观的双曲拱桥,桥下不到一公里长的河床上,接连有12个温泉泉眼,有的在河滩上,有的在河中碧水漩流处。每年早春和秋冬时节河水下落时,就能看到一股股热气腾腾的温泉从河滩上和碧流中涌出，翻腾着晶莹闪亮的水珠，散发着蒙蒙水雾，给碧玉的小河罩上了一层乳白色美丽纱巾。离桥不远处还建有一座别有风趣的橡皮水坝，小型水电站建在水坝南端。靠河兴建了温泉浴室，沿河一座座水泵房还将温泉水送到宾馆、医院、学校、机关。每当风和日丽、河面平静时，阳光便把小桥、电站、浴室、商店和两岸青山的倒影，投在碧水中，构成一幅绝妙的图画。

温泉虹影

咸宁温泉又名沸潭，水温达到 50℃，属于中温泉。它的泉水出自岩窟，水激石岩，沸沸涌涌，雾气蒸腾，被称为“温泉虹影”。这里共有泉眼 14 处，泉水呈淡黄色，含有硫酸盐、碳酸盐、钙、镁、钾、钠等十多种矿物质及其他微量元素，经常沐浴可防治皮肤病、风湿性关节炎、肠胃病、神经炎、溃疡病、感冒。美丽如画的温泉河畔，耸立着一座林木葱茏的青山，名叫泉山。山东面有一石岩，形似猛虎腾空，叫“老虎嘴”。满山茂林修竹，山连山，岭连岭，放眼望不到尽头，是极好的森林公园。山上还建有温泉宾馆，依山而上，回廊环旋，幽静雅致。

在温泉还可以尝到贺胜桥的鸡汤。贺胜桥鸡汤以当地农家土鸡和无污染地下泉水小火炖制而成，汤清而味鲜醇厚，鸡肉入口即化，质地有点像广东的清远鸡，却更有土家风味。且汤中加入湖北的玉米粉条，一来爽口弹牙，二来粉条吸收汤中的油分，吃起来便不觉腻了。

咸宁，著名的桂花、楠竹之乡，以其山青、水秀、桂香、竹翠、洞奇而独具魅力，又有享誉中外的汀泗桥北伐战争遗址和向阳湖文化名人旧址。

温泉镇附近的星星竹海，是省级风景名胜区，位于咸宁市花纹乡境内，距武汉市 86 公里。竹海风景区是湖北省最大的竹林风景区，现有竹林总面积 10 万亩，植被覆盖率达 90%以上，也称“万亩竹海”，被列为联合国林业考察基地。每到天高云淡或风清月明之时，但见竹海莽莽，遍地修篁，风景十分秀丽。

咸宁以洞奇著称，太乙洞为首选。太乙洞距温泉 5 公里，全长 2000 米，自然景点 48 个，大小支洞 8 个，边走边看，要走上 1 个多小时。一尊太乙真人石像，石像头戴道巾、身披道袍、长袖翩翩。据说太乙真人的脸随季节变化而冬白、春夏秋黑，非常神奇。进得洞内，经过石柱擎天、高山流水、神牛小憩等景点，来到劈山宝剑前。相传此剑是太乙真人开山凿洞时的镇洞之宝，剑尖入地千尺。抬头仰望，太乙神钟高悬，这钟相传是太乙真人做道场时用的。有剑又有钟，可谓“一剑钟情”。登上通天梯，来到擂鼓厅，有一面天赐神鼓，用手击之，其声铿锵激越，余音绵远。在太乙洞的最高处，有个神秘泉眼，传说用泉水洗过手的人会变得更聪明，因而此泉又叫聪明泉。据说此泉水量常年不变，满而不溢，十分奇特。走过铁索桥，可看到一根石柱，它是太乙洞中最高的石笋，也是最有灵气的，因为它拴着一条巨龙，因而又称拴龙柱。巨龙拴卧于池中，此地也是洞中景点精华之一。在太乙洞中还有楚天一绝——石瀑。它是经过 200 万年泉水冲击凝结成的岩石，与潺潺地下河水声交织在一起，有声有色，气势磅礴，颇为壮观。我国有不少名塔，但太乙洞中的珍珠塔别具一格。它是水滴石形成的，又是中国稀有的鱼鳞泛波纹层岩石，经 360 万年孕育而成，放眼望去如由颗颗珍珠镶嵌而成，堪称无价之宝。据说此塔还在生长之中。不论夏季气温多高，太乙洞内都是凉飕飕的，走进去非常舒服，空气清冷而湿润，比洞外气温要低 5 度左右。游人在这里小憩，不仅能洗去一身旅途的疲劳，还可洗净心中的忧愁和烦恼。

第五章 瀑 布

我国瀑布大致可分为四种类型：即名山瀑布、岩溶瀑布、火山瀑布、高原瀑布。而湖北的瀑布多为岩溶瀑布。

一、白果树瀑布

白果树瀑布

位于宜昌市夷陵区晓峰乡泰山庙村，因峡谷丛林风光和天然瀑布群而远近闻名。景点以大小的瀑布群为主，最大的主瀑布高达102米，宽近60米。穿越瀑布隧道，游人可以直接抵达瀑布内侧体验瀑布震天动地的响声和水雾蒸腾的气势，被誉为“中国第四，湖北第一”。

白果树瀑布是长江三峡西陵峡口新辟的以飞泉驰名的旅游景点，它距宜昌市34公里，位于宜昌县晓峰乡泰山庙。在长约5公里的峡谷中，绝壁夹天，深潭无底，飞泉竞悬，一条主体瀑布和若干分支瀑布形成了气势磅礴的瀑布群，主体瀑布宽约数十米，清泉从百余米高的陡峭山崖飞流直下，接天连地，水天雾海，蔚为壮观，即使久旱不雨，这里依然是飞泉不绝。游人称赞说：“朝游白果树，一山日头一山雾；午游白果树，一身凉爽一身舒；暮游白果树，一片晚霞一片露。”

白果树瀑布近景

景区方圆数百里，泪淌河穿行其中，群峰峙立，重崖叠嶂，两岸之间，仅四五米宽，仰头望崖，仅见一线天光，古木森森，幽静无比，“清泉石上走，鸟鸣山更幽”。飞鸟成群嬉戏清潭，常有高猿长啼、獾猪出没，悬泉瀑布飞溯其间，荡起数十米的水雾，随日出日没，瞬息万变，时而七色彩虹，时而串串银珠腾空。景区内，石笋林立，奇洞异石，珍贵药材，古稀树木，随处可见。现在，白果树瀑布风景区已发展成集食、住、行、游、购、娱于一体的旅游胜地。气宇轩昂的牌坊，富丽堂皇的别墅，依山傍水的吊脚楼，凌空飞架的索桥、瑰丽别致的亭台轩阁，还有游泳池、钓鱼台，尽善尽美的人文景观和“山光悦鸟性，潭影空人心”的如诗如画的自然景观，令游人神往。

二、香水河瀑布

香水河七彩瀑布

位于南漳县薛坪镇香水河。在不足 3 公里地带上,分布着七彩瀑、三叠瀑、雄鹰瀑、凤尾瀑、峡口瀑等 30 多处大小瀑布。最为奇特的是七彩瀑,落差百余米,由 5 股清泉汇集而成,晴天上午八时至十一时,七彩瀑喷出的水花、水珠在太阳光的折射下呈大面积红、橙、黄、绿、青、蓝、紫状,景观具有独特性。

三、三潭瀑布

位于广水市高贵三潭风景区。瀑布高 10 米,宽 5 ~ 6 米,两岸峭壁撑云,左右如削,留得青天一线,三道瀑布飞泻而下,喷珠吐雾,宛如白练,水花散落,如跳珠溅玉,注入深潭,轰然如雷,称誉为“中原一秀”。

三潭瀑布

三潭风景区以山峭林茂、涧幽泉清而闻名,主峰大贵山金顶海拔 908 米。这里有明朝忠烈杨涟长眠的杨公岭、大贵寺庙遗址石塔、中华第一青檀园、龙爬寨等旅游景点。

四、大崖头瀑布

“庐山天下秀，钟灵数九宫”。大崖头瀑布位于通山县九宫山森林公园安坪景区。有瀑布50多处，其中最大的瀑布为大崖头瀑布，落差达420米，有“中华第一瀑”的美誉。

大崖头瀑布

巨瀑宽30多米，从420米高的大崖头峰顶“U”形幽谷上凌空跌落，形成的瀑布奇观，如同银河漏底，气魄之宏，景色之秀，难以言状。那自天而下的磅礴气势，那银涛腾白雾、雪练挂翠壁的立体画图，惊天动地，勾人心魄。离它很远时，就能听到它那雄浑的声音，像风啸、似海涛、时起时伏；渐近时，轰隆隆声震荡山谷，像虎啸龙吟。水量稍小时，瀑布上分6支，中间为大。在对面的山腰上观瀑角度较好，但也看不到瀑底。瀑布所在的大崖头是一座六七百米宽的黄褐色峭壁，像一块巨大的立体电视屏幕，展现出大自然的绝伦风景。瀑布左边的峭壁为白色硅晶石，约三百米宽，远远望云，银瀑与白色石壁无法分辨，就像一道300多米宽的雪白飞瀑凌空跌落，瀑布在空中抖开，变成一道雪白的水帘，铺天盖地猛压下来，如雾如云，升到高空中弥漫翻卷，太阳照到山谷时，那水帘折射出一层淡淡的光晕，扑朔迷离，五彩缤纷。

五、云崖瀑布

位于大别山天堂寨风景区的小华山。瀑布自上而下有400多米长，是全国最长的瀑布之一。

云崖瀑布

“拨地万重青峰立，悬空千丈素流分。共看织女机丝挂，映日还成五色文”。这是北宋文学家王安石吟咏瀑布的诗句，用来形容云涯瀑布毫无为过。天堂山，山势陡峭，沟壑幽深，飞瀑流泉，随处可见，云崖瀑布是天堂寨落差最大的瀑布。它位于石燕岩西南的山岩中。上得西寨门，远远望去，400余米高的瀑布如同一幅巨大的壁画高悬于天地之间，气势磅礴；细细观望，又似仙女起舞飘逸的长袖，优美轻盈。瀑布倾泻在深谷之中，发出鸣如击鼓、吼若轰雷的咆哮，使人惊心动魄，头晕目眩。面对飞瀑，方能领悟大诗人李白“飞流直下三千尺，疑是银河落九天”诗境之妙和落笔之神。

大别山云崖瀑布

第六章 溪

一、香 溪

香溪源

香溪是一条十分美丽的小溪，“水色如黛，澄清可掬”。香溪是长江西陵峡北岸的一条重要支流，发源于湖北省神农架。流域面积3099平方公里，均系高山半高山区。上游地势高峻，海拔在2500米以上，局部达3000米。河道流经峡谷，坡陡水急，干流天然落差1000米。在兴山城以上，有古天河和两坪河两条支流。兴山城以下，河道右岸有台地，地势渐趋平缓，河谷略见开阔。两岸山势东高西低，不对称高程差约500米。下游左岸的大峡口，有高岚河汇入。

香溪的水是叠瀑式的，那湍急的水时而如撒腿狂奔的野马，时而如快速移动的银蛇，在岩石的撞击中发出巨大的声音响彻山谷。这充满动感的河水其实还是天然的矿泉水，水中含有14种矿物元素，饮之甘甜，沁人心脾。这水还具有提神健身、滋润肌肤的功能。水面上空气中漂浮着较丰富的负离子，经常吸收，对加快新陈代谢会起到很大的作用。这水还有一个特点，就是冬暖夏凉，冬天水面上冒着热气，夏天却凉爽宜人，其年平均温度大约在4℃。

香溪流经兴山、秭归两县。兴山城郊的宝坪村相传是王昭君的故乡。宝坪村又叫明妃村，杜甫诗云："群山万壑赴荆门，生长明妃尚有村。"沿香溪镇公路北行，至贾家店下车，渡过香溪河，穿过七里峡幽谷，便可到达秭归县三间乡乐平里，这里便是屈原的故里。在长江众多的支流中，香溪的河长和流域面积较小，水量和水力蕴藏量也不如许多大支流多，但是，由于楚国伟大爱国诗人屈原和汉代远嫁匈奴的一代美女王昭君都诞生在这一流域，所以反而比许多大支流更有名气。

香溪宝坪村昭君像

昭君故里宝坪村，原名烟墩坪，又名王家湾。昭君，名王嫱，兴山县人，晋代避司马昭之讳，改称明妃。汉元帝时，王嫱才貌出众，选为宫女。传说皇帝选美，先看画像，因宫女争宠，纷纷贿赂画师，昭君生性耿直，不趋炎附势，被画师毛延寿丑化，不得宠。汉元帝竟宁元年（公元前33年），北方匈奴呼韩邪单于请求和亲，愿与汉永结友好。昭君自请"求行"，出塞前，皇帝才发现其容貌光彩照人，意欲留下，但成令已出，为结束边疆战争，决定许嫁，并将年号改为竟宁以资纪念。两年后，呼韩邪单于去世，昭君依匈奴风俗改嫁新单于(呼韩邪与前妃水阏氏之子)。昭君和亲，对结束汉匈的长期战争具有重要作用。王昭君为民族团结，深明大义，以巾帼之身，灭烽烟战尘，换来友好和睦，她永远载入中国民族大团结的史册。

在王昭君的故乡，千百年来留下了许许多多关于昭君的美好传说。有一则关于香溪的传说是这样的：一天，昭君在溪中沐浴，不慎将一颗珍珠遗落水中，从此溪水变得澄清透明，香气四溢，因而得名“香溪”，亦称“昭君溪”。香溪中那美丽珍奇的桃花鱼，也伴随着王昭君的传说。桃花鱼是一种罕见的腔肠动物，正规名称是桃花水母，据说只生存于香溪及附近水域。它手指大小，体若伞状，色泽透明。游动时，若伞之张收。每逢三月香溪河畔桃花盛开的时候，可看到河水中淡红色的桃花鱼，身分四瓣，晶莹透明，随波嬉戏。河水清清，倒映岸边桃花，水中鱼群追戏，是花是鱼确实难以分辨。有古诗单咏此鱼“春来桃花水，中有桃花鱼。浅白深红画不如，是花是鱼两不知。”又有诗赞曰：“花开溪鱼生，鱼戏花影乱。花下捕鱼人，莫作桃花看。”传说昭君出塞之前，汉元帝特许她回乡省亲。探亲期满，告别亲友时，正值桃花三月天。她乘舟沿香溪而出，自知此一别乡，再无归期，不禁泪如雨下，泪珠落入溪中，与水面落花相合，化为桃花鱼。游客若春季至此，可备玻璃小瓶，在溪中捕捞一些桃花鱼，养在瓶中，这是极有趣的观赏之物。

昭君故里宝坪村是一个山明水秀的好地方，面临香溪水，背靠纱帽山，群峰林立，崖壑含翠，环境幽雅，极富诗情画意。拾阶登山而上，一进宝坪村口，最先看到的是一个土台，台上有个月亮门，上刻“梳妆台”三字，这就是当年昭君姑娘的梳妆之处。台上绿荫覆盖，绿荫下置以石凳石桌，可供游人憩息。梳妆台以北，有一小楼，名曰“望月楼”，传说是王昭君读书、弹琴、绣花的地方。过梳妆台，行数十步，就到了昭君宅。这是依照古图重建的。昭君宅高墙大院，门楼巍峨，宅内长廊环绕，曲径通幽。院中有一花台，台上百花繁茂，花丛中立有一座3米多高的汉白玉昭君像，这是昭君的“婆家”——内蒙古呼和浩特市送给昭君“娘家”的礼物。昭君像体态丰腴，衣裙飘逸，全无悲苦之态。这显示在塞北兄弟民族心目中，王昭君的形象并不是汉族文人笔下那样的悲剧角色。院内还有一个蒙古包，也是呼市人民的赠礼。从昭君宅出来，东行百余步，便到了“楠木井”。

这是当年昭君姑娘汲水之处。井约 1 米来深，清澈见底，井水从不枯竭。井底沉有楠木一根，据说还是当年昭君放入的。昭君村今天的数百村民，多数依然姓王，村内民风淳朴。村民们为本村出了这么一个千古流芳的女性而自豪。

从宝坪村回到兴山县城后，还可登临城中的妃台山一游。山上筑有“昭君台”。这是一座由几百株柑橘树簇拥着的亭台。亭台旁一石碑上刻着：“乡人怜昭君，筑台而望之。”当年，乡亲们就是从这里送别昭君。现在，游客可于清晨登上妃台山，以观日出。此“妃台晓日”是兴山县八景之一。

屈原的故乡秭归，位于长江北岸的卧牛山麓，四周城墙环绕，形似一个倾斜的葫芦，具有浓厚的古典建筑风格。故有“葫芦城”之称。又因城墙均由石头叠砌而成，又叫“石头城”。汉代始设县，唐朝时曾设立归州，民国元年改归州县，民国三年改为秭归县，一直沿用至今。

屈原，名平，楚国人，约公元前 340 年诞生于秭归三闾乡乐平里。屈原自幼勤奋好学，胸怀大志，26 岁就担任楚国左徒兼三闾大夫。他主张授贤任能，彰明法度，联齐抗秦。他的主张遭到了朝中奸佞小人的嫉妒和诋毁。楚怀王听信谗言，疏远了屈原。后顷襄王继位，屈原被放逐江南。屈原的政治思想破灭，虽有心报国，却无力回天，只得以死明志，于公元前 278 年 5 月端午节这天投汨罗江而死。屈原是中国文学史上的第一位大诗人，他留下的《离骚》《九章》《九歌》等光辉诗篇，名扬中外。秭归鸟即子规鸟，相传为屈原妹妹屈幺姑的精灵所化，每年农历五月，此鸟叫声“我哥回呦！我哥回呦！”以提醒人们做粽子、修龙舟，准备迎接端午佳节，祭祀屈原。端午节的原始形态是庆丰收，后因屈原投江这一天刚好是端午节，所以这个节日的意义就渐渐让位于对屈原的悼念，也称“诗人节”。每年端午节，秭归人民还在屈原沱上赛龙舟。这一抚慰屈原忠灵的古俗世代相传并延至今日。

传说秭归县名由屈原而来。屈原有个姐姐，屈原被流放前，她曾特地赶回来宽慰弟弟，其情其景，感人至深。后人为表示对这位贤惠的姐姐的敬意，将县名改为“姊归”，后演变为现在的“秭归”。秭归的名胜多与屈原有关，秭归县城东门外，矗立一高大的牌坊，上书“屈原故里”四字，系郭沫若手书。旁边还有两块石碑，分别刻“楚大夫屈原故里”和“汉昭君王嫱故里”。秭归与香溪之间有一沙滩，传说是屈原遗体安葬处，后取名“屈原沱”。沱上有屈原祠。从唐宋以来，经数次迁址修葺,后因葛洲坝水利枢纽工程兴建,水位升高,于 1976 年修建此祠。现位于秭归城东向家坪,改名为“屈原纪念馆”。

在乐平里,有关屈原的名胜古迹和传说甚多,如香炉坪、照面井、读书洞、玉米三丘等。古人曾集为“八景”并以景名联诗一首:“降龙伏虎啸天来,乡鼓岩连擂鼓台。照面井寒奸亡胆,读书洞出离骚才。丘生玉米合情操,濂滴珍珠荡谷俟。锁水回龙含泽畔,三关八景胜蓬莱。”在屈原故里还有一奇值得一提。这里的耕牛不穿绳,却能听从指挥。相传屈原从楚都回家,快到家门口时,侍者挑书简的绳子断了,一老农当即把牛鼻绳解下来给他,从此以后,这里的牛就不再用牛鼻绳了。

秭归还是历史悠久的柑橘之乡,屈原在他的名篇《橘颂》中,曾对橘树的形象和品格作过深刻的描写。今天,秭归已成为我国七大柑橘生产基地之一。深秋时节,满目都是柑橘林,青枝绿叶藏红果,如诗如画。

香溪近景

有这样一首打油诗："昭君何以美，屈原何以伟，探得香溪源，自知其中味。"正是这溪水孕育了绝代佳人王昭君和伟大诗人屈原。香溪源景区，它位于神农架东南部木鱼镇西侧2公里处。于1993年正式对外开放，除了具有神农架"林木幽深"的特征外，还有它独有的特征。香溪河的源头是一潭碧水，相传那儿便是当年神农老祖的洗药池。他当年在神农架搭架采药，每天将所采的药草运到这里来清洗后慢慢咀嚼、品味，并将结果记录下来。他就是在这里完成了我国历史上第一部医药经典《神农本草经》，记载了365种药草的性能、用途和170种疾病的特征和疗法。神农百草的精华，神农精神的灵魂也由此尽融于水中，因而有了貌若天仙的王昭君和赤胆忠心的屈原。以前香溪的源头也叫跳架沟，为什么叫跳架沟呢？那是因为这里落差较大，从上到下形成了一个瀑布群，给人一种跳跃的感觉，再加上这里峡谷较深，从山这边到山那边搭个架子也不是件难事，因此叫跳架沟。著名诗人徐迟也曾在源头留下"香溪源"三个苍劲大字，并留下"大三峡不如小三峡，小三峡不如神农架"的动人诗句，香溪源的美名便流传开了。

跳架沟

名山名泉出好茗，香溪源头所在地也正是著名的茶叶之乡。这里的茶叶分布在林深绿重、朝晴暮雨、海拔1000~1200米的山谷中。由于空气新鲜湿润，日照较少，散射和漫射较多，又无寒冬酷暑，气候温和宜人，且尽得高山之云雾、香溪之净水、万木之芳香，这得天独厚、无与伦比的自然生态环境造就了优质的神农有机茶。据《神农本草经》载："神农采药，为民疗疾，日遇七十二毒，得茶解之。"相传少女时的王昭君常在香溪河畔的茶园里采茶，并向采茶姑娘们学唱采茶歌。昭君还把自己亲手焙制的新茶，送给四乡八邻的姐妹们品尝，那些喝过昭君赠茶的姑娘们一个个越长越美丽。唐朝时茶圣陆羽曾泛舟长江，经过香溪口时，为香溪水的清澈甘甜所吸引，一直寻至香溪源头，用香溪源之水煮茶品尝，顿时满口清香，心旷神怡，称香溪源为"天下第十四泉"。用香溪水泡春茶，从杯里冒出的热气即可形如一只翩翩起舞的白鹤升腾，给品茗者无限美好的遐想。

二、柴埠溪

"百里幽峡柴埠溪，三千奇峰仙境地"。柴埠溪大峡谷自然风景区，位于五峰土家族自治县境内，被誉为"华中一绝"。一条清溪贯穿整个大峡谷，溪谷两岸的岩石经过亿万年的风雨侵蚀，风化和崩落，形成了独特的峰林景观。或似人、或状物，无不造型生动，惟妙惟肖。大峡谷生态保护完好，气候凉爽宜人。景观类型多样，尤以茂林、幽谷、异石、奇峰、险崖、溶洞和云海最为壮观。它北接八百里清江，南通武陵源、张家界，东通江汉平原，西达鄂西山寨，距长江三峡大坝 100 公里，是新三峡旅游线上重要的风景名胜区与目的地之一。

柴埠溪

柴埠溪与张家界一样，同属武陵山岩溶地貌，处在国际公认的"奇特北纬 30°地球圈"上。中国森林风景资源评价委员会专家小组在考察柴埠溪后认为："柴埠溪是继第四纪冰川时期后，经过世代地貌变迁而显露的早期、中期、晚期三个层次的典型喀斯特地貌景观，具有较高的科学价值，是世界上地貌、地质景观中不可多得的天然奇观，柴埠溪景，秀美雄伟，原始古朴。”

柴埠溪发源于五峰、长阳两县交界的雪山尖，在宜都县境入清江。是一个典型的大峡谷风景区，1996年被批准为国家森林公园，总面积近70平方公里，是一条东西走向长30公里，南北宽1～3公里的深切型大峡谷，溪岸有天然而生的八大崖口进入溪谷。自第四纪冰川以来，经过漫长的地质变迁和大自然的鬼斧神工，两岸的绝壁被雕琢成了千姿百态的石林奇观。柴埠溪有坛子口、大湾口、蛟口、断山口四大景区，还有一个内口生态保护区。有上、中、下三条旅游线路，景点120余处。

柴埠溪以石林、绝壁、幽野、原始四绝著称。

柴埠溪石林

柴埠溪以石林造型千姿百态为第一绝：有神形兼备的“仙童献花”，威风凛凛的“将军岩”，如剑刺青天的“倚天剑”，凄婉动人的“霸王别姬”，丰仪端庄的“观音坐莲”以及惟妙惟肖的“情人幽会”、“如来谈经”、“老君戏龟”、“土王出征”等奇峰石林构成的立体画卷。最为奇特的是大湾口神笔峰，如一支御笔孤傲直立，上粗下细，屹立万年不倒。当你漫步其间，那奇峰绝壁正以峥嵘、峭拔雄浑的气势扑面而来，千姿百态的石林步移景换。

峡谷绝壁之险为第二绝：柴埠溪的五大崖口最为险奇。梯子口古老的石级高悬，土家人称为“上天梯”。蛟口岩壁通天，只见蓝天一线，构成“十字天”、“一线天”的绝景。柴埠溪上线每条道路都是在绝壁上悬挂，俯视谷底，只见万丈深渊，令人心跳。

溪谷幽野是第三绝：进入溪谷杜家堡，四周千峰矗立，奇山、奇石、奇树、奇水和古老的土家民居、磨坊浑然一体，林间清泉飞瀑直泻，沟壑溪水中时隐时现。

观古木参天，满目清秀；听蝉噪鸟鸣，幽然寂静；赏满山鲜花，心旷神怡；寻溪中红娃娃鱼，世间奇特。

原始密林是第四绝：峭壁上生长着千年古树黑壳栎，虬枝盘曲，疏影横斜，四季常青，每一株黑壳栎就是一株天然的盆景。最为珍贵的是第四纪冰川期幸存的古生树种"活化石"珙桐树。林中的"头顶一颗珠"、"七叶一枝花"、"江边一碗水"、"文王一支笔"等数十种名贵药材遍地皆是。灵猴、灵猫、豹、金雕、锦鸡、羚羊等珍稀动物时常出没林间。

石林近景

柴埠溪是土家族聚居地。在这里，我们可以观赏到民族建筑吊脚楼、土家织锦西兰卡普、土家民俗哭嫁以及跳丧舞、南曲、堂戏等。

在柴埠溪风景区峡谷中的杜家堡，新近发现了几处神奇的景观，分布在杜家堡周围不到半平方公里范围内。

一是一座奇山，独立而成，山石成螺旋状堆叠十多层，高不过百米，游人可环山迂回攀登到山顶。

二是奇水，在柴埠溪的河谷中有一瀑布，高 20 多米，倾泻而下，发出雷鸣吼声，其下方冲出一个深渊。据当地老乡讲，曾用珠绳系石探深，从未探到底部。

三是奇树，树龄已近千年，八人方可合抱，奇的是此树生在一大石中，而树根又将巨石紧紧拥在怀中，形成石树一体之观。大树枝叶繁茂，树冠覆盖近60平方米。

四是奇石，在杜家堡下游的溪水中有一片平坦的白色石板，面积有10多平方米，层状分布。石上布满花纹，形似猫眼，人称“猫眼石”。如此大的猫眼石，实为罕见。

在柴埠溪的坛子口，有一处名为“盐水祭山”的景点，山形酷似盛装雍容的女神。此处的山径悬挂绝壁，俯视溪谷只见万丈深渊。山上的清泉飞瀑，千年古桂香飘依然，挺拔的白兰花已是浆果累累，农家的庭院栽几株牡丹，繁花开过，天高云淡的深秋，渐弱的太阳慵懒地照射在强壮的花枝上，寂寞但不哀伤。柴埠溪质朴天然的风光，一种贯虹之气令人讶然。

此外，柴埠溪地质奇观“千层壁”也是颇具特色。

柴埠溪千层壁

幽野的石林

一挂直上云霄的悬崖，并不是刀削斧劈的那种，而是由1000多层横着的岩石叠加组成，如书卷层层叠叠，齐齐整整，跃上云霄，从而构成了三峡柴埠溪大峡谷一道地质奇观。这片绝壁叫千层壁，位于柴埠溪大峡谷坛子口右前方。它脚踏峡谷，一跃而上，高耸800多米，同时，崖壁从坛子口右侧往外伸展600多米，使整个崖壁与其他山崖断开，显得格外气派。有味道的是，这壁悬崖的崖顶向前倾斜了约10多米，有一种大山压项的气概。整个绝壁，从上至下被1000多层厚薄不一的岩层分割，千层壁由此而得名。巍峨陡峭的千层壁，从稍远处看，就像一位昂然而立的勇士，脚登大地，稳稳当当，头冲蓝天，豪气凌云。近看，这每层岩石都各有千秋，最厚的约5米许，每层岩石或有竖向断裂，就使岩石酷似一个个平放在衣柜里的皮箱；而最薄的却只有10多厘米，如一个个刚出锅的千层饼，薄薄脆脆，仿佛可以不费吹灰之力咬断。只是这些“皮箱”和“千层饼”，恐怕只有神仙才能享用它们了。由于千层壁每个岩层的纹理都十分整齐，因此整座山崖显得十分漂亮，好像是一些能工巧匠，一层层，一丝不苟地雕刻出来的，每层都不混淆，界线十分分明。而它四周的绝壁却没有千层壁这种规则的层次感，因而，千层壁就更加令人惊奇了。对于千层壁像什么，多数游人把它看成无数本巨书

石林野趣

层层地叠落在一起,如果真是这样,那这个千层壁就是一个宇宙书库了。千层壁的岩石大多是石灰岩,青中带白,颜色庄重而含蓄,如果它真的是宇宙天书的话,这书中一定是一些十分精彩的故事和一些深刻的哲理,是它给了大自然无穷的智慧,才写下了这千古绝唱。有首诗说得好:“坛子口前话流年,一库天书挂崖边。神工鬼斧千层壁,每本读来都新鲜。”

三、神农溪

巴东县概况

巴东县位于湖北省西部，恩施土家族苗族自治州东北部，地处长江三峡山水画廊中段，东连兴山、秭归、长阳；南接五峰、鹤峰；西临建始、重庆巫山；北与神农架林区交界。因在古巴东郡的东部而得名。为川鄂咽喉，鄂西门户，地域南北狭长，素有“八百里巴东”之称，境内“三山盘踞、二江分割”。地势西高东低，南北起伏，沟壑纵横，峡谷幽深，属典型的山地地貌，历来有“山川险胜甲荆南”之说。

巴东县城于南宋乾道年间迁今址，“南腔北调依巴山，北面大江”，坐落在巫峡与西陵峡之间的长江南岸；水路距省会武汉市 710 公里，西上 538 公里达重庆市。在三峡工程库区内，一座别具特色的现代化新山城，正在沿着江滨向旧县城的西面迁建，并且已初露亭亭风姿。

巴东历史悠久，文物古迹甚多。古有“古亭晓月”、“无源仙泉”、“巴楚栈道”、“杜甫草堂”等著名景观，自明代以来就列入“巴东八景”。其中“古亭晓月”的秋风亭乃北宋名相寇准任巴东知县时督建。杜甫、李白、白居易、刘禹锡、苏轼、欧阳修、陆游等都在此留下过诸多瑰丽的诗篇。考古发现境内有恐龙、大象等古脊椎动物化石和南方古猿的臼齿化石，有战国、东汉、晋、宋、元等时代的古墓葬，多处发现有崖墓葬点。长江两岸还留下了 13 处摩崖石刻和一处碑刻。

巴东历为少数民族聚居地，有土家、苗、回、蒙古等 13 个少数民族。少数民族中以土家族为主体，土家族为巴人后裔，其演变“由巴而夷，由夷而蛮，由蛮而土”，始有土家族称谓。在语言、服饰、生活习俗上都有本民族特色，奉白虎，人民具有勤劳、淳朴、刚毅、直率的个性。

巴东是湖北省重点扶持的旅游县，1988 年在国家旅游局的扶持帮助下，巴东县成功地开发了神农溪，1991 年正式对中外游客开放。神农溪以其古朴、野趣、无污染、乘豆角扁舟漂流而独具特色，被海内外游客赞誉为“神州第一漂”。

民俗风情

土家族主要分布在湖南省湘西土家族苗族自治州、湖北省恩施土家族苗族自治州以及四川省和重庆市。土家族自称“毕兹卡”，意为“本地人”。土家族有自己的语言，属汉藏语系藏缅语族，没有自己的文字，长期以来使用汉文。土家族信仰祖先崇拜。道教也有一定的影响。土家族历史悠久，约2000多年前就定居在今天的湘西、鄂西一带。其族源说法不一，一种说法是秦以后定居在湘鄂川黔交界的巴人后裔；另一种说法是巴人与汉人融合而成。

由于历代朝廷对土家族实行屯兵镇压政策，把土家人赶进深山老林，其生存环境十分恶劣。土家人大多居住在山区，住房仍不失其遗风特色。因地势而建，傍山为屋，木质结构，房前屋后，竹林芭蕉簇拥。对高坎地势，则要立柱或筑墙，才能与正屋抱平合檐，故称“吊脚楼”，现代建筑学家称之为“干栏建筑”。其独特之处是前低后高，侧面有走廊，后有阳台，俗称“走马转角楼”。一般分上下两层或三层，下层关畜、上层住人(或放物)，具有通风防潮、防毒蛇猛兽等优点。而屋顶有盖泥瓦的(覆瓦)，也有盖茅草和石板的，各有所喜，亦各有其说。盖泥瓦的人家会说“黄土上了屋，家人都幸福”；盖茅草的人家会说“茅草屋里腊肉香”；盖石板的人家会说“石板底下有福享”。但这都体现了土家人的乐观、风趣和对生活的热爱。吊脚楼多为木质结构，早先土司严禁土民盖瓦，只许盖衫皮、茅草，叫“只许买马，不许盖瓦”。一直到清朝雍正十三年(1735年)“改土归流”后才兴盖瓦。一般为横排四扇三间，三柱六棋或五柱六棋，中间为堂屋，供历代祖先神龛，是家族祭祀的核心。根据地形，楼分为半截吊、半边吊、双手推车两翼吊、吊钥匙头、曲尺吊、临水吊、跨峡过涧吊，富足人家雕梁画栋，檐角高翘，石级盘绕，大有空中楼阁的诗画之意境。著名土家诗人旺承栋写道：“奇山秀水妙寰球，酒寨歌乡美尽收。吊脚楼上枕一夜，十年做梦也风流。”

土家族服饰多以自织土布为衣料，青蓝两种颜色较常见。土家族喜欢在衣边、头巾上镶五彩刺绣，质朴与华美搭配，十分别致。古书记载，土家男女服饰皆为一式，而今土家族服饰女装多为短衣大袖，左开襟，镶边筒裤，男装多为对襟短衫。土家族最喜欢吃糯米糍粑。做糍粑时，先将糯米浸泡、蒸熟，然后捣烂、压成圆形，风干几日，泡在坛中半月换一次水，经久不坏。吃糍粑时用文火烤熟，蘸上芝麻糖粉或酱豆腐，此外团馓、腊肉、油茶汤也是土家族风味独特的食品。

“西兰卡普”是土家族著名的传统工艺，又称“土家织锦”。它是以棉纱为经线，采用通经断纬，反面挑纹的方法，在古老的斜织机上织成的，其工艺独特，质地厚实，色彩斑斓，与蜀锦、壮锦并称为三大名锦。

傩戏是集戏剧、说唱、诗词、音乐、舞蹈为一体的综合表演艺术，源于土家族祭神还愿的仪式。其舞蹈造型夸张，唱词通俗风趣。它与土家族“梯玛跳神”、“毛古斯舞”等都是古老的傩文化现象，至今还存活在湘西许多偏远山乡，被人文学界与史学界誉为“活化石”。土家族摆手舞是一种祈求幸福、酬报祖先的舞蹈。它表现了土家族人的生产、生活、战争、神话传说等内容。社巴节是土家族最隆重的传统节日。届时，男女老少唱起“摆手歌”，跳起模仿农事活动、卫国征战的“摆手舞”，祭祀祖先，祈祝新年。土家族还有赶年节，那天是腊月二十九，比传统的春节提前一天。

神农溪

神农溪，发源于神农架主峰，流经湖北巴东县境内，由北向南穿行于深山峡谷之中，至巫峡口东汇入长江。神农溪是一条典型的峡谷溪流，两岸山峰紧束，绝壁峭耸，溪水在刀削般的峡壁间冲撞，水道曲折，湍急的溪流中有险滩、长滩、弯滩、浅滩 60 余处。水道虽狭急却清浅，漂流极富刺激而又安全。

神农溪流经三个风景各异的峡谷：绵竹峡、鹦鹉峡、龙昌洞峡，因而又称“神农三峡”，以区别于长江上的大三峡和大宁河上的小三峡。两岸风光奇美，峡谷中少有开阔地，最狭处两岸相距仅 7 米。船行峡中，如穿幽巷重门。一座座高达数百米的山峰劈面压来，几乎望不见前面的水道。

人们在溪上乘坐的这种小木船古时叫“兰舟”，相传杜甫富居神农溪壤口时曾有“一叶兰舟龙洞府，数间茅屋野人家”的描述。现代诗人郭沫若又称它为“扁舟”，有诗写道“扁舟劳济渡，同志爱何浓”。当地船工叫它“豌豆角”，因为它形似“豆角”。它是我国当今最古老的三种水上运载工具之一(其余两样是雅鲁藏布江的牛皮筏和福建九曲溪的小小竹排)。这“豌豆角”船体长 13 米，宽 1.8 米，高 0.7 米，两头尖平底，前艄后橹，像两把大刀，用以拨开水路，端正航向。“豌豆角”可载重 2.5 吨，吃水 1 尺左右，而神农溪水大都也只有 1 尺来深，有时船底与溪石相擦发出“嘭嘭嘭”的响声，就像陆地行舟。

“豌豆角”下水时要纤夫拉纤来限制它的速度，这叫“倒牵牛”。每条木船由6名船工驾驶，他们都是神农溪两岸的村民，经验丰富，技术娴熟且精通水性。因此游客们乘船漂流往往是“竹竿一点，有惊无险”。

神农溪漂流

绵竹峡　绵竹峡是神农溪的第一个峡谷，长4公里，以“险”著称。在这里可以听到船过险滩时，船底与水中卵石相摩擦发出的吱吱的声音。绵竹峡，因绵竹生长繁茂故名，源于神农架余脉海拔2400米的仙女山，全长17公里，沿途接纳了四条溪涧，在余家寨汇入神农溪主流，可航行河段5公里。

绵竹峡景观奇特，峡谷蓊郁幽深，为罕见的远古地质构造运动遗迹。两岸峰岩夹峙，层次分明，绝壁千仞。山巅岩壁多洞穴，相传为土家先民居住过的洞穴遗址，洞穴外大多有颓垣断壁或小石干垒遗迹可考。岩壁间的石笋、石幔有的似从天而降，千奇百怪；有的宽达两三百米，两岸山峰依偎，溪流最窄处不及5米，天开一线，5公里深邃大峡谷，溪流坡降达5%。两岸植被葱茏，猴群嬉戏，鸟语花香。“豌豆角”扁舟依山而过，这“一里十三湾，湾湾滩连潭”。船尾出滩，船头又进滩，航行其间，仿佛置身于“世外桃源”的意境之中。“半边街”、“将军把门”，“鲲鹏展翅”、“石笋集会”、“藤幔峰岩”等玲珑小景，更是栩栩如生。

叶子坝 叶子坝，又名落叶潭，因神农溪水穿过神农峡谷，至此河面陡然变宽，水流变缓，上游漂流的树叶，多在这里停留而得名。还有一种说法，是说王母娘娘设蟠桃盛会，仙女们采摘蟠桃时，将一片蟠桃树叶掉入此地，使这里北岸的潭水变成似一片树叶而得名。叶子坝是神农峡与鹦鹉峡之间不足1公里的一个土家村落，原来这里居住着近百人的土家山民，他们憨厚淳朴，尚义好客，以背薪垂钓为乐，农舍土砌瓦盖，傍山为屋，竹林芭蕉簇拥，山水蓝天一色，一派水乡情趣。他们为了支援三峡大坝建设，放弃了美好的故土，多已迁往荆沙。今天的叶子坝已是一片水光山色，没有了昔日的村乡炊烟。1990年神农溪正式批量接待海内外游客来此漂流旅游时，这里便成为游客漂流的一个重要起点，客人从巴东县城乘车46公里，约1小时到达叶子坝停车场，游客们下车后，向下步行400米台阶，经龙王庙，便到达了叶子坝渡口。

这里劳动仍沿袭着古老的手摇纺车、水车扎花、石碾舂米、凤凰榨油等原始生产方式，古老的婚丧嫁娶、传统的节日喜庆，如堂戏、皮影戏、跳丧舞至今犹存，给神农溪增添了浓郁的土家风情。

鹦鹉峡 神农溪的第二个峡谷——鹦鹉峡，是三个峡中景色最秀丽的一个，全长7.5公里，峡中山峦耸立，层峦叠嶂，两岸植被如璎珞垂挂，四季常青，岩水滴渗，飞瀑涌泉奇观迭现。有一段峡谷，无论隆冬炎夏，都可看到盛开的鲜花，故名"年花滩"。还有一处叫"九股水"的地方，溪边泉眼涌出多股泉水，分清、浊、混三色，因名"三色泉"。除此之外，鹦鹉峡内还有燕子阡溶洞、古栈道等众多景点。当满天的燕子在你的头上盘旋时，就表明你已经进入了神农溪最大的溶洞——"燕子阡"了。它洞高100余米，宽30米，岩壁顶上常年栖息着成千上万的短嘴金丝燕，泛舟穿过时，满天的燕子在你的头上盘旋。

神农溪的短嘴金丝燕体形略小(14厘米)，近黑色，两翼长而钝，尾略呈叉形。腰部颜色有异，从浅褐至偏灰色，有金属光泽。它们常年群体栖息于岩穴中，哪怕在一片漆黑深远的燕洞里，飞时也不会碰壁，不会碰撞，能准确找到自己的巢。每当天气变化或者夕阳西照，天空燕群飞翔，增添了景点的魅力。每当冬末春初，燕群飞向溪口淤沙壁上，凿沙洞为巢，密密麻麻一大片，进洞出洞另有一番景象。当春水上涨冲刷沙壁，燕群又飞回岩洞筑巢。

朝我来 船在神农溪中走，礁石林立，令人望而生畏。可是，就在船与礁石将要接触的一刹那，船工只须用竹篙轻轻一点，立即化险为夷。这是船工几百年来总结出来的闯滩二十字诀："朝着礁石去，大吉又大利；躲着礁石走，大祸要临头。"这些迎面扑来的礁石，船工形象地称它们为"朝我来"。

古栈道　在那龙昌峡、鹦鹉峡和神农峡的岩壁上，有断断续续一排六寸见方深约一尺的方孔，这便是古栈道遗迹，龙昌、鹦鹉两个峡段的栈道现已全部沉入水下。开凿此栈道，始于何时、用于何事，众说纷纭。古人有"明修栈道，暗渡陈仓"之说。有人说是为引神农溪上盐场河的盐水所修，也有人说是通往神农溪古时罗坪故州所建。说得更奇的是薛刚反唐时，刘体纯农民起义军所建。郭沫若有诗赞曰："滔滔溪水万古流，巍巍栈道何人修。古栈虽毁石孔在，留得伟绩壮神州。"神农溪的栈道是单排孔，断断续续百十来个，它充分体现了我们祖先的聪明才智和勤劳勇敢。

龙昌洞峡　神农溪最后一个峡谷是龙昌洞峡，此峡对峙均宽不足 20 米，两岸壁立水中，连绵不断，曲折迂回长达 5000 余米，大有瞿塘峡夔门之雄。沿途可见人文景观——岩棺群和古栈道。峡东岸离水面 150 米高的绝壁上，有许多小洞穴，深浅不同地放置着岩棺，肉眼清晰可见。

悬　棺　悬棺为神农溪上一谜，是土家族祖先古代巴人的一种葬仪，于春秋战国末期形成，至今已有 2000 多年的历史。

那么为什么要将棺木放在高高的山上呢?这是因为土家族奉行高葬的习俗，认为高葬者至孝。曾有诗写道："棺木为何悬此岩，秋风凄雨痛人怀。雪飞巫峡山戴孝，树动风声松举哀。春至百花呈奠礼，夜间明月照灵台。可怜你是谁家子，尸到如今尚未埋。"据专家考证，神农溪有岩棺七座，两具外露，赫然可见。现在土家族悬棺葬俗已经不复存在，但跳丧舞习俗仍存。

西壤口　它是巫峡的出口，历为兵家必争之地。这里有古墓 700 余座。从出土的文物考证，有殷、商、战国、汉等历代遗留下来的古墓葬群。三国时，刘备派张飞镇守于此，寨连寨 700 余里，后关公张飞死，刘备起倾国之兵伐吴，遭东吴陆逊火烧连营 700 余里，刘备丢盔卸甲逃至这里。据巴东县志载："追兵急，备烧栈断道，然得免。"所以在巫峡里边有一个避兵岩，那就是刘备躲避追兵的地方。1984 年考古工作者在西壤口李家湾地区发掘了四座古墓，出土文物有巴氏矛、巴氏剑、巴氏钲、巴氏盾等巴人用过的兵器。在西壤口还存有"杜甫草堂"遗址，始建于明代。“壤溪渔火”为巴东古八景之一。同时西壤口的巫峡背景画面是现在正在使用的伍元人民币的版面图案。

四、鸳鸯溪

京山鸳鸯溪素有“九曲鸳鸯溪，十里水画廊”之称，它发源于大洪山深处的白龙池，是国家级风景名胜区——大洪山风景区最具吸引力的景点。

鸳鸯溪漂流

“鸳鸯溪”名字的由来，不仅是因为它呈“几”字形河道，极像两只相依的鸳鸯鸟，更重要的是因为它有一段美丽动人的传说。相传在北面的山坡上，住着一位许真人和一条青龙，他们都在修炼道法，但是青龙好逸恶劳，急于求成，终于有一日它偷偷跑到天界去偷饮“瑶池”的仙水，使得玉帝大怒，三年不给楚地降雨，百姓真是苦不堪言。许真人决定替百姓惩治青龙，他将青龙捉住锁在山腰的青龙亭上，青龙反复恳求许真人放了他，以便继续修炼。最后，许真人同意了他的要求，但他有个条件，就是要求青龙在一夜之间造出100条河流，以缓解旱情。天快亮时，青龙已造出99条河流，正在即将大功告成的时候，青龙发现有一对鸳鸯相拥熟睡在爪下。青龙不愿打扰它们的美梦，于是绕开它们，修建了一条“几”字形的河道，也就是今天的鸳鸯溪了。为了纪念青龙立功赎罪的经历，当地人便养起了象征幸福吉祥的鸳鸯。据河岸两旁的乡亲讲，只要是有情有义又有缘的人，就能见到成双成对的鸳鸯。

在鸳鸯溪的旁边，有一片“撒网地”，这当然是根据地形与自然景观得出的一个形象的说法。它是由像一条缆绳的一片山，加上它前面像是一张渔网的稻田，以及田中央的三块看起来像一条鲜活鱼儿的小田组成。这幅颇有农家渔民气息的画卷引人浮想联翩。

来到鸳鸯溪，乐趣是漂流。京山鸳鸯溪位于荆门市京山县绿林镇，距武汉240余公里，抵达绿林镇后约40分钟即可到达山顶漂流点。京山鸳鸯溪漂流为橡皮筏漂流，水流湍急。鸳鸯溪虽名“溪”，但并不浅，全长5公里，漂程约3个小时。水面时缓时急，如有腾云驾雾之感。溪水碧绿清澈，能见度很高，可看见水底鹅卵石。两岸植被茂盛，看不到裸露的地方。

鸳鸯溪漂流

来到起漂点，挡水墙下“华中第一漂”五个遒劲的行书赫然映入眼帘。双龙峡是漂流中来到的第一个景点，两条巨龙形成的一道门式建筑，就是双龙峡的出口。这里因峡谷流水的常年冲击，潭水较深，因而也叫龙门潭。关于双龙峡还有一个神话故事。说的是在很久以前，有一户农家过着自给自足的安宁日子，可是有一天这家媳妇却生了青、白两条龙。当地人都认为这是不祥之兆，可村妇不忍心扼杀它们，于是，她请弟弟许真人在洪山寺修建了青龙池和白龙池，将二龙放养于池中。多年后，二龙厌烦了这狭小的空间，偷偷逃离了洪山寺，当它们跑到龙门潭时青龙还用尾巴画出了一道峡谷。许真人发现二龙出逃后三步就赶上了它们，将白龙捉住后镇在白龙祠，将青龙锁在青龙台，每年只允许它们三伏天回去看望母亲一次。因此这里每年伏天都有龙卷风发生，有时甚至还夹杂着冰雹。当地人并不害怕，因为他们知道这是青、白二龙回家看妈妈。在当地还流传这样一首童谣：龙卷风，刮得大，可是我们并不怕，为什么你不怕，那是二龙回家看妈妈。

“佛缘”是漂流行程中又一个值得关注的景点。大洪山是我国佛教的重点丛林，其中灵峰寺、太阳寺距今已有 1000 多年。大洪山山连山山山相连，洪山寺寺接寺寺寺连接,为佛教圣地。据《大洪山志》记载,除洪山寺上院(灵峰寺)和下院(万寿禅院)外,自唐以后陆续在以主峰(宝珠峰)为中心的大洪山崇山峻岭中还建有寺庙26座。今天,可以看到一块摩崖石刻上记录着这样一段佛缘:有一唐朝和尚善信,受度于苏州开元寺,是慧能祖师的第三代弟子。一日云游到五台山,长老告诉他:“你的佛缘在南方,逢随即止,遇洪即住。”公元826年秋,善信来到大洪山,正逢干旱,河道干枯,张寨主带领百姓正准备杀猪宰羊以祭天求雨,善信决定用自己的肉身代替猪羊。于是,他登上了山顶的悬崖,对天祷告。果然,三日之后,雷雨大作,缓解了方圆几百里的旱情。张寨主当即捐出自己的一座山林,为善信修建了一座庙宇。次年,善信坐化之时,仍然没有忘记自己对龙神许下的诺言,毅然割下自己的双脚。这件事传进皇帝的耳朵里后,皇帝赐善信为“慈忍大师”。以后,人们在此祈雨,屡求屡灵,皇上又加封该寺为“灵济寺”。从此之后,佛教文化就在大洪山传播开来了。相传元世祖忽必烈南征时驻军武昌,特请“佛足”随军,以鼓舞三军将士学习慈忍大师舍身忘我的精神,为消灭南宋王朝,建立大元王朝舍生忘死而战。他做皇帝后,一次夜间梦见慈忍大师请求将双足送回故里,忽必烈即派钦差大臣专程护送佛足回武昌洪山禅寺,南下途中,听士兵们说佛足越抬越重,当他们行至河南许昌时,佛足沉重无比,抬挪不动。钦差大臣派人飞报元世祖,元世祖旨令就地建寺供奉,并将当地的地名也改为洪山。这双佛足后来在兵荒马乱中被寺内和尚带走,因年代久远,最后下落何处无以考证。忽必烈为了纪念慈忍和尚,诏令武昌洪山禅寺,在寺内后山建“灵济”塔。

京山绿林

谈起梁山好汉,人们会想到山东梁山;说起瓦岗英雄,人们能想到河南滑县;而响当当的绿林好汉,则发源于湖北京山。在京山鸳鸯溪漂流,我们不能不关注它旁边的荆门第一山峰——绿林山。它海拔884米,是历史上西汉末年王匡、王凤领导的绿林起义的发源地。

大洪山位于湖北省北部,横亘京山、钟祥、随州交界处,其大部在随州市境内。它主要以一座西北—东南走向的山脉为主体,群峰耸立,层峦叠翠,面积350平方公里,最高峰海拔1055米,素有“楚北第一峰”之称。大洪山自古名称很多,在汉代叫绿林山,晋时改为大洪山,唐时称大湖山,宋后定名为大洪山至今。这里是中国历史上第二次大规模农民起义——王匡、王凤领导的绿林起义的策源地，是东汉开国皇帝刘秀的发祥地。“绿林好汉”一词从此载入中华辞典。

公元17年，王匡、王凤叔侄二人在大洪山组织饥民起义，因西汉时期大洪山取名为绿林山，故称之为绿林军。起义军反对王莽政权，于公元23年建立更始政权。同年在昆阳打败莽军，乘胜追击，攻占长安，推翻了王莽政权，给后世留下了深远的影响。以后人们常常以“绿林”、“绿林好汉”、“绿林英雄”泛指聚集山林间的反抗官府或抢劫财物的集团或个人。

公元17年，大洪山一带在连年闹饥荒以后，农民已经没有耕牛、犁和种子，民不聊生。京山新市人王匡、王凤树起造反的大旗，数月之间发展到七八千人。新市地处大洪山东南的富水之滨，山高水险，群峰傲立，既是京山北部的天然屏障，又是通往随州、枣阳的要冲。起义军在这里劫富济贫，除暴安良，很快建立起自己的根据地。公元21年在攻打莽军取得胜利后，队伍扩充到5万多人。公元22年初夏，绿林山区发生传染病，起义军病死不少，他们决定撤离绿林山分兵活动。其中一部由王常、成丹等带领，南入南郡（今江陵），号称“下江兵”；另一部分由王匡、王凤带领，北入南阳，号“新市兵”。在攻打随州时，平林人（今随州柳林古城畈）陈牧、廖湛聚集数千人响应起义，号为“平林兵”。当起义军攻打枣阳时，枣阳吴店豪强刘秀（即后来的汉光武帝）率兵加入义军。公元23年3月，绿林军在清水（今白河）中的沙洲上设立坛场举行大典，立刘玄为汉帝，起义军改称“汉军”，封王匡为比阳王，王凤为宜城王，陈牧为阴平王，廖湛为穰王。王莽眼看兵临城下，决心孤注一掷，公元23年5月，征发各地精兵40万，重重包围据守在昆阳（今河南叶县）的吕林军。王凤带领的绿林军只有八九千人守城，他们一面坚守，一面派刘秀等人深夜突围出城，调集援军。在内外夹击下，莽军大败。著名的昆阳大战成为我国军事史上以少胜多的一个范例。昆阳大捷后，绿林军乘胜追击直捣长安，长安人民起义杀死王莽。取得了绿林军领导权的刘玄为巩固自己的地位，首先杀害了陈牧、成丹。王匡、廖湛得知消息后率兵归顺赤眉军。公元26年，廖湛率领赤眉军攻打汉中王刘嘉时，兵败遇难。王匡投赤眉军后攻下长安，刘玄北坡投降，王匡后又投降刘秀，被刘秀部将所杀。刘秀早已在河北蓄积了相当的力量，先后消灭了绿林军和赤眉军，建立了新的王朝——东汉。

今天我们看到的绿林寨是“绿林起义”时5万多人马屯集练兵之地，古寨分南北两城，城墙遗迹依存，南城保存较好。北寨山头为天然草场，寨内凉风习习，四季山泉涌流。有骆驼峰、吞天门、打鼓石、两王洞等景点，有滑草、骑马、射箭等可游玩。命名为“两王寨”的地方，据说是绿林军的后勤保障基地、休息调养之地，王匡、王凤常在这里安营扎寨，运筹帷幄。此外，“浴水岩”也是为纪念绿林起义而命名的。相传绿林英雄王匡、王凤曾在此搭建临时军帐，绿林军每逢征战凯旋，都来这河中用冷水冲浴，然后到岸边支起锅灶，烹煮鱼虾、划拳饮酒，以消除疲劳、振奋士气。

参考书目

左鹏:《汉水》,江苏教育出版社,2006 年。
《中国国家地理》2009 年 3 月总第 581 期。
袁俊、章晴:《湖北经典导游词》,旅游教育出版社,2009 年。
蓝勇:《长江》,江苏教育出版社,2006 年。
刘名俭、周霄:《湖北导游词精粹》,中国旅游出版社,2005 年。
张伟然:《湖北历史文化地理研究》,湖北教育出版社,2000 年。
叶书宗、马洪林、朱敏彦:《长江文明史》,上海教育出版社,2001 年。
徐建华:《武昌史话》,武汉出版社,2003 年。
郑立宏:《汉阳史话》,武汉出版社,2004 年。
张朝咏:《新洲史话》,武汉出版社,2004 年。
乐全运:《黄陂史话》,武汉出版社,2004 年。
《土家族研究丛书》,中央民族大学出版社,1999 年。
《巴土文化丛书》,湖北人民出版社,2003 年。
《鄂西土家族传统文化概观》,长江文艺出版社,1998 年。
《巴风土韵》,武汉大学出版社,1999 年。
《长阳南曲》,长江文艺出版社,1999 年。
《彭秋潭诗注》,中国三峡出版社,1997 年。
《武陵土家》,生活 · 读书 · 新知三联书店,2001 年。
《容美纪游注释》,天津古籍出版社,1991 年。